国家出版基金项目
NATIONAL PUBLICATION FOUNDATION

名家论语文丛书

名誉主编　主编
刘国正　曹明海

语文教材的教学化编制

王荣生｜著

山东教育出版社

图书在版编目（CIP）数据

语文教材的教学化编制 / 王荣生著 . — 济南：山东
教育出版社，2021.6
（名家论语文丛书 / 曹明海主编）
ISBN 978-7-5701-1723-9

I . ①语… II . ①王… III . ①语文教学－教学研究
IV . ①H19

中国版本图书馆CIP数据核字（2021）第 115041 号

MINGJIA LUN YUWEN CONGSHU
YUWEN JIAOCAI DE JIAOXUEHUA BIANZHI
名家论语文丛书   曹明海/主编
语文教材的教学化编制   王荣生/著

主管单位：山东出版传媒股份有限公司
出版发行：山东教育出版社
　　　　　地址：济南市市中区二环南路2066号4区1号　　邮编：250003
　　　　　电话：（0531）82092660　　网址：www.sjs.com.cn
印　　刷：山东临沂新华印刷物流集团有限责任公司
版　　次：2021 年 6 月第 1 版
印　　次：2021 年 6 月第 1 次印刷
开　　本：700 毫米×1000 毫米　1/16
印　　张：21.5
字　　数：295 千
定　　价：66.00 元

（如印装质量有问题，请与印刷厂联系调换）印厂电话：0539-2925659

刘国正先生为"名家论语文丛书"题词

论　文

若谓文无法，矩矱甚分明。暗中自摸索，何如步随灯？

若谓文有法，致胜须奇兵。循法为文章，老死只平平。

学法要认真，潜心探微精。待到秉笔时，舍法任神行。

谓神者为何？思想与感情。聆彼春鸟鸣，无谱自嘤嘤。

总　序

　　新时代语文教育的研究已进入一个深度挖掘中华优秀文化及精神财富的新境域，语文课改的阔大视野和思维创新之树根植于中华民族文化生活沃土之中，并且向"语文强天下"的教育方向伸展。在庆祝中华人民共和国成立 70 周年之际，我们积极策划并组织编写"名家论语文丛书"，旨在落实《中共中央　国务院关于全面深化新时代教师队伍建设改革的意见》，大力振兴新时代语文教师教育，促进新时代语文教师的专业发展。

　　"名家论语文丛书"，是新中国成立 70 年来第一次系统呈现我们自己的语文教育名家的作品。中国教育史本质上就是语文教育史，要写新中国语文教育史，就必须写好我们的语文教育名家。他们的语文教育思想和智慧、情感与理思、教学与研究，能直接勾画出新中国成立以来语文教育的课改轨迹和实践成果。以庆祝新中国成立 70 周年为节点，我们遵照中央关于加强新时代教师教育的指示要求，全力推出语文教育名家的精品力作，以更好地满足广大中小学语文教师专业发展的教学需要和语文文化生活新期待，为大力促进新时代语文教育改革、实现语文教育"立德树人"的教育目标提供良好的语文思想文化食粮。

首先，本丛书积极实施《中共中央　国务院关于全面深化新时代教师队伍建设改革的意见》中的指示要求，即"大力振兴教师教育，不断提升教师专业素质能力"，"培养造就学科知识扎实、专业能力突出、教育情怀深厚的高素质复合型教师"，"培养造就数以百万计的骨干教师、数以十万计的卓越教师、数以万计的教育家型教师"。作为语文教育名家，丛书作者团队打开创新的思维，拓展教学的智慧，求索新时代语文教学新的内质，标举新时代语文特有的教学理想和追求，探讨新时代语文教学思想和方法，给广大语文教育工作者带来新的教学信息，特别是通过与广大一线教师进行大量的语文教育对话，广泛交流新时代语文的情感智慧和教学思考。可以说，本丛书的问世恰逢其时，可以唤醒教师教育思想和丰富教学资源，以独特的与名家对话的渠道和形式培养造就符合新时代需要的高素质复合型教师。

其次，本丛书能反映语文教育自主性、独创性的最新研究成果，有助于持守中国特色语文教育的思想理念，完善教材编制，促进教学创新，提高语文教师的学科核心素养和教育教学能力素养。语文教育教学设计能力素养是教师实施教学活动的具体构思，是针对教学的整个程序及具体环节进行精心策划的思维流程。它是优化教学过程、保证教学质量和效果的有力措施。教学设计能力素养的核心在于课堂教学的建构与创新。基于学科核心素养的课堂教学设计创新，应该立足于"语言建构与运用"的教学基点。新时代教师要在把握学科核心素养、吃透课程标准精神的前提下，根据不同的学段和学生实际，创造性地进行教学设计。教师要凭借自己的教学智慧用心设计和经营课堂，对各种新型教学方式进行有效尝试。要想不断提升教学设计能力素养，教师在教学实践中必须把握教学目标、教学重难点、教学过程和教学策略等基本要素。对此，本丛书进行了不少教学论述和案例分析，而且这些教学细化例证分析颇具启示性和唤醒性。可以说，这是对新时代教师专业化发展素质的细化要求。

再次，本丛书深入研究阐释了中华民族优秀传统文化所蕴含的思想观念、人文精神、道德规范，对实现语文教育优秀传统文化的创造性转化和创新性发展具有重要意义。丛书提出语文教育"语言文化说"的观点，认为语文是文化的构成，应从语文本体构成的文化特质出发来分析理解语文教育，从而打破语文教育只是"知识获得的过程"的理论。倡导语文课程的文化建构观，建立以人的发展和完整性建构为主体的理论新结构，不仅有助于我们从理论上重新认识语文教育，而且有助于我们从实践上助推语用教学的文化渗透过程，以促进语用教学改革的深化，加快语用素养教育的进程。丛书昭示了新中国语文教育的发展水平，反映了语文教育最新的原创性成果，是对新时代语文教育的生动书写。

丛书作者皆为我国当代语文教育名家，是语文教育与课程改革的引领者，标举"立德树人""守正出新"的教育理想和追求。根据中央对新时代教师队伍建设改革的意见，着眼于新时代教师教育发展的需要，丛书内容侧重于三个方面：一是守正创新。丛书阐释了语文教育的基本特征和根本任务，包括语文课改、语文课程的根与本、语文教育的本来面目、语文教育的现代性等。二是立德树人。丛书着眼于核心素养的教学探索，以语用为本，以学生为本，以文本为本，包括语文教学的"实"与"活"、语文教学的反思与重建、语文阅读与成长、语文课程与考试等。三是教材建构。丛书围绕"该编什么""该怎么编""该怎样用"的原则方法，系统论述了高质量语文教材的编制与使用问题，具体包括语文教材的性质与功能、教材结构与类型、教材的教学化编制等。总的来说，丛书多层面探讨了语文课标、课改、课程、教材、教学、考试，以及传统与现代、问题与对策等，多视角展示了语文教育名家的教育思想和教学智慧。丛书既有高屋建瓴的指导性，又有具体而微的针对性，搭建了名家与教师对话的独特渠道。

从本丛书全新的营构创意来看，把"名家论语文"作为一种名家与教师的交流对话，是为新时代语文教师专业发展拓开的新场域。作为名家与教师以书面文字对接的阅读平台，本丛书实质上是主体与主体的对话、心灵与心灵的沟通，是情感的交流和思维的碰撞，是名家与教师交流语文思想智慧的对话场，能够切实引领语文新课改、语文新教材、语文新教学。

应该说，作为新时代语文教师教育的教本和范本，我们相信，本丛书对广大语文教师专业素养的提升及新时代语文教育课改的深化发展必将发挥积极的引领与助推作用。让我们携手共进，共同创造语文教育的美好未来！

曹明海

2020 年 6 月于济南龙泉山庄

目 录

前　言　………………………………………………… 001

第一章　辨析"语文教材内容"　………………………… 001
　　一　语文教材研究中的术语纠缠　……………………… 001
　　二　语文课程内容与语文教材内容　…………………… 004
　　三　语文教材内容的含义：用什么去教　……………… 007
　　四　语文教材内容与语文教学内容　…………………… 013

第二章　语文教材教学化编制的必要性　………………… 016
　　一　教材编写体制及其责任　…………………………… 016
　　二　语文教师对教学化教材的现实诉求　……………… 022
　　三　教学化编制与教师的专业自主权　………………… 033

第三章　选文的功能类型及其教材呈现　………………… 044
　　一　定篇功能的选文　…………………………………… 044
　　二　例文功能的选文　…………………………………… 056
　　三　样本功能的选文　…………………………………… 066
　　四　用件功能的选文　…………………………………… 079

第四章　课文的教学化编制实践　………………………… 093
　　一　课文的教学化编制要点　…………………………… 093

二　理解性阅读的样章　……………………………　102

三　新闻报道和言论文章阅读的样章　……………　119

四　科学普及文章阅读的样章　……………………　134

五　操作性阅读的样章　……………………………　149

六　研究性阅读的样章　……………………………　162

第五章　单元的教学化编制　…………………………　183

一　序列式的单元编制：批判性阅读的单元样章　…　186

二　经典阅读的单元编制：孔子与苏格拉底　………　205

三　探究学习的单元编制：社科类文章阅读　………　221

第六章　"活动教材"设计的要领　……………………　246

一　实质性地增加"活动教材"分量　……………　246

二　写作单元设计的要领　…………………………　252

三　微型化写作课程的编撰及单元样章　…………　270

四　口语交际单元设计的要领　……………………　280

第七章　语文教材的教学化编制面临的新问题　…………　295

一　小学低段"学文识字"的教材编制　……………　295

二　"大概念"深度"理解"的单元设计　…………　306

三　"问题情境"中的探究学习　…………………　327

前　言

　　本书探讨的是语文教材的教学化编制，书中的内容源自我对语文教材的研究和编撰实践。

　　关于语文教材编撰，我主要有三段经历：一是与方卫平教授等合作主编《新课标语文学本·小学卷》三至六年级共8册；二是与倪文尖等合编《国家课程标准高中实验课本（试编本）·语文·必修》共5册；三是最近与成尚荣共同主编澳门小学教材《中国语文》（试行版）共6个年级24册。此外，还参与过一些教材的样章试编，参加了统编本高中语文教材的部分编写工作。

　　本书在很大程度上是旧稿新编，书中的主要内容曾以各种形式发表过。

　　第一章《辨析"语文教材内容"》，是对"语文教材内容"的解说，曾以单篇论文的形式发表，后纳入专著《语文科课程论基础》作为其中一章的一节。

　　第二章《语文教材教学化编制的必要性》，是曾发表过的几篇论文的修改合成稿。原刊论文主要有《对语文教科书评价的几点建议——兼谈语文教科书的功用》（载《中国教育学刊》2007年第11期），《建设确定性程度较高的语文教材》（载《语文建设》2007年第4期），《语文教材与教学内容》（载《语文学习》2004年第2期）。

第三章《选文的功能类型及其教材呈现》，原是专著《语文课程与教学内容》中的第三章，近日修订该书（第二版），删除了其中的第三章而把它整体移植到了本书。

第四章《课文的教学化编制实践》，除第一节是新写外，其余各节采自我与倪文尖等合编的《国家课程标准高中实验课本（试编本）·语文·必修》，是由我执笔撰写的五个实用文阅读单元的教材样章。编撰上述"试编本"原本就是抱着研究的目的，当时印量就不大，时隔数年，现恐怕已经不太容易找得到了。立此存照，作为语文教材的教学化编制的努力，留下一点印记，或许是有意义的。

第五章《单元的教学化编制》，是单元编制的初步探索，其中"序列式的单元编制：批判性阅读的单元样章"也采自《国家课程标准高中实验课本（试编本）·语文·必修》。虽然与其他单元一样，也采用"按单元编排，分课文教学"的体例，但这一单元各篇课文的教材内容形成了系列式的累进，强化了批判性阅读技能学习的序列化及其整合。"经典阅读的单元编制：孔子与苏格拉底"曾以单篇论文的形式发表过，在我的《求索与创生：语文教育理论实践的汇流》一书中也有收录。"探究学习的单元编制：社科类文章阅读"的部分内容曾以例文编撰样例的形式发表过，这次是较完整地呈现。

第六章《"活动教材"设计的要领》，其中写作部分主要基于最近编撰的澳门小学教材《中国语文》（试行版），口语交际部分则是旧作。据我所知，口语交际的教材编撰至今尚未达到我所期冀的单元设计的水准。

第七章《语文教材的教学化编制面临的新问题》，主要讨论三个问题：一是小学低段"学文识字"的教材编制；二是"大概念"深度"理解"的单元设计；三是"问题情境"中的探究学习及其"学习资源"。讨论中所使用的一些材料，散见于我新近发表的一些论文中。

尽管书中的主要内容曾以各种方式发表过，但本书依然不失为一本"新著"，这是因为我对语文教材的研究和教学化编撰的探索实践，得以在本书中第一次较完整、较系统地呈现出来。从这个意义上说，本书可以看成是我对语文教材的研究和编撰实践的小结和反思。

在此，特别感谢曹明海教授的提议和催促。曹教授总主编的"新时期语文教育名家论丛"，将拙作《求索与创生：语文教育理论实践的汇流》纳入其中，此次总主编这套"名家论语文丛书"，又收入我这本《语文教材的教学化编制》。希望本书中所述说的认识和经验，对语文教材的教学化编制有一些参考价值。

王荣生

2020年11月29日

第一章
辨析"语文教材内容"

语文教材（教科书）的编撰，在我国从来都是众人注目的大事件。然而语文教材的研究常常因缺乏明晰有力的概念而步履维艰，进而误入歧途。讨论语文教材编撰的问题，首先要弄清"语文教材内容"的确切内涵，弄清它与"语文课程内容"以及与"语文教学内容"的区别；否则，我们的讨论就不会有一个正当的学理基础。

一　语文教材研究中的术语纠缠

长期以来，我国的课程计划、课程大纲与教材研制、编写"一向是由政府组织教材专职编辑人员与学科专家具体操作、实施，形成'上所定、下所行'的课程、教材研制体制"①。国家统控的课程研制体制，很大程度上将课程与教材这两个不同的层面（范围）重叠了起来，客观上造成了课程与教材层面、教材与教学层面不同问题的混淆。拿语文科来说，一方面是语文科的课程理论、教材理论与教学理论的残缺，因为"研究"主要是论证和解释现行（既定的具体形态）的语文课程、语文教材；另一方面，语文教材的研制又倾向于大包大揽而不堪重负。既定的教学大纲、课程标准与既定的教材几乎可以合二为一，而在教学的实践中，语文教材的权威实际上又要超过课程标准——没认真读过"语文课程标准"的教师，恐不在少数，而教学则必须"以本为本"。

这样，几乎所有的语文课程与教学问题，都堆积到了语文教材研制或编写的层面，语文教材编写便自觉或不自觉地承担起语文课程研究、语文教学研究的职责。语文教材的研制或编写、语文教材的编写体系与体例，很大程度上，被不无夸大地误认为就是确定语文课程内容的"科学化"、制定语文课程内容组织的"规律"。于是，不但课程的问题、教学的问题得不到解决，反而连教材的问题也被遮盖住了。我国的语文教材研究，实际上很少有机会真正去研究教材的问题。②

这一问题反映在术语上，是不辨语文课程内容、语文教材内容、语文教学内容、语文课文（选文）内容，诸种概念的含义紧紧地纠缠在一起，乃至张冠李戴。长期以来，人们对于"语文教材内容"的理解，或者将它混同于"语文课程内容"，或者将它混同于"语文教学内容"，甚至混同于"语文教材中的选文内容"。这样一来，"语文教材内容"名目下的许多讨论，实际上说的是与"语文教材内容"虽有联系

---

① 郝德永：《课程研制方法论》，教育科学出版社2001版，第257页。

② 原文为："迄今，我们既无教材研究的报刊，也无专门的教材研究书籍。有的只是少量的文章，而其所涉及领域和所达到的深度又颇为有限，能从整体上给以客观研究的可能还没有。……（语文）学科教育学中缺少研究教材的内容，即使有教材的专章，那多半是教材介绍，而不是教材研究。"朱绍禹主编：《中学语文教材概观》，人民教育出版社1998年版，第46页。

但更有区别的别样东西。关于语文教材内容的种种争执（在我国"文选型"语文教材的体制内，主要是关于"选文"问题的争执），往往是在不太明了争什么的情况下所导致的情绪化的对立。而在介绍国外语文教材时，囿于既定的意念，尤其是囿于"选文中心"的预设，我们的译介或评介的重心，往往也并非有意识地放在"语文教材内容"上。

术语纠缠，意味着理念的混乱，而混乱理念中的实践运作，不但盲目，而且可能南辕北辙。长期以来，"教材就是教什么""语文教学就是教教材"等说法甚为流行，语文教材成了"语文教学（课程）内容"的代名词。一方面，这种混乱乃至错误的说法，强化了"教教材"的传统观念，使教师习惯于、安心于灌输式的教学；另一方面，也堵塞了语文教材的革新、繁荣之路。

因此，在理论上辨明"语文教材内容"，具有十分重要的意义。

二　语文课程内容与语文教材内容

　　课程内容，在课程论研究中一般被称为"课程要素"，指特定形态的课程中学生需学习的事实、概念、原理、技能、策略、态度；课程研制中的"课程内容选择"，则表述为"根据特定的价值观及相应的课程目标，从学科知识、当代社会生活经验或学习者的经验中选择课程要素"[①]。语文课程内容，是课程层面的概念，回答的是语文课程"教什么"这一问题；从学生学的角度来说，它是学习的对象，因而也是对学生"学什么"的规定。为了简化问题，在既定的"语文教学大纲"或"语文课程标准"的前提下，我们分别讨论"读"与"写"这两个方面。

　　对于"写"，在目前的话题里，大的意见是能取得一致的：学生学习写作，主要是学习有助于提高其写作水平的一系列事实、概念、原理、技能、策略、态度。因为主张不同而产生争议的，主要是"哪些"和"如何"的问题，也就是说，对学习"哪些"事实、概念、原理、技能、策略、态度，以及"如何"去学习，人们可能会有不同的认识。"如何"，除了事实、概念等方面之外，还包括途径和手段的问题。途径和手段，从学的一方讲，是"通过什么去学"的问题；从教的一方讲，便是"用什么去教"的问题。"用什么去教"，可能的回答之一，就是"用选文去教"。

---

　　① 张华：《课程与教学论》，上海教育出版社2000年版，第191页、第229—232页。

"用选文去教"这一说法本身，已经明确地将"选文"放到了途径和手段的位置；因为"去教"，意味着存在着相对于"选文"的事实、概念、原理、技能、策略、态度等要去教的东西。显然，"用选文去教"与"教选文"，有本质的区别。在此地此时，"选文"并不是写作的"课程内容"，而主要是学习课程内容的途径，而且还只是数种可能途径中的一种选择，在"用选文去教"之外，还存在着诸如"用尝试性的写作活动去教""用原理的解说去教"等其他的可能途径。

阅读，如果也是"读选文"的话，情况可能要复杂得多。我们以一首诗为例：

第一种情况是，将这首诗当作课程的内容——学习的对象，学习这首诗的目的就是领悟这首诗。

第二种情况是，课程的内容乃是关于诗和读诗的事实、概念、原理、技能、策略、态度，而读这首诗则主要被当作学习这些内容的途径。

我国古代的语文教育，基本上属于第一种情况，也就是说，选文本身就是"课程内容"，阅读和写作的教学被包容在选文的学习中，关于诗或文以及读与写的事实、概念、原理、技能、策略、态度，既粘附于选文，又依存于选文。到了现代，语言学、文章学、文艺学等的成立，将本来粘附、依存于选文中的事实、概念、原理等抽象、归纳了出来。这样一来，那些从无数诗篇中抽象出来的"知识"，便成为独立的存在，而分门别类又各成系统的"语文知识"，此时便可能与教材中的某篇选文产生隔膜甚至冲突。我国现代以来的语文教育，基本上偏向于第二种情况，是用选文去教"语文基础知识"，选文主要是作为"语文知识"的例证（例文），而成为教语文课程内容的手段、学语文课程内容的媒介或途径。

上文所说的"用什么去教"的含义，也就是"语文教材内容"。语文教材内容，是教材层面的概念，指为了有效地传递、显现课程内容诸要素而组织的文字与非文字材料，包括"例文"以及近年鉴别出来的"样本"和"用件"类型的选文。语文教材内容是教学中"交际的对象"[①]，而不是学习的对象。

---

① 曾天山：《教材论》，江西教育出版社1997年版，第6—7页。

三　语文教材内容的含义：用什么去教

　　"课程内容的研制与教材编制的工作是两个相对独立的领域。"[①]语文课程内容与语文教材内容，既有联系，更有区别。一方面，"教什么"的问题与在"教什么"既定的前提下"用什么去教"的问题，有因果的联系，且在实际的操作中，两者也会有一些循环往复。一旦明确了课程内容，"同时也就开辟了一连串教材系统的客观存在（即谁都能在教学中使用该教材）的可能性"[②]。从这个意义上讲，一方面，教材内容必须反映、体现课程内容。另一方面，正如钟启泉先生指出的那样，学生不可能以原封不动的形式学习课程内容（学科的要素），否则就是一种注入式教学，是单纯的观念的灌输；科学的概念与法则唯有通过具体的事实与现象才能被掌握。[③]因此，课程内容必须"教材化"。教材化，"就是通过什么具体事实使学生学习（课程）内容"[④]，大致可以看成是"直观性原则"，或看成是加入"同生活、劳动、社区结合的条件"的"生活化"。举两个例子：

　　[①] 钟启泉编译：《现代学科教育学论析》，陕西人民教育出版社1993年版，第208页。

　　[②] 钟启泉编译：《现代学科教育学论析》，陕西人民教育出版社1993年版，第203页。

　　[③] 钟启泉编译：《现代学科教育学论析》，陕西人民教育出版社1993年版，第201页。

　　[④] 钟启泉编译：《现代学科教育学论析》，陕西人民教育出版社1993年版，第106—107页。

英国《牛津英语教程》第一册设计了一个《在岛上》的专题，它以一份简短的贺词开始："海岛生存演习。你和你的伙伴组成一个小组。你们将在一个无人居住的海岛上生活一个月。你们要经历冒险，要显示自己的机智、勇敢、决断和合作精神。最后还要把你们所经历的事情写出来。"[①]接着设计了5个分题[②]：

1. "在我的岛上"，提供了三个岛屿的6幅图画。

2. "旅行伙伴"，提供了5个学生的照片和材料，要求读后写出每人的优缺点，并从中挑选两人一同参加活动且说明理由，最后以同样的方式写一份自己的优缺点的简短说明书。

3. "装备"，提供了2幅列有各种器具的图画，要求选6种必备物品和2种享用物品，并分别说明理由。要求每一小组准备一本日记本，并规定了两篇日记的内容。

4. "在岛上生活"，提供了7幅图画，说明了在岛上可能遇到的一系列问题，要求学生按专题设计展开相应的思、说、写活动。

5. "问题"，提供了5幅在岛上生活的若干情境，要求学生写出图画中角色的对话，对画中所描绘的问题和解决方法加以说明，并在日记里写下自己的感受和看法。

《在岛上》的所有材料，就是我们所说的"教材内容"。显然，让学生进入虚拟的岛上游历，并不是英语课程的内容。课程的内容是通过虚拟游历中的思、说、写活动所体现的培养思、说、写能力的某些要素，而虚拟的游历活动，只是学习这些要素众多可能的、而且是较好的途径之一，即较好的教材内容。

德国北威州完全中学《现代德语》第7册"说写综合训练"是以

---

① 韩雪屏、邓洪：《英国语文教材评介》，见中外母语教材比较研究课题组编《外语文教材评介》，江苏教育出版社2000年版，第42页。

② 韩雪屏、邓洪：《英国语文教材评介》，见中外母语教材比较研究课题组编《外语文教材评介》，江苏教育出版社2000年版，第42—43页。

"描写：预备性练习"开始的[①]：

    1. 人物描述游戏。全班准备四个分别标有名字、职业、形容词和动词的箱子，学生们各自将自己想到的名字、职业、形容词和动词分别写在纸上，投进相应的箱子；然后，在四个箱子里各任意抽取一张纸片，根据这四个词语构想出一个人物并发挥想象描述这个人物。

    2. 触摸游戏。让三五个学生组成小组，每人将自己的笔、尺等学习用品悄悄地放进一个包里；然后，让任一学生蒙着眼在集中了各人用品的包里摸一物件，并向本组成员描述该物件。

    3. 摄影游戏。选两个同学，其中一人扮演"镜头"，另一人为拍摄的"快门"，先让"镜头"关闭（即闭上眼睛），"快门"说"开始"，"镜头"立刻睁眼，在一秒钟内，扫视一物体或情景，然后闭上眼描述自己的所见。

    4. 观察。向窗外观察一分钟，之后描述自己所见的东西，再讲述观察时自己的内心活动情况。

    5. 猜猜看。让一学生描述自己家中一厨房用具或五金工具，再让别人猜他描述的是何物件。

    6. 感知。教材画有三排魔方，每排六个，每块的呈现角度各不一样，让学生找出第二排、第三排中的哪块魔方与第一排的哪块是一致的。[②]

以上表述"人物描述游戏""触摸游戏""感知"等活动的文字，均是我们所说的"教材内容"。显然，游戏和活动，在这里本身并不是

---

    ① 倪仁福：《德国初中语文教材评介》，见中外母语教材比较研究课题组编《外语文教材评介》，江苏教育出版社2000年版，第334—335页。

    ② 该教材的这种设计，与"潜藏式语法教学"（implicit grammar teaching）有相同之处，教材虽然没有明确指出要教的知识及其相关解说，但游戏和活动中潜藏着要教的知识。换句话说，知识教学并不一定要去"讲"知识，教材也不一定要采用"知识短文"。

语文的"课程内容"。之所以编入这些"教材内容",是因为教材通过此类的游戏和活动使学生感受"描写"这一学习要素(课程内容)。或者可以这样说,学生可能会(在该教材的引导下)全身心地投入到生动有趣的游戏和活动中;由于教材没有直接提出"学习描写"的要求,甚至没有正面提出"描写"的概念,学生可能会(在该教材的引导下)把游戏仅仅当作游戏来玩。但是,教材编撰者以及使用该教材的教师心里明白,这些活动所反映的、体现的,是"描写"这一知识和技能。

上面引述的,或者是教材中的"专题",或者属于"非文选型"的语文教材。"文选型"教材要复杂一些,它们仍可分为两种情况:

一种是将"选文"作为学习课程内容的途径,比如"例文"。成篇的"例文",大致相当于理科教学中的直观教具,它给知识的学习添补进经验性的感知。需要指出的是,教与学的目的并不是感知教具,而是要通过教具使学生更好地理解和掌握知识。而教材选中的这一篇"例文",用的其实也并不是整篇的"文",多数情况下,能派上用场的只是诗文或诗文读写的某一侧面的某一点或某几点。将本来含有无限可能性的诗文,限制在一个特定的侧面、特定的点来作为例子,这就是"例文"的实质。

在这里,"文"不等于"篇","例文"可以、有时也只是三言两语的片段。国外的语文教材,"例文"多用片段,并不是因为那些片段精彩,而是因为那些片段足以说明问题,且又能避免学生因篇章中其他可能引起注意的部分分散精力而干扰了对所"例"主题的理解。倾向于"字、词、句、篇,语、修、逻、文"的面面俱到,是我国语文教材一概以"篇"为"例"进行编撰所产生的弊病。其结果是,教材编撰者、教师与学生,事实上再也弄不清楚被"例"着的究竟是什么,例文失去了"例"的本意,变成了教材中的"瘤"。

另一种情况是将"选文"当作课程的内容,我们用"定篇"来指称。也就是说,文和读文的事实、概念、原理、技能、策略、态度等均被包容在"选文"之中，像中国古代那样。在这种时候，凡是从各个角度提出的有助于领会该篇"选文"的所有材料，包括文字与非文字材料，都是语文教材内容。这些材料本身不是课程内容的构成要素，之所以有这些，是为了透彻地领会"定篇"。从这个角度讲，凡是能够促使我们领会选文的材料，都可以编为教材内容。比如，在教材编制中，可以利用创设情境的教育手段，或者说，情境教育的所有手段中所使用的材料，都可能成为教材内容。例如《伏尔加河上的纤夫》一文，编撰者可以将吟唱同名的俄罗斯民歌编进教材；《晏子使楚》一文，编撰者可以将表演人物的神态、动作、语言编进教材。[①]

我国语文教材"选文"的编制，历来强调选用"文质皆美"的名家名篇，但是又历来缺乏"定篇"的意识，在教材内容的选择和处理、如何达到透彻领会的方面，思路狭窄。"《离骚》是文学史上的名篇"，一本将重点定位在"感悟""诵读"的新编高中教材中如是说明，然而，细查其教材内容，课文仅仅是"配有详细的注释，句句有译文"[②]而已。如果估计没错的话，这样的教材内容设置，充其量只能达到借助注释和译文（即借助替代性的文本）大致了解课文的意思（意释），而其注重的"诵读"，大概也只是"读熟背出"罢了。不设法把久远的历史拉近，不设法把《离骚》放置在我国文学的历史长河中，不提供与屈原和《离骚》相关的丰富资料，不借助现代的媒体资源，要让学生能"感受"到屈原的伟大、能"感悟"出《离骚》不朽的艺术魅力和在文学史上的崇高地位，那是难以想象的。课文加注释配练习，这未免太古旧了。

教材内容，与泰勒所说的"资源材料"有较多的联系。泰勒认为，一个典型的"资源单元"，包括对主要目标的论述、对相应课程内

---

① 李吉林：《小学语文情境教学》，江苏教育出版社1998年版，第49页、第51页。

② 刘真福：《人教版高中语文课本第三册修订说明》，载《学科教育》2001年第6期。

容的描述，以及能够列出有助于编制这个单元的资源材料，包括书籍
和其他参考资料、幻灯片、广播节目、图片和录音带等等。制定"资
源单元"的目的，"在于提供大量可能取得的材料供教师选择用于任何
特定小组的学生"[①]。当然，"大量"并不意味着随便什么材料都可以
进入教材，这里，材料的典型性原则，与材料的具体性原则一样，必
须得到严格的遵循。

---

① ［美］拉尔夫·泰勒：《课程与教学的基本原理》，施良方译，人民教育出版社
1994年版，第82页。

四　语文教材内容与语文教学内容

上一节的举例，实际上已点出了"用什么去教"的另一个侧面：在课程内容教材化的同时，也要求将教材内容"教学化"[①]。教学化，包括学者一再重申的心理化，也包括贴近教学实际的要求、形成具体而有效的教学设计。教材并不是课程内容的简单传递，也不等于课程内容的精练表述；教材内容和编排的理想境界，是形成可供选择的教学设计。国外的许多语文教材，在"教学化"方面做得相当成功，他们的一些教材，甚至做到"使教师无须备课"——像我们的语文教师面对着一篇课文和数道练习题而苦想冥思"教什么""用什么去教"那样进行"备课"。当然，无论是多么"教学化"的教材，教材内容都不能代替教学内容，也不会自动地转化为教学内容。

关于"教材内容"和"教学内容"这两个概念的区别与联系，国内学者已多有论述。

朱绍禹先生的《中学语文教材概观》，从现象角度论述道："学生可以借助于同一的语文教材获得种种不同的内容，相同的内容则可以从种种不同的语文教材里学到。这个事实即表明语文教材（即语文教材内容，下文括号均引者加）和语文教学内容的不同。"[②]

钟启泉先生是从较广阔的视野看待教材内容与教学内容之关系的：

---

① "教学化"与杜威所讲的"方法化"一致。杜威指出，教学方法与教材是统一的——方法总是特定教材的方法，教材总是方法化的。张华：《课程与教学论》，上海教育出版社2000年版，第211页。

② 朱绍禹主编：《中学语文教材概观》，人民教育出版社1998年版，第9页。

教材（教材内容）是教学内容的一种成分，但不是全部。同教学过程的客观结构相适应的"教学内容"包括：对于学生的引导与激发作用，同计划（即课程内容）相应的素材内容（包括教材内容），不属于学科教材内容的掌握过程最优化的一般方法论建议、指导或指引，教师的教育性价值判断与学生集体成员的接受或批判性指示，与上述因素相应的教师的指导作用与学生的规范行为。"教材是教学内容的重要成分，但它不过是一种成分"，教学内容不仅包括教材内容（素材内容和编排），而且还包括引导作用、动机作用、方法论指导、价值判断、规范概念等。①

曾天山的《教材论》也专辟了一节来辨析"教材内容"与"教学内容"，并从另一角度讨论了两者的关系："教学内容又是教材内容的教学化。教学内容是师生在教学过程中各项活动对象及活动方式的组合，是具体而动态的，是主体与客体相互作用的过程与结果，是对静态教材内容多次教学法处理的过程与结果。"②

就目前的论述来说，我们以为这样来定义比较好：语文教学内容，是教学层面的概念，从教的方面说，主要指教师为达到教学目标而在教学的实践中呈现的种种材料。它既包括教师在教学中对现成教材内容的沿用，也包括教师对教材内容的"重构"——处理、加工、改编乃至增删、更换；既包括教师对课程内容的执行，也包括在课程实施中教师对课程内容（正向或负向）的创生。"教学内容是在教学过程中创造的"③，它逻辑地蕴含着教师参与课程研制、用教材教和教学为学生服务等理念。

综上所述，语文课程内容、语文教材内容、语文教学内容是有区

---

① 钟启泉编译：《现代学科教育学论析》，陕西人民教育出版社1993年版，第207页。

② 曾天山：《教材论》，江西教育出版社1997年版，第116页。

③ 钟启泉等主编：《为了中华民族的复兴　为了每位学生的发展——〈基础教育课程改革纲要（试行）〉解读》，华东师范大学出版社2001年版，第212页。

别的。

◎语文课程内容，是语文课程具体形态层面的概念，指为了达到语文科特定的课程目标而选择的事实、概念、原理、技能、策略、态度等要素。作为"定篇"的选文，是其重要的组成部分。

◎语文教材内容，是语文教材具体形态层面的概念，指为了有效地反映、传递课程内容诸要素而组织的文字与非文字材料及所传递的信息。作为"例文""样本""用件"类型的选文，就定位于这个层面。

◎语文教学内容，则是语文教学具体形态层面的概念，从教的方面来说，指教师在教的实践中呈现的种种材料及所传递的信息。它既包括教师在教学中对现成教材内容的沿用，也包括教师对教材内容的"重构"——处理、加工、改编乃至增删、更换；既包括教师对课程内容的执行，也包括教师对课程内容（正向或负向）的创生。

我们既要看到三者的相互联系与制约，也要看到它们的相对独立与分隔。辨明语文课程内容、教材内容、教学内容，能使我们准确地鉴别当前的语文教育在课程、教材、教学不同层面上的问题，因而能使我们合理地规划应该由谁（是课程专家、教材专家还是教学专家）来解决相应的问题，以及用什么方式和途径来解决问题。对语文教材的研究来说，为了使研究能够真正落实到语文教材的问题上，为了使中外的比较能有效地切入到语文教材的编撰策略与技术中，十分有必要将教材内容与课程内容、教学内容暂时地隔离开，以便将目光自觉地锁定在"用什么去教"这一特定的层面，进而去探求我国语文教材的改革之路、开辟语文教材编撰策略和技术的多元之途。

第二章
语文教材教学化编制的必要性

新世纪的语文课程与教学改革，正在向纵深发展。语文课程与教学研究的重心，现在应该转移到语文课程与教学内容的建设上。课程目标内容化、课程内容教材化、教材内容教学化，应该是语文教材未来的发展方向。

一　教材编写体制及其责任

讨论语文教材与教学内容，先得辨清以下四个概念：语文课程目标、语文课程内容、语文教材内容、语文教学内容。

"语文课程目标"，是语文课程标准层面的概念。它主要面对"是什么"的问题——为了适应现代社会和学生个体的发展，国家期望学生具备的语文素养"是什么"。语文课程目标大致包括人文素养和语文能力这两个方面。理想的情况，目标应该得到明晰的表述，以使大家对目标的内涵有一致的理解。

"语文课程内容"，是语文课程具体形态层面的概念。它主要面对"教什么"的问题——为了有效地达成语文课程标准所设定的语文素养目标，语文课程研制者建议"一般应该教什么"。语文课程内容，从大的方面看，一是构成人文素养确切所指的文学文化经典作品（定篇）及对它们的阐释；二是包括事实、概念、原理、技能、策略、态度在内的语文知识。

"语文教材内容"，是语文教材具体形态层面的概念。它主要面对"用什么去教"的问题——为了使广大的学生较好地掌握既定的课程内容，语文教材编制者提供"通常可以用什么去教"的建议。理想的情况，语文教材内容应该做到"课程内容教材化""教材内容教学化"：一方面，课程内容要通过种种资源的运用得以具体地显现；另一方面，教材要形成可操作的教学设计，使学生在师生、生生的互动中走进经典的世界，建构语文能力。

"语文教学内容"，是语文教学层面的概念。它同时面对两个问题：第一，针对具体情境中的这一班学生乃至这一组、这一个学生，为使他们或他（她）更有效地达成既定的课程目标，"实际上需要教什么"；第二，为使具体情境中的这一班学生乃至这一组、这一个学生能更好地掌握既定的课程内容，"实际上最好用什么去教"。

（一）语文教科书"课程研制"的责任

一方面，语文课程标准的目标蕴含着、指引着课程与教学内容，语文实验教材在课程内容建设方面正在做出努力，语文教师在实践中也摸索出一些适宜的教学内容；另一方面，语文课程与教学内容的建设，至今仍未引起足够的重视，许多模糊甚至错误的认识还没有得到澄清和纠正，语文课程与教学内容的种种严重问题仍明显地存在着。

有人以为，确立了总目标和阶段目标，语文课程与教学内容建设似乎也一并完成了。这种想法实在要不得——因为它混淆了目标与内容这两个有区别的概念，也模糊了语文课程目标与其他课程的一个十分重要的差异。语文课程与教学目标，从总体上看，属于"能力目标"（或者叫"素养目标"），这与地理、历史、物理、化学等课程的"内容目标"有很大的不同。能力或素养目标，往往并不直接、具体地规限课程与教学内容。在对期望学生达到结果的描述（即目标"是什么"）与为达成目标而选择的课程与教学内容（即"教什么"）之间，存在着种种较为复杂的关系。比如"在通读课文的基础上，理清思路，理解主要内容，体味和推敲重要词句在语言环境中的意义和作用"，要达到这些目标该"教什么"？答案是需要研究的，需要根据学生的情况来选择或研制合适的课程与教学内容。

又有人以为，语文教材的选文就是课程与教学的内容。这话需要好好地辨析，因为有太多似是而非的地方。语文教材中的选文有不同的功能类型。简单地说，语文教材中有一类选文，是构成文学、文化素养现实所指的经典作品（定篇），它们确实是语文课程与教学的内容，而且是极为重要的内容；另有一些选文，在教学中主要被当作学习听说读写的知识、技能、方法、策略、态度的例文或样本；还有一些选文，实际上不是让学生去"学文"，而是利用文中所涉事物引导学生从事与之相关的听说读写实践活动（用件）。那主要发挥后三种功能的选文，并不是语文课程与教学内容，而只是教学的一种凭借，我们称之为"教材内容"。比如，选文《雨中登泰山》教的是游记的写法——"按游踪的线索组织"（文章知识），或者是阅读的策略——"阅读游记要抓住游踪"（阅读知识）。那么在这个例子中，《雨中登泰山》只是"教材内容"，是既定的课程与教学内容——文章知识或阅读策略——的一个例子。

即使是作为课程与教学内容的定篇，其实教的也不是混沌状的选文，选它作为课文，这本身就是一个塑造的行为，带有强烈的"教"的意愿。"教"和"感"是不同的。在一般情况下，学生对作品处在一种"感"的状态，他对作品的理解和感受，是凭自己的"阅读经验期待视野"在跟作品的全方位接触中进行和完成的。而语文课作为一种"教什么"的选择产物，其中的经典作品是作为课程与教学内容的方式存在的。谁也不会说，除了学生的"感"，我们就没有一点想"教"、该"教"的东西。我们让学生注意到作品的这些而忽略那些，引导学生从这个角度体悟而遮蔽另外的角度。从这个意义上讲，课程与教学内容与其说是选文（定篇），不如说是对选文的阐释，包括阐释的方式和态度。

那么，对一篇经典作品，做什么样的阐释，用什么方式、什么态度来阐释呢？答案是要研究的。同样，对例文、对样本、对用件，例什么、做什么样、拿来派什么用场？答案也是要研究的，而且要下大力气好好地加以研究。

问题是由谁来研究？这就牵涉到对语文教材"开放性"的认识问题。"开放性"是相对于"确定性"而言的，意思是说，在"教什么"上，语文教材要给教师留有开发的空间。落实到文选型的阅读教材上，在以单篇课文教学为主导的现实条件下，语文课程内容的问题实际上也就是某篇课文"教什么"的问题。比如在有限的课时里，《拿来主义》教什么？《别了，"不列颠尼亚"》教什么？这样，"开放性"问题就分化为以下两个方面：

第一，课程内容开发的责任问题。"教什么"由谁来开发？是课程研制者和教材编撰者，还是语文教师？

第二，教材对课程内容呈现的"确定性"程度问题。教材是只需提供课程内容的指引，还是要具体地呈现课程内容？是要把所确定的课程内容较系统地提供给教师和学生，还是留有一些缺口有待每个语文教师去创造性地填补？

我们认为，我国"语文"作为一门国家课程，在语文教师备课工作量过重又普遍难以把握"教什么"的情况下[①]，语文课程研制者和教

---

① 王荣生、许志先：《语文教师教学内容选择的现状调查及分析》，载《语文学习》2005年第1期。

材编撰者应该承担起课程内容开发的责任。

我们认为，在我国语文教师专业化水平相对较低、语文课程与教学内容僵化和随意性过大并存的现实条件下，语文教科书应该具体地呈现课程内容并将其较系统地提供给教师和学生。

（二）语文教科书"呈现方式"的教学价值

语文教材编撰与语文课程研制是相对分隔又相互制约的两道工序。语文课程研制的核心，是确立合宜的语文课程内容，即课程目标内容化。语文教材编撰的核心，是运用合适的编撰策略实现课程内容教材化、教材内容教学化。明确语文教科书"课程研制"的责任，也就是要求语文教科书完成"课程目标内容化"的任务；明确语文教科书"呈现方式"的教学价值，则是进一步要求语文教科书承担"课程内容教材化、教材内容教学化"的任务。

课程内容教材化，实际上要求语文教科书做好两件事情：一是要有课程内容，对"一般应该教什么"给出切实的回答；二是要对"通常可以用什么去教"有建设性的回答，使语文课程内容通过种种资源的运用得以具体地显现。

教材内容教学化，实际上要求语文教科书做好两件事情：一是局部内容，要勾勒出一个点的教学的主要步骤；二是要完成一个大单位的设计，也就是将一堂课几个点的教学连贯起来。

课程内容教材化、教材内容教学化，要落实在语文教材的呈现方式上，在文选型语文教材中，它主要指选文之外的俗称"思考和练习"部分的呈现方式。语文教材的呈现方式，是语文教材编撰策略的具体体现。

我们认为，在语文教学内容僵化和随意性过大并存的现实条件下，我国目前所迫切需要的，是"确定性"程度相对较高的语文教材，也就是《语文课程标准》所期望的"在合理安排语文课程内容基础上"的语文教科书。我们认为，就绝大多数教师来说，其教学设计和所组织的教学活动，应与该教科书的编撰策略具有较高的相关性。

据了解，一些语文教师对选文前后的那些东西"从来不看"，他们自主地开发教学内容，其"备课"所做的工作相当于重编教材。据调查，高中语文教师日平均备课量在4到6小时[①]，其中绝大部分时间花在"揣摩编者的意图"以想出"教什么"上，这种教学内容的生产方式，实际上也等于教材重编。一方面，是语文教师超重的工作负担；另一方面，是开发和生产的教学内容缺乏审议的机制。一方面，是种种自称"有特色"的语文教科书，在语文教师看来差不多像没有编过一样（除了提供选文）；另一方面，是语文教师几乎人人在重编教材、人人不得不从事教材重编的工作。这种状况是极不合理的。我们认为，学生觉得语文课没用，与语文教师觉得教科书不好用，是两个有关联的问题。

---

① 王荣生、许志先：《语文教师教学内容选择的现状调查及分析》，载《语文学习》2005年第1期。

二 语文教师对教学化教材的现实诉求

（一）语文课程内容研制的缺失

我国语文教师处于一种十分艰难的处境，这是因为语文课程内容研制的缺失。

长期以来，语文课程具体形态被淹没在教材层面，语文教材顶替着语文课程，由于我国的语文教材是"文选型"，因而往往还是"选文"顶替着课程。①

用"选文"顶替课程，在我国是不自觉的，与其说是一种课程具体形态的设计，毋宁说是在混混沌沌中压根就没有进行过什么课程具体形态的设计，课程内容在何、课程内容是啥，几乎就没有被当成过思考的主题。语文课程具体形态层面的这种情形，在"一纲一本"体制下是被掩盖着的，因为有要"教"的"基本篇目"、有要"讲"的"基础知识"，这在形式上便给人已经有课程内容的幻象，而把"基本篇目"和"基本知识"搭配起来的教材编撰者似乎也自我感觉到经营过语文课程具体形态设计这档子事。其实大谬不然，因为松散地被搭配的"基本知识"在教学中自然要被脱落，而所谓"基本篇目"实际上就是一些人为排列的、在教学中实际上是可以随意变位的单篇"选文"。

"选文"顶替课程，只有两种情况是合理的：其一是选文用作

---

① 这并不等于说，"选"什么"文"在语文课程中并不重要，但作为语文课程和教材的选文，与作为"读本"的选文，应该是两回事情。

"定篇"，像我国古代那样。不过，我国自现代以来，语文课程一直没有将"定篇"纳入正道。那么剩下的只有另一种可能，那就是将选文处置为"样本"，并采用孤零零选文或略加指引的编撰策略。

这种处置方式，实际上是使语文课程内容直接融化为语文教学内容，"教什么"全凭教师依学生遇到的具体问题和困难在现场产生，"教什么"得当与否几乎完全依赖语文教师的教学机智和对学生需要什么的诊断能力。这无疑为优秀教师创造了最广阔的空间，而这样的课堂本质上也能产生最贴近学生听说读写实情的语文课程内容。但它有一个致命的软肋，那就是对语文教师个体的完全依赖。如果教师的语文能力和教学能力达不到可依赖的水准，如果教师没有足够的教学机智和诊断能力，甚至根本就不把关注点放在学生听说读写的实情上，那么就不可能产生适当的教学内容。

实事求是地讲，我国的语文教师，乃至世界的语文教师，只有很少的一部分有望达到这种处置方式的"样本"所需的"素质"；由于"教教材"的传统，我国也缺少相应的、能充分让教师施展能力的教学环境。这样，十个教师针对不同实情的学生会产生十种有所区别的教学内容，于是就会演变成不知道针对什么的十种不同的内容，因而也就变成了一篇课文可以教随便什么内容，事实上也就是没有了语文课程的内容。就像有人感叹的那样："语文课（语文课程）实际上是一门没有确定的教学内容（课程内容）的课。"[①]

任何听过语文课的人，都会得出这样的结论：语文教学出毛病最多的，正是由苦思冥想所"成就"的"教什么"的"内容"。任何听过讲授同一篇"课文"的数位或数十位语文教师语文课的人，都会震惊：这些课实际上是个体教师凭借自己的语文知识（亚里士

---

① 王厥：《教材体系研究与语文教学科学化》，见瞿葆奎主编《教育学文集·课程与教材》（下卷），人民教育出版社1993年版，第322页。

多德称为"臆断")在从事教学，因此学生学的完全是由不同语文教师随意择取或任性制造的不同东西，这些东西有些甚至叫不出名称。

我们曾经连续听过二十几位老师上的课，所上的篇目都是《林黛玉进贾府》，结果发现二十几位老师所"教"的几乎是二十几种内容。有一位老师所教的班级是中专医药专业，可能是为了"与专业结合"，于是这堂课的大部分时间师生讨论的是林黛玉的"不足之症"以及她"如今还是吃"的"人参养荣丸"；有一位老师执教的班级是中专建筑专业，大概基于同样的理由，这堂课主要围绕课文开头几段对贾府建筑的描绘展开，还花了不少时间讲述"什么是女墙"；有些老师着眼的是人物上场，讲王熙凤"未见其人，先闻其声"；有些老师关心的是人物描写方法，讲文中对贾宝玉的"侧面描写"；有些老师爱好诗词，于是上课的时间主要花在鉴赏两首《西江月》上；有些老师注重"基础"，于是上课的主要内容就放在十余个词语的"古今词义辨析"上；等等。

并不是说上面的这些"教学内容"一概不行、一概不好，问题在于二十几位教师对同一篇选文的教学有二十几种不同的内容，且对教学内容的选择除了基于教师"我以为""我喜欢"的主观判断外，没有任何教育学意义上的理据。[1]我们的语文课程，"学生与教师的关系代替了学生与学科（课程）的关系"，对于这种情形，杜威当年就曾严厉地批评说："那显然是不足为训的。"[2]

语文课程内容刻板僵化与随意性过大并存、语文教学花样百出与知识含量极为贫乏共生，是我国语文教育的严重问题。问题的根由，

---

① 实际上，对于这种情况，语文教育研究者一直都有所揭露，比如叶圣陶先生在《中学国文教师》一文中就批判过7种国文教师。中央教育科学研究所编：《叶圣陶语文教育论集》（上册），教育科学出版社1980年版，第91—97页。

② [美] 约翰·杜威：《我们怎样思维》，姜文闵译，人民教育出版社1991年版，第50—51页。

是我们在语文课程具体形态层面存在巨大的"空档";或者说,我们一直只有"选文集锦"的语文教材,很大程度上缺失了严格课程论意义上的语文课程。

(二)语文教材名存实亡

直接导致语文教师处境艰难的主要原因在于,我国语文教材在很大程度上名存实亡。

先看"课程内容教材化"方面。课程内容教材化,实际上要求教材做好两件事情:一要有课程内容,对"一般应该教什么"给出切实的回答;二要对"通常可以用什么去教"有建设性的回答,使语文课程内容通过种种资源的运用得以具体显现。

我们现在的语文教学,基本上是单篇选文的教学。那么就单篇选文而言,语文教材所要回答的第一个问题便是:这篇选文"一般应该教什么"? 遗憾的是,我们的语文教材对此往往含混不清乃至似是而非。比如《项链》一文,一本《教师教学用书》要求师生在课堂里做如下"问题讨论":

> 在小说中,玛蒂尔德是个什么样的人物? 是一个爱慕虚荣、追求奢华生活可厌可悲的人物,还是一个在命运的作弄中坚守自己人格尊严可悲亦可敬的人物? 对于这个人物,你是悲悯同情,还是赞美敬重? 或者只是鄙夷她?

应该说,这道题体现了现代的阅读观念,也吸收了最新的研究成果,具有相当高的水准。即便如此,这道题究竟想让教师"教什么",还是颇费思量的。事实上,这道题可能牵引出许许多多的"课程内容"(从学生掌握的角度来表述,"课程内容"即"教学目标")。例如:

1. 得出该问题的答案——过去只允许一个"标准答案",现在鼓励多种可能的答案。

2. 学习人物形象的概括方法中的某一点,比如如何表述。

3. 领会小说人物和主题的关系。

4. 理解《项链》的主题。

5. 感受小说主题的复杂性和丰富性。

6. 了解《项链》的接受史。

7. 体会阅读视野与小说阐释的关系。

8. 感受（反思）所获得的情感体验与文本注视点的关联。

9. 扩展对"人"、对"人生"的理解，即理解（反思）小说对读者的影响。

10. 学习文学作品的一种解读方法：系统、理性地分析阅读感受，自圆其说地阐发观点（评论）。

11. 体验小说阅读的一种方式：众人共同阅读，或者叫碰撞式阅读。

那么教材究竟想以哪一点作为这节课这道题的"课程内容"呢？对不起，这需要语文教师在备课时"揣摩"。以上列举的，相互之间或可关联或有贯通，那么这节课的这道题关联哪些点、贯通哪些点呢？对不起，这又需要教师在备课时"揣摩"。说"揣摩"，是在打马虎眼；真实的情况是，很可能教材编制者压根就没有将这道题关联哪些、贯通哪些作为问题来考虑过，因而其背后也就没有什么东西可供揣摩——围绕这道题的这节课"教什么"，其实是要靠老师来"生产"的。

这等于把"语文课程内容"（一般应该教什么）的研制任务，甩给了教师。紧接着，"通常可以用什么去教"这一教材的编制者本该完成的工作，也转嫁给了教师。因为在"教什么"上不确定，"用什么去教"的设计便也不会有合适的着落，而一旦教师"生产"出围绕这道题的"课程内容"，他势必要面对"用什么去教"的问题。

上面那道题，在配套使用的《学生学习用书》中，教材编制者建议用一个演说活动和一个编剧活动去教：

1. 在班级里举行一次"玛蒂尔德其人"大家谈。大家可以见仁见智，自由评说。每人先独立思考，然后主动站起来亮观点，找同伴，"拉帮结派"，再按观点分组，由主动亮观点者牵头，让同一观点的人坐在一起，共同研讨，继续完善自己的观点，力求自圆其说。最后请每种观点的领头人上台演说，阐述本组的观点。

2. 试着把《项链》改编成课本剧。可以选择一个片段，也可以改编整篇小说；甚至可以通过设想，续写一个关于小说结尾的片段。然后全班讨论一下，看谁改得最有新意。选择那个最有新意的剧本请老师帮着精加工一下，最后由同学分小组自导自演自看，并评出最佳剧本、最佳导演、最佳演员、最佳台词、最佳道具等。

假如某教师依照该教材编制者的"教学建议"，把这节课的"重点"设定为教学生"感受小说主题的复杂性和丰富性"，那么用不了几分钟他就可以断定，这两个活动显然不可取，除非对它们进行脱胎换骨的改造。演说活动的要点在"力求自圆其说"，意思是你说你的对，我说我的对，大家"拉帮结派"。其结果很可能不是让学生感受到小说人物、小说主题的复杂性和丰富性，而会导致学生对小说人物的片面肢解式理解及对小说主题的分裂。第一个活动集中在人物形象上，尽管传统小说的主题是由人物形象来承载的，但这一点学生并不了解（有些老师也未必了解），因而关于"玛蒂尔德其人"的"观点"纷争，在学生那里很可能演变成与小说主题脱节的事情。编剧活动的要点是"看谁改得最有新意""评出最佳剧本、最佳导演、最佳演员、最佳台词、最佳道具等"，这与"感受小说主题的复杂性和丰富性"关联不大，因此，这个活动在这里显然没有什么正面的用处。

这样，对这位要教"感受小说主题的复杂性和丰富性"的教师来说，他只能被迫扮演教材编制者的角色。怎么才能使学生"感受小说主题的复杂性和丰富性"呢？是通过学生按不同主题设定的多次阅读呢？还是通过不同学生的感观碰撞来显示？抑或是提供各种评论文章先让学生陷入认知的冲突，再引导学生从自身的阅读感受中去弥合多个视角的不同观照呢？诸如此类的问题，显然需要教师去设计、去发现并组合各种资源。

上面的评述，实际上已涉及"教材内容教学化"这一层面。"教学化"，意思是要形成可操作的教学设计。这实际上也要求教材做好两件事情：一是局部的，要勾勒出一个点的教学的主要步骤。比如上面那道题，假如教材决定教"感受小说主题的复杂性和丰富性"，也决定用"学生按不同主题设定的多次阅读"来感受，那么教材可能这样规划（如编成教材要填补教材内容并转化为面向学生的表述）：

1. 提供一个现成的"观点"（材料），想办法（教材完成）引导学生认同，并按这一"观点"去读《项链》。

2. 提供第二种现成的"观点"（材料），也想办法（教材完成）引导学生认同，让学生"痛感"第一次读"错"了，并按第二种"观点"再读《项链》。

3. 再提供第三种现成的"观点"，造成学生困惑，师生共同按第三种"观点"再读《项链》。

4. 讲解"小说人物与主题的关系"，如需要，则讲解"小说主题的复杂性和丰富性"。

5. 再提供其他可能的观点，或引导学生提出其他可能的观点，并尝试从这些"观点"来阅读文本，"感受小说主题的复杂性和丰富性"。

6. 延伸性讨论：（1）我们过去读小说事实上是按什么"观点"来读的？（引导学生反思自己过去对小说主题的理解）（2）在每一次阅读中，我们是不是能感受到各种"观点"？（引导学生反思自己阅读的经验）（3）对于我们感受到的各种"观点"，我们是否都要认可？（引导学生理解观点的多样性与小说主题的多元性之间的关系）。

7. 指导学生从"小说主题的复杂性和丰富性"的视角，重读以前读过的小说。

"教学化"要做的第二件事情，是完成一个大单位的设计，也就是将一堂课几个点的教学连贯起来。比如某教材在《我的叔叔于勒》这篇选文后编有以下四个题：

1. 熟读课文。用第一人称讲述菲利普夫妇在意外遇到于勒时各自的言行神态，探讨他们对于勒的态度发生变化的主要原因是什么，你对菲利普夫妇的做法有什么评价。

2. 试根据下面的提示，从多种角度，梳理一下课文的情节结构。（提示略）

3. 和同学讨论一下，保留或删去原文中的一个开头和一个结尾，表达效果有什么不同？（材料略）

4. 想象一下，当菲利普夫妇在船上发现一位百万富翁像于勒时，他们会怎样？试写二百字左右的短文。

这四道题同样存在"课程内容教材化"方面的问题，这里姑且不论。假如这四道题在"教什么"上是确定的，也补充了"用什么去教"，对"教学化"也分别进行了方案设计，那么在预设的课时里，如何连贯这四个点的教学，教材需要体现出通盘的规划，而不能像现在这样全靠教师去"创设"。

"课程内容教材化"要由教师"生产"，"教材内容教学化"要靠教师"创设"；而我们的语文教材，仅是"选文的集锦"。因此，名副其实的语文教材，尚需努力建设。

（三）语文教学内容急需学理审议

"选文集锦"，意味着本来是教学专家的语文教师，现在被要求同时还要充任语文课程专家和语文教材专家。这就造成了语文教学内容的种种复杂情况，也给语文教师带来了莫大的负担。

语文教师服务于具体情境中的具体学生，所要做的本来应该是关注学生在现场的学习情况，并给学生提供切实的指导和帮助。所谓"备课"，按道理讲，主要是"备学生"。当然，语文教师要参与课程，要大张旗鼓地动用教材的选用权，他也有"备教材"的任务，在必要时对课程内容也要有所创生。理想的情况是，"备学生"和"备教材"是统一的，在"备学生"的过程中完成"备教材"——教师根据学生的具体情况，将课程专家提供的"一般应该教什么"转化为"实际上需要教什么"，将教材专家建议的"通常可以用什么去教"转化为"实际上最好用什么去教"。关注与学生实际相契合的内容，这是"语文教学内容"的本来含义。

但是，"选文集锦"式的教材，使"备"教材很大程度上变成了"编"教材，"参与"课程很大程度上变成了"研制"课程。这样，语文教师的备课重心，就被迫从"备学生"扭转到"备教材"乃至"备选文"上；语文教学内容，从关注"实际上需要教什么""实际上最好用什么去教"，被迫退回到"一般应该教什么""通常可以用什么去教"的"生产"上。

只要看一看普通语文教师是如何备课的，就会知道上面所说的是怎么一回事。现今，普通语文教师备课的主要精力花在：

1. 按教参所提供的结论去"理解"选文。

2. "揣摩"教材编撰者的"意图"（即"思考和练习"题）。

3. 想出具体的"教学内容"。

也就是说，普通教师的精力主要花在"教什么"的内容"生产"上。光顾着"备教材"这一头，语文教师就会应付不过来，因为备课所做的工作，类似于编制语文教材、研制课程内容。语文教学内容与学生实际的契合，在语文教材名存实亡的情况下，在专业化建设才刚刚起步的现在，对广大教师来说，是一个近乎奢侈的要求。

而语文教师在"备课"中苦思冥想出来的"教学内容",存在着很大的问题,甚至普遍存在着严重的失误。用王尚文先生的话说,就是:"语文教学的弊病,我以为病象虽在'教学',而病根却往往是在'语文','语文'缺乏一定的根底,'教学'往往会越研究越糊涂,甚至还不如不研究好。"①

王先生是从语文教师"素质"着眼来说这段话的,按照我的看法,恐怕要将着眼点转移到语文课程与教学内容的建设上来。

在目前的艰难处境中,我们认为,一个负责任的语文教师应该坚持以下两个立场:

第一,语文教师对因别人玩忽职守而造成自己被迫越俎代庖的状况,理应表示出正当的愤慨。语文教师教的是"语文课程",理应要求课程专家提供适当的课程;语文教材是一种特殊的商品,理应要求其符合教师教学的需要。也就是说,语文教师们应该形成一股强大的推动力,促成语文课程内容的建设,促使语文教材进行改革——对明显不能派上用场的语文教材忍气吞声的时代,理应让它早日结束。

第二,既然已经越俎代庖、既然现在还不能不越俎代庖,那么语文教师对自己持以"庖"的要求,就应该自觉而严格。也就是说,语文教师对在备课中所"生产"的"一般应该教什么""通常可以用什么去教",需要有自觉的反思。"教"的是"什么"?"教"的那个"什么"正确吗?"用什么去教"的?"用"那个"什么去教"对路吗?在语文课程内容研制缺失、语文教材名存实亡的情况下,语文教学研究的导向,应该是自觉地对所生产的教学内容正确与否、对路与否进行学理上的审议。

大量的事实表明,语文教师所生产的"教学内容",在"教什么"正确与否和"用什么去教"是否对路这两个方面,都存在着较为

---

① 王尚文:《语感论》,上海教育出版社2000年版,第415页。

严重的问题。同样，大量的事实证明，许多语文教师对教学内容上存在的种种严重问题，缺乏反思，有的甚至对"教什么"的正确与否、对"用什么去教"的对路与否，缺乏自觉的反思。这种状况亟须改变，而改变的有效途径，是语文教材的教学化编制。

三　教学化编制与教师的专业自主权

在语文教学内容僵化和随意性过大并存的现实条件下，我国目前所迫切需要的，是"确定性"程度相对较高的语文教材。

（一）课程内容呈现的确定性

语文教材是语文课程内容的主要载体。在"文选型"教材中，语文课程内容主要由"选文"（教材的篇目及篇目排列）和"语文知识"（目前主要被界定为语法、修辞、章法等知识）这两方面构成。然而，语文课程内容的进一步界定，则主要通过教材的"助读"和"练习"。助读和练习，实际上起着对一项知识、尤其对一篇课文所要教学的内容的固定作用，或者说，它们是对课程内容的具体展示。在具体的教学中，一篇课文教什么乃至怎么教，很大程度上要受制于助读和练习的编排。在目前的知识状况下，具有动态性质的怎么读、怎么写的知识，还主要是通过助读和练习来"生产"的。而上述两方面，即通过助读和练习这两个部分所具体展示的课程内容或所生产的课程内容，它们的确定性如何，则直接关系到课堂教学的效果和学生语文能力的提高。

"确定性"，指使用同一本教材的语文教师在教同一篇课文、同一项知识时，从理论上讲，所教的应该是基本相同的内容；同样，学同一本教材、同一篇课文、同一项知识的学生，所学的应该是基本相同的内容。不同教师、不同学生在教与学的过程中所能达到的相同点越多，从教材编撰的角度看，我们说它在课程内容上的确定性就越高，反之就越低。

不妨先借一本美国教材的片段，来进一步来说明"确定性"的概念。这个片段教学的目的是提炼段落的中心思想，其"助读和练习"的内容如下：

多数叙事段落中，中心思想并不直接陈述出来，也就是段落没有一句话直接说明这一段的中心，作者让读者自己下结论。下面是下结论的一个简单方法。首先，仔细阅读下列叙事段落，这段文章讲述了一个住在海边可是以前从来没有冲过浪的男孩——萨利福的故事。（故事段落略）

给下列问题选择正确的答案。

1. 这段文章讲述了什么事？

A. 萨利福观看浪花。

B. 萨利福的一次冲浪。

2. 文章中的细节表明了萨利福怎样的心情？

A. 恐惧。　　　B. 感到有趣。

把答案结合在一起，你就能总结出这段文章的中心思想了：萨利福一次胆战心惊的冲浪。（练习指导略）

以上这个片段，教材界定的所要教学的内容，就有较高的确定性。不同的教师、不同的学生，如果以这段教材为教与学的主要资源的话，他们所教与所学的应该是同一个"内容"。

从这个例子也可以看出，确定与正确不是一回事，但也不完全是两回事。确定的未必是正确的，正确的也未必能达到确定的程度。对教材来说，确定性要以正确为前提，这是一方面；另一方面，教材在助读、练习中所展示和所生产的"内容"确定性偏弱，不但影响语文教学的效果，还往往会导致教师与学生在教与学的过程中产生错误。

我国古代的读写教材，助读、练习都很薄弱，同一本教材的同一篇课文，由于教师不同，学生们所学到的"内容"就可能有很大的差异，其中还潜藏着很高的产生错误的概率。这正是夏丏尊、叶圣陶所揭露的传统语文教学"玄虚笼统"[①]的一面。

我们知道，语文科与中小学数学、地理等其他学科的最大区别之一，在于教学内容的变异性和游移度都特别大。这种较大的变异性和游移度，是我们必须正视的问题：如果一部语文教材不通过助读、练习具体"展示"或"产生"适当的课程内容，那么教师就会依自己的见识自以为是地去择取"内容"，学生也会依自己的经验自以为是地去发现"内容"。同样，如果一部语文教材在助读、练习方面"展示"或"生产"的课程内容确定性不高，那么教师就会依自己的意见自以为是地去填补"内容"，学生也会依自己的领会自以为是地去捕捉"内容"。教师对"内容"的种种自以为是，尤其是对具有动态性质的怎样阅读、怎样写作等方面的自以为是，往往与制定课程标准的语文课程专家、编撰教材的语文教材专家有差距，因而较难保证其教学内容的正确性。而学生（除了极少数有天分的外）对"内容"的自以为是，其可靠性往往要打更大的折扣——研究表明，较高级的读写技能和策略，中小学生一般不能自行发现。

需要提出的是，第一，这里所讲的课程内容的确定性，不涉及对语文科是精确还是模糊的种种争议。换句话说，即使是由认定语文科的"内容是模糊"的人来编制教材，他也必须将他所认定的属于"模糊性质的内容"以适当的方式确定地呈现出来，他一般不会、也不应该将所认定的"模糊性质的内容"笼统含糊地放进教材里，而任由教师们去"各显神通"地随意处置。确定性是与笼统含糊相对立的。

第二，在语文教材中所呈现的课程内容的确定性，与在教材的使用中发挥语文教师的主动性和创造性，不是一个层面的问题，因而也不发生矛盾。相反，语文教师主动性和创造性的发挥，在正常的状态下，应该以教材所呈现的确定性内容为前提条件。虽然根基雄厚的优

---

① 叶圣陶：《〈国文百八课〉编辑大意》，见中央教育科学研究所编《叶圣陶语文教育论集》（上册），教育科学出版社1980年版，第171页。

秀教师在教学中往往能创造比教材更为正确、更为确定的"内容"，但对绝大多数的教师来说，在正常的情况下，也就是在教材能够基本适合教学的情况下，其主动性和创造性主要指向教学的方面，指向切实提高语文教学的有效性方面。

我们的语文教材在课程内容的呈现上，确定性偏弱。这有技术上的问题，也有认识上的混淆。让教师面对笼统的"内容"，放手去"八仙过海"，这似乎是某些"专家"对语文教学的最大误导之一。其后果，是将教材所应承担的责任转嫁到了非"仙"而实在是"人"的教师身上。这种不合理的转嫁，不但加重了语文教师的负担，而且导致了教学中的种种失误，也掩盖了改进语文教材编制技术的迫切性。

（二）关于"开放性"

关于语文教材和语文教学，有两个问题需要澄清：关于语文教材的"开放性"，关于语文教学的"模糊性"。

"开放性"，相对于"确定性"而言，是就语文课程内容来讲的，俗称"弹性"，意思是说，在"教什么"上，语文教材要给教师留有开发的空间。落实到文选型的阅读教材上，在以单篇课文教学为主导的现实条件下，语文课程内容的问题实际上也就是某篇课文"教什么"的问题。比如在有限的课时里，《拿来主义》教什么？《别了，"不列颠尼亚"》教什么？这样，"开放性"问题就分化为以下两个方面：

第一，课程内容开发的责任问题。"教什么"由谁来开发？是课程研制者和教材编撰者，还是语文教师？

第二，教材对课程内容呈现的"确定性"程度问题。教材是只需提供课程内容的指引，还是要具体地呈现课程内容？是要把所确定的课程内容较系统地提供给教师和学生，还是留有一些缺口有待每个语文教师去创造性地填补？

上述两个方面的问题，显然都不会有放之四海而皆准的正确答案，因为不同的国情、不同的条件，需要有不同的应对策略。我们认为，我国"语文"作为一门国家课程，在语文教师备课工作量过重又普遍难以把握"教什么"的情况下[①]，语文课程研制者和教材编撰者应该承担起课程内容开发的责任。我们认为，在我国语文教师专业化水平相对较低、语文课程与教学内容僵化和随意性过大并存的现实条件下，语文教材应该具体地呈现课程内容并将其较系统地提供给教师和学生。

就阅读教学而言，语文课程内容的具体呈现，至少有以下三个方面：

第一，对文本的合理解读。

第二，在合理解读文本的前提下，"转个为类"，提炼出与文本体式相应的阅读态度、阅读方式和阅读技能，以确定某篇课文阅读教学的核心课程与教学内容。

第三，较系统地展开核心课程与教学内容，通过潜藏式的教学设计，引导学生"整合与建构"相应的阅读态度、阅读方式和阅读技能。

以《拿来主义》为例。据调查，教师们普遍把《拿来主义》当作典型的"议论文"来教，"主要的教学内容都围绕以下三个问题展开：什么是'拿来主义'，为什么要采用'拿来主义'，怎么'拿来'"[②]。强用"议论文"的套路来解读《拿来主义》，实际上是按先验的线性逻辑来对付杂文，因而对课文的分析，大量采用的还是段落大意分析法，而段落大意分析法，既不适合诗歌、小说等纯文学作品，也不适用散文、杂文等杂文学作品。[③]换言之，教师们对《拿来主义》的解

① 王荣生、许志先：《语文教师教学内容选择的现状调查及分析》，载《语文学习》2005年第1期。

② 李娜：《〈拿来主义〉教学内容述评》，载《语文学习》2006年第6期。

③ 孙绍振：《直谏中学语文教学》，南方日报出版社2003年版，第181—187页。

读普遍地出现了偏差。显然，这不是单用语文教师素质不高能够解释的，也不是单靠提高教师的素质能够解决的。我们认为，认识语文教学的问题，应该树立这样一个原则：语文教师在课堂教学中出现的集中性问题乃至错误，一定不是教师个体的素质问题，而是语文课程研制、语文教材编制上的问题乃至错误。也就是说，对文本的合理解读是语文教材编制者的责任，语文教材设计必须建筑在对文本合理解读的基础上，并且鲜明地体现在教材设计中。

在语文教学中，除了"定篇"，绝大部分课文的学习并不仅仅是为了读懂某一篇课文，而是通过读懂某一篇课文学会阅读同类的课文，比如通过《拿来主义》学会杂文的阅读。因此，某篇课文的课程与教学内容，显然不是对这篇课文的阐释，语文课显然不是用来讲述教材编制者或语文教师对课文的理解、感受乃至阐发——对课文的理解、感受、阐发，是学生的事情；语文课需要教学生的，是如何理解、感受乃至阐发。这就要求语文教材必须做好"转个为类"的工作，提炼出与文本体式相应的阅读态度、阅读方式和阅读技能，以确定某篇课文阅读教学的核心课程与教学内容。不仅如此，还需要通过潜藏式的教学设计，引导学生"整合与建构"相应的阅读态度、阅读方式和阅读技能，即"课程内容教材化""教材内容教学化"。

我们认为，语文教师，不是对付教材的。作为教学专家的语文教师，应该面对学生，其备课的主要工作应该是研究他的学生、他的课堂，从而有效地帮助学生学习语文。语文教师的无可替代性，正是由于他面对的是几十个活生生的学生个体。正因为如此，语文教师的工作必然带有创造性，也要求具有创造性。当课程内容转化为教学内容时，当教材转化为活生生的课堂教学时，当一个个学生具体地表现他们的学习状态时，正如数学等学科的教师一样，语文教师也始终有开发教材"教什么"的可能性和必要性。

事实上，我国的语文教科书目前远没有发达到急需研究"开放性"程度的地步；笔者在所读过的语文教育研究专著和数千篇论文中，至今也没有发现有谁认真地研究过语文教材的"开放性"问题。所谓"开放性"，或曰"弹性"，很大程度上是语文课程内容研制缺失、语文教科书编撰水准低下的托词。

（三）关于"模糊性"

与语文教材"开放性"相关联的，是语文教学的"模糊性"。"模糊性"，是就语文课程与教学的效果来讲的，典型的说法是，"学生上两个月语文课，几乎没什么长进；缺两个月语文课，也不会有什么损失"。我们认为，把"模糊性"看成语文教学的"特点"，这是一种很不负责任的言论，因为那将导致语文课被取消，将导致语文教师集体下岗。学两个月没长进，两个月不学没损失，这样的"语文课"还有存在的价值吗？

"模糊性"相对于"有效性"而言，涉及两个方面的问题：第一，语文课的课内所获与课外语文学习的关系问题；第二，在语文课中的实际所学与语文素养、语文能力的构成问题。不断有人这样提问：语文素养的获得主要是靠课外还是语文课内？谨慎的回答，我想应该是"不知道"，因为没有人做过这方面的研究，目前没有关于这方面的任何数据。但是，语文教育工作者应该树立这样的信念，尽管课外的语文活动对培养学生的语文素养有重要的作用，但作为一门课程，学生的语文学习应该主要落实在语文课内，语文课是要教东西的，在语文课上学生是要学东西的。对于在语文课中的实际所学与语文素养、语文能力的构成问题，谨慎的回答，我想应该也是"不知道"，因为也没有人做过这方面的研究。但是，语文教育工作者也应该树立这样的信念：根据目前的研究，我们知道有些内容对阅读、对写作、对口语交际，有直接的帮助作用，因而应该纳入语文课程与教学，也能够有效地进行教学。

语文教学有"模糊"的一面，有我们至今还未能认识的一面；但是，语文教学也有"清晰"的一面，也有我们已经认识到的一面——

如果不学习某些内容就会给阅读、写作、口语交际的学习造成困难。语文教学应该关注的是其"清晰"的这部分，而不是无奈地纠缠于"模糊"的那部分；语文课程与教学研究，就是要不断地把原来"模糊"的东西变得"清晰"，就是要尽可能地把原来"不可教"的东西变得"可教"。

事实上，我国的语文教学目前还远没有发展到急需研究"模糊性"的地步；笔者在所读过的语文教育研究专著和大量论文中，至今也没有发现有谁认真地研究过语文教学的"模糊性"问题。所谓"模糊性"，很大程度上是语文教学内容及组织不合理、语文教学研究水准低下的托词。

学两个月语文没长进，两个月不学语文没实质性的损失，这就需要我们去认真地加以研究，去深入地考察语文课堂教学中究竟发生了什么、何以会发生。比如《拿来主义》，比如《别了，"不列颠尼亚"》，为什么学了没长进、不学没损失呢？研究表明，这是因为在语文课里本来就没有教什么东西，本来就没教多少有用的东西，或者这样说，教了很多乱七八糟的东西，教了不少没用的、似是而非的乃至明显错误的东西。

以新闻报道为例。新闻报道向来是语文教材内容之一，落实到教学内容，则主要是学习如何获取事实信息、掌握新闻结构、揣摩语句内涵、掌握表达技巧。这显然是需要斟酌的。

提高可读性是新闻报道自身的追求。在长期的实践中，新闻在结构、语句表达及排版形式等方面，形成了一系列特有的规范，这些规范为读者获取信息提供了最大的便利。新闻"力求用所有人都能理解的语言和形式表达出来"，甚至要求"不带一个让14岁智力的人感到迷惑的句子"。①从这个意义上说，获取新闻报道的事实——关于什

---

① ［美］梅尔文·门彻：《新闻报道与写作》，展江主译，华夏出版社2004年版，第41页、第211页。

么人在什么地方发生什么事情的信息，是不需要在中学语文课上特意教的。中学语文课需要教的，是把学生提升为理性而且有批判意识的阅读者。也就是说，在新闻阅读教学中，所谓获取信息，主要不是指获取报道的事实信息，而是指获取在报道的叙述中乃至报道的背后所隐蔽的信息。因此，新闻阅读教学的要点，是分清新闻事实与新闻背景，辨析客观叙述与主观评价。

了解新闻结构是必要的，但了解的目的，不仅仅是明了"引题""导语"等知识，而要把明了的知识转化为阅读图式的自觉。过去的新闻教学，基本上是走"为学写而读新闻"的路子，即所谓的"读写结合"。而"读写结合"又被狭隘地理解为按所读新闻的结构模式学写新闻。把新闻写作当成一个结构模仿的问题，这是十分肤浅的，而且导致出现了一个很不正确乃至有害的观念：新闻的真实性被简单地理解为表层的真实——"事实"的被建构性。"努力地通过进取心、机智、精力和智慧"发掘事实的真相，这些都被有意无意地遮蔽了。我们认为，学习写作从来不是单纯的语言表达问题，学写新闻必须让学生像新闻记者那样去写新闻。为理解而读新闻与为学写而读新闻，是两种很不相同的阅读方式。

揣摩语句内涵，对于新闻阅读来说不是一个恰当的方法。一方面，新闻报道追求"直达读者"，崇尚简练质朴，一般情况下没有微言大义，因而也不需要揣摩；另一方面，揣摩语句内涵在新闻阅读中是无意义的，因为新闻语句通常不含褒贬色彩，新闻阅读是理性的、分析的，"揣摩"实际上是鉴别、分拨语句，以辨析客观叙述与主观评价。从一些教材揣摩语句内涵的题目看，教材编制者可能是混淆了新闻阅读与散文阅读，误把新闻当散文，当然这也有选文的原因。编入教材的新闻作品，往往是打破常规的优秀作品，有的还积淀为经典名篇，阅读这些作品，已超越了日常的报纸阅读，而上升到了名作鉴赏的境界。但新闻毕竟是新闻，鉴赏新闻名作，一般不宜去刻意求索语句的微言大义；有一些看起来有深刻内涵的语句，在新闻作品中应该是可被发觉的，一般也不需要"揣摩"；那些需要"揣摩"的，比如《别了，"不列颠尼亚"》《奥斯维辛没有什么新闻》中的一些语句，要指出它们在新闻报道中的独特之处，以及它们对文学笔法的借鉴。

学习表达技巧，实际上是"为学写而读新闻"的延伸，而且把学写扩展为学习表达技巧。学习表达技巧，是写作教学的一个环节，也是优秀新闻作品鉴赏的一个方面。但是，第一，技巧不仅仅是写法，它不能被简单地还原为章法、句法。"技巧有它自己的位置，它的正确作用是帮助准确传播。"①所谓好词好句，离开了特定的目的和语境就会变成辞藻的卖弄。第二，所学习的表达技巧要对路。在新闻作品中学习表达技巧，要学习的是其准确而客观的写实技巧，比如"使用具体的名词和生动的行为动词""避免滥用形容词、滥用大量副词修饰动词""区分报道语言与评论语言""在直接引语和转述中寻求平衡"等等。从一些教材的题目看，学习表达技巧实际上被理解为学习某种写法，而写法又被理解成学生在其"好作文"（小文人语篇）中可资"应用"的写法，即"应用"在与新闻报道截然不同的抒情性散文或随笔的写作中。为学写而读新闻+学习"好作文"的表达技巧，这是当前中学新闻教学的大误区。

语文教学的"模糊性"，实质是"可以随便教什么"！据观察，一堂普通的语文课，大大小小的"教学内容"一般是30个左右，也就是说，在45分钟的教学时间里，教师在"教"的、学生在"学"的，是相互之间缺乏实质性关联的30个左右的"教学内容"，平均每个内容只有1分多钟的教学时间。②一堂课之后，教师不知道自己教了什么，学生不知道自己学了什么。说这样的语文课会有成效，说这样的语文课会变成学生的营养，说这样的语文课能培养学生的语文素养、语文能力，显

---

① ［美］梅尔文·门彻：《新闻报道与写作》，展江主译，华夏出版社2004年版，第161页。

② 王荣生：《合宜的教学内容是一堂好课的最低标准——以〈竹影〉的教学为例》，载《语文教学通讯》（初中刊）2005年第1期。

然是自欺欺人。

在我国，语文教学的所谓"模糊性"与语文教材的所谓"开放性"，是紧密联系在一块的；而要改变语文课堂教学中"可以随便教什么"的状况，需要建设课程内容"确定性"程度相对较高的语文教材。

第三章
选文的功能类型及其教材呈现

我国的语文教材向来以"文选型"为主流、为正宗，因而语文教材的研究，很大程度上便落实为"选文"问题的讨论。而从教材编撰角度来讨论"选文"，确认"选文"的类型及不同类型的功能发挥方式，是极为重要的。

根据对中外语文教材的比较和研究，语文教材里的选文，大致可以鉴别出四种功能类型，即"定篇""例文""样本"和"用件"。

一　定篇功能的选文

"定篇"是语文课程规定的内容要素之一，它是文学、文化素养在语文课程中特定的、具体的所指。

（一）定篇的功能发挥方式

"定篇"与"例文"等进入教材的方式不同，在语文教材中的地位也有本质的差异，因而有其独特的功能和功能发挥方式。

关于"定篇"的功能和功能发挥的方式，布鲁纳曾讲过一个例子。布鲁纳当学生时，曾选修了理查德的课，有一次，黑板上只有两行字（相当于"定篇"）：理论是灰色的，生命的金色之树常青。"整整三个星期，我们学这两行诗，用古典的和浪漫的观点去想象，和探索过这两种生活方式的评论家一起探究；我们还被迫阅读了歌德的那本与此诗句有关但写得很糟的剧本《托尔夸托·塔索》。在理查德独自一人讲的时候，师生常常处于一种相互问答的状态。为了这十多个字的诗句，我们学了三周。这是一种对照式的正确的阅读方法；结果我的收获是：彻底、清晰、明确地领会了这十多个字。"①布鲁纳所举的这个例子，典型地说明了"定篇"的功能和功能发挥方式。

如果说，"例文"的功能是使知识得以感性显现的话，那么"定篇"的功能便是"彻底、清晰、明确地领会"作品；如果说，"例文"的功能发挥方式是偏于一隅的话，那么"定篇"则倾向于八面临风。对于"定篇"的功能发挥方式，俄罗斯一部教材中的一个小节，也许是最好的例证和说明。

莫斯科教育出版社《文学》（五年级）"19世纪文学"单元的一节《伊万·安德烈耶维奇·克雷洛夫》，具体编排如下②：

一、课文（传记）《伊万·安德烈耶维奇·克雷洛夫》，后附关于传记内容的四个问题。

二、克雷洛夫寓言一则《杰米扬的汤》，下附短文"让我们一起理解寓言"，谈论的主题是理解寓言应当了解寓言主人公的性格、态度、企图和在具体情境中的目的，结合课文做简要而富

①［美］布鲁纳：《本国语教学》，见邵瑞珍等译《布鲁纳教育论著选》，人民教育出版社1989年版，第194页。

② 中外母语教材比较研究课题组编：《中外母语教材选粹》，江苏教育出版社2000年版，第281—296页。

于启发性的讲解；而后是关于寓意和表现主人翁性格和意图的两道练习题。

三、克雷洛夫寓言一则《狼和小羊》，下附短文"根据语言排演戏剧"，先讲述寓言与戏剧的相似点——通常由台词组成，要有一些主人公；然后指导角色的分配和道具准备；接着用16个关于课文理解和表演的提示性问题，引导学生背诵所扮演角色的台词。

四、克雷洛夫寓言一则《演奏》，下附短文"排演广播剧"，先讲述广播剧的特点——台词及言语的声调是表演的唯一手段；然后通过9个关于课文理解和表演的提示性问题，引导学生用录音带录下自己表演的广播剧。

五、尝试写作寓言的一套练习。

1. 阅读五则列夫·托尔斯泰的作品（有些是托尔斯泰改写的伊索寓言），要学生区分出这些作品哪些是寓言、哪些是童话。

2. 再选托尔斯泰改写的伊索寓言二则，要学生与学过的克雷洛夫寓言进行比较，接着是两道讨论题：（1）在比照中讨论克雷洛夫语言的表现力和特色。（2）在比照中讨论克雷洛夫寓言在借鉴中的独创性。

3. 尝试写作。（1）先讲述托尔斯泰改写的作品与克雷洛夫寓言（没有直接点出寓意），跟伊索寓言（直接点出寓意）的区别，接着让学生分别用散文和诗歌的形式写出托尔斯泰、克雷洛夫寓言中的寓意，并与《伊索寓言》《古代寓言》中的相关作品进行对照。（2）指导学生以诗或散文的形式创作寓言，并从5个方面指导学生完善作品。

六、克雷洛夫寓言音乐会课、竞赛课。

1. 指导学生制作画有克雷洛夫寓言相关插画的"邀请票"，并参加音乐会和竞赛。

2. 再提供14则克雷洛夫寓言目录，要求学生选择其中的一些阅读，并讲述这些寓言的创作历史或与它的寓意有关的生活情形。

不难看出，俄罗斯教材的这一节是以"定篇"的方式来处理克雷洛夫寓言的：传记材料提供了作者及其主要作品创作的背景，克雷洛夫的三篇寓言是本节学习的主体课文，课后的练习则分别从寓言的理解要点、寓言与戏剧的相似点等方面指导学生阅读并表演，使学生透彻地领会作品并切实地感受到克雷洛夫寓言的魅力。尝试写作寓言的一套练习，从童话与寓言、托尔斯泰与克雷洛夫的寓言及二人的寓言与伊索寓言的比较中，引导学生"彻底、清晰、明确地领会"克雷洛夫的寓言。最后的音乐会课和竞赛课设计，则能使学生对克雷洛夫寓言的"了解与欣赏"更上一层楼。俄罗斯教材的这一节，对"定篇"的功能和功能发挥方式把握准确、处理得当，确实体现了较高的编撰水准。

（二）"定篇"类型的教材编撰示例

我国语文教材编撰中，有意识地尝试发挥"定篇"功能的，是作为课外读物的《新语文读本》[①]。请看下列选自其中的几个单元的选文编排：

魏晋风度

鲁迅　　　魏晋风度及文章与药及酒之关系
　　　　　　——九月间在广州夏期学术演讲会讲
刘义庆　　世说新语（十八则）
嵇康　　　与山巨源绝交书

苏东坡在黄州

林语堂　　苏东坡传（节选）
苏轼　　　寓居定惠院之东，杂花满山，有海棠一株。土
　　　　　人不知贵也

---

① 王尚文等主编：《新语文读本》，广西教育出版社2001年版。

　　　　　　　东坡八首（选三）

　　　　　　　南堂五首（选一）

　　　　　　　洗儿戏作

　　　　　　　东坡

　　　　　　　卜算子（缺月挂疏桐）

　　　　　　　定风波（莫听穿林打叶声）

　　　　　　　西江月（野照弥弥浅浪）

　　　　　　　念奴娇（大江东去）

　　　　　　　临江仙（夜饮东坡醒复醉）

　　　　　　　前赤壁赋

　　　　　　　后赤壁赋

无奈的屈原

司马迁　　屈原列传

屈原　　　湘夫人

　　　　　湘君（并译文）

　　　　　山鬼

　　　　　离骚（选读）

陶渊明归隐

（一）文

陶渊明　　五柳先生传

　　　　　归去来兮辞并序

（二）诗

陶渊明　　归园田居（选一）

　　　　　移居二首

　　　　　癸卯岁始春怀田舍二首（选一）

饮酒（选一）

拟古九首（选二）

杂诗十二首（选四）

拟挽歌辞三首

读《山海经》（选一）

附：朱光潜《陶渊明》（节选）

当然，作为课外读物的"读本"与作为课堂教学教材的"课本"，性质有所不同。《新语文读本》的上述各单元，在选文编排上凸显了"定篇"的功能，但其助读和练习部分尚未能充分地体现出"定篇"的特色。

下面是我们试编教材中的一课（详见本书第五章《单元的教学化编制》），我们试图在助读和练习方面强化"定篇"的功能。

孔子论"仁"[1]

子曰："巧言令色，鲜矣仁！"

朱熹《四书集注》[2]

巧，好。令，善也。好其言，善其色，致饰于外，务[3]以悦人，则人欲肆[4]而本心之德亡[5]矣。圣人辞不迫切，专言鲜，则绝无可知，学者所当深戒也。程子[6]曰："知巧言令色之非仁，则知仁矣。"

---

[1] 该课的编撰者为王荣生、倪文尖、李人凡、徐默凡等。

[2] 朱熹《四书集注》：朱熹，字元晦，学者称朱子，南宋哲学家、教育家。四书为《大学》《中庸》《论语》《孟子》的合称。朱熹编著的《四书集注》，自明朝到清末一直是正统教材，当时科举考试的题目都出自《四书集注》。

[3] 务：追求。

[4] 肆：放纵。

[5] 亡：丢失。

[6] 程子：程颐，字正叔，世称伊川先生，北宋哲学家、教育家。

钱穆《论语新解》①

务求巧言令色以悦人，非我心之真情善意，故曰"鲜矣仁"。鲜，少义，难得义。不曰"仁鲜矣"，而曰"鲜矣仁"，语涵慨叹。

［译］先生说："满口说着讨人喜欢的话，满脸装着讨人喜欢的面色，（那样的人）仁心就很少了。"

李泽厚《论语今读》②

这章从消极、否定的方面规定"仁"，即强调"仁"不是某种外在的华丽，指出外在的容色和语言都应该服从内在心灵的塑造。过分的外在雕琢和装饰不但无益，而且有害于这种塑造。"仁"的特征是"爱"。今日如果重建以"仁"为"体"的哲学基础，那就是我所谓以心理——情感为本体。

［译］孔子说："花言巧语，虚颜假色，这是很少有仁爱的。"

子曰："人而不仁，如礼何？人而不仁，如乐何？"

朱熹《四书集注》

游氏曰："人而不仁，则人心亡矣，其如礼乐何哉？言虽欲用之，而礼乐不为用之也。"程子曰："仁者天下之正理。失正理，则无序③而不和。"李氏曰："礼乐待人而后行，苟④非其人，则虽玉帛交错，钟鼓铿锵，亦将如之何哉？然记者序此于八佾《雍》⑤彻之后，疑其为僭⑥礼乐者发也。"

---

① 钱穆：《论语新解》，生活·读书·新知三联书店2002年版。
② 李泽厚：《论语今读》，安徽文艺出版社1998年版。
③ 序：次序。
④ 苟：如果。
⑤ 八佾《雍》：《论语》第三篇《八佾》中第二则是《雍》，《雍》是周天子举行祭礼后撤去祭品、祭器时所唱的诗。当时的鲁国大夫孟孙、叔孙、季孙，身为诸侯，在家祭时却命乐工唱只有天子主祭时才唱的《雍》之诗，孔子对这些"僭礼乐者"予以斥责。
⑥ 僭：超越本分，冒用职权。

钱穆《论语新解》

仁乃人与人之间真情厚意。由此而求表达，于是有礼乐。若人心中无此一番真情厚意，则虽有礼乐，亦无可用。如之何，犹今云拿它怎办，言礼乐将不为之用也。孔子言礼必兼言乐，礼主敬，乐主和。礼不兼乐，偏近于拘束。乐不兼礼，偏近于流放。二者兼融，乃可表达人心到一恰好处。

礼乐必依凭于器与动作，此皆表达在外者。人心之仁，则蕴蓄在内。若无内心之仁，礼乐都将失其意义。但无礼乐以为之表达，则吾心之仁亦无落实畅遂之所。故仁与礼，一内一外，若相反而相成。

……

孔子言礼，重在礼之本，礼之本即仁。孔子之学承自周公。周公制礼，孔子明仁。礼必随时而变，仁则亘古今而一贯无可变。故《论语》所陈，都属通义，可以历世传久而无变。学者读本篇，更当注意于此。

[译]先生说："人心若没有了仁，把礼来如何运用呀？人心若没有了仁，把乐来如何运用呀？"

李泽厚《论语今读》

这是一篇大文章。说的是外在形式的礼乐，都应以内在心理情感为真正的凭依，否则只是空壳和仪表而已。某些音乐虽有曲调，甚或悦耳，但可感到里面是空的。孔学一个基本特征，在于塑造人性心理，亦如前所说。如果更具体一些，这"人性心理"主要应是某种"情理结构"，即理性（理智、理解）与情感（情绪、情欲）的各种不同程度、不同关系、不同比例的交融结合，亦即建筑在自然性的动物生存的生理基础之上的"人化的情感"，亦即我在美学论著中所强调的"内在自然的人化"。……这种特定的"情理结构"乃文化积淀而成的深层心理，我以为它乃了解儒家孔学及中华文化的关键之一。

[译]孔子说："人如果没有仁爱，讲什么礼？人如果没有仁爱，讲什么乐？"

子曰："不仁者不可以久处约，不可以长处乐。仁者安仁，知者利仁。"

朱熹《四书集注》

约，穷困也。乐，音洛。不仁之人，失其本心，久约必滥，久乐必淫。知，去声①。利，犹贪也，盖深知笃好②而必欲得之也。惟仁者则安于仁而无适不然，知者则利于仁而不易③所守。盖虽深浅之不同，然皆非外物所能夺矣。

钱穆《论语新解》

人之所以为人，主要在心不在境。外境有约有乐，然使己心不能择仁而处，则约与乐皆不可安。久约则为非，长乐必骄溢矣。仁者，处己处群，人生一切可久可大之道之所本。仁乃一种心境，亦人心所同有，人心所同欲。桃杏之核亦称仁，桃杏皆从此核生长，一切人事可久可大者，皆从此心生长，故此心亦称仁。若失去此心，将如失去生命之根核。浅言之，亦如失去其可长居久安之家。故无论外境之约与乐，苟其心不仁，终不可以久安。安仁者，此心自安于仁，如腰之忘带，足之忘履，自然安适也。利仁者，心知仁之为利，思欲有之。

本章承上章，申述里仁为美之意。言若浅而意则深。学者当时时体玩，心知有此，而于实际人生中躬修实体之，乃可知其意味之深长。

［译］先生说："不仁的人，将不能久处在困约中，亦不能久处在逸乐中。只有仁人，自能安于仁道。智人，便知仁道于他有利，而想欲有之了。"

李泽厚《论语今读》

这也就是孟子所讲"富贵不能淫，贫贱不能移，威武不能屈"。孔子说得委婉诚挚，孟子说得刚健高亢，时代有异，风格不同。

---

① 去声：古代汉语的声调有平声、上声、去声和入声四种，去声字在现代汉语中多读第四声。

② 笃好：十分喜好。笃：甚，很。

③ 易：变换。

[译]孔子说："不仁的人，不能长期坚持在困苦环境中，也不能长期居住在安乐环境中。仁爱的人享用仁，聪明的人追求仁。"

子曰："唯仁者能好人，能恶人。"

朱熹《四书集注》

唯之为言独也。好、恶，皆去声。盖无私心，然后好恶当于理，程子所谓"得其公正"是也。游氏曰："好善而恶恶，天下之同情，然人每失其正者，心有所系而不能自克也。唯仁者无私心，所以能好恶也。"

钱穆《论语新解》

此章，语更浅而意更深。好人恶人，人孰不能？但不仁之人，心多私欲，因多谋求顾虑，遂使心之所好，不能真好。心之所恶，亦不能真恶。人心陷此弱点，故使恶人亦得攘臂自在于人群中，而得人欣羡，为人趋奉。善人转受冷落疏远，隐蔽埋没。人群种种苦痛罪恶，胥由此起。究其根源，则由人之先自包藏有不仁之心始。若人人能安仁利仁，使仁道明行于人群间，则善人尽得人好，而善道光昌，恶人尽得人恶，而恶行匿迹。人人能真有其好恶，而此人群亦成为一正义快乐之人群。主要关键，在人心之能有其好恶，则人心所好自然得势，人心所恶自不能留存。此理甚切近，人人皆可反躬自问，我之于人，果能有真好真恶否？我心所好恶之表现在外者，果能一如我心内在之所真好真恶否？此事一经反省，各可自悟，而人道之安乐光昌，必由此始。此章陈义极亲切，又极宏远；极平易，又极深邃。人人能了解此义，人人能好恶人，则人道自臻光明，风俗自臻纯美。此即仁者必有勇之说。

[译]先生说："只有仁者，能真心地喜好人，也能真心地厌恶人。"

李泽厚《论语今读》

谁不能喜恶？这里依然是说，虽喜恶也并非一任情感的自然，中仍应有理知判断在内。《礼记·曲礼》所谓"爱而知其恶，憎而知其善"，更表现出这一点。这样，喜恶才不只是情绪性、更不是生物性的反应，而只有"仁人"（真正具有人性的人）能做到这一点。可见，"仁"不能等同于理（包括"天理"）而是其中有理又有情，即仍是某种情理结构的展现。此情包括恶（不喜欢、憎恶），亦足见仁者并非是非不分、义理不问的好好先生。但这种"是非之心"不只是理知判断，或服从于某种先验的律令态度，它是融理于情的人生态度。这与西方讲的"是非"、康德讲的实践理性，仍大不同。中国的"是非"不是中性的事实陈述，而总是或多或少含有价值判断和情感态度在内。钱穆《论语要略》："仁者……以真情示人，故能自有好恶。……从来解此章者，……都不识得'能'字。""知当知识，仁当情感，勇当意志。而知情意三者之间，实以情为主。情感者，心理活动之中枢也。真情畅遂，一片天机。"梁漱溟说："欲望是以个人主体为重，情感则以对方及双方关系为重。"（《中国文化要义》）。均以重情感为中国文化特点所在。

[译]孔子说："只有仁爱的人才能喜欢人，憎恶人。"

过程·方法　建构

一、阅读原典

1. 阅读原典，务必字字明了。参考朱熹等三家注解，用自己的话解释下面带点词语的深刻含义。

鲜矣仁　　如礼何　　知者利仁　　能恶人

2. "一部《论语》，其中所记载的大都是孔子回答学生们的话。学生们东提一个问题，西提一个问题，其问并无联系。孔子东答一个问题，西答一个问题，其答亦并无联系。就形式看，《论语》是没有系统的；就实质上看，还是有系统的。"把本课的《论语》四则联系起来，说说"仁"的含义。

二、理会注解

1. 注解，包括词语的注释和义理的阐发。阅读《四书集注》的四则注解，说说朱熹是用什么方式阐发义理的。

2. 在注解和译文中，钱穆把"仁"解释为"仁心"，李泽厚把

"仁"解释为"仁爱"。这两种解释有区别吗？请回答下列问题。

（1）在《论语新解》的四则材料中，画出与"仁心"有关的词句，并说说钱穆对"仁"的理解。

（2）在《论语今读》的四则材料中，画出与"仁爱"有关的词句，并说说李泽厚对"仁"的解释。

（3）比较两者的相同点和相异处。

3. 读一般的文章，比如这里的三家注解，关键处一定要弄清，但有时也要"容忍模糊"。文章中的有些语句，在读者看来可能是不重要的（尽管作者可能认为很重要），那就不妨暂时放过，只了解个大体即可。研读李泽厚对《论语》四则的解释，说说其中哪些语句是关键处，哪些语句在你看来不太重要，因而不妨"模糊"处理。

三、切身感受

1. 古人云："凡看《语》《孟》，且须熟读玩味。须将圣人言语切己，不可只作一场话说。"你怎么理解这句话？

2. 朱熹注解"人而不仁"这一则时，引用了李氏的话，说记录者把它编排在"八佾《雍》之后"，因而推测这番话可能是孔子对鲁国大夫孟孙等人的斥责。而钱穆则纠正此说，指出："礼必随时而变，仁则亘古今而一贯无可变。《论语》所陈，都属通义，可以历世传久而无变。"你同意钱穆的说法吗？

3. 有人说，孔子谈"仁"，那是很古老的事了，你的想法呢？结合自己的心得，谈谈求"仁"的现实意义。

4. 反复诵读课文所选的《论语》四则，结合下面的论述，用语音语调把你体验到的意蕴表现出来。

（论述略）

二 例文功能的选文

（一）"例文"界说

"例文"，我们采夏丏尊的解释，即将选文看成"例文"。这是中国自现代以来对语文教材中"选文"的基本定位，它是在对传统语文教材的批判中形成的。夏丏尊提出，语文课程的内容（语文学习的着眼点）应该是一个个的词句以及整篇的文字所体现的词法、句法、章法等"共同的法则"和"共通的样式"。在夏丏尊看来，语文教学（课程）就是明里探讨那些"共同的法则"和"共通的样式"，而"选文"则主要是说明"共同的法则"和"共通的样式"的"例子"（例文）。"例子"一说，当时就被广泛地接受了，尽管不同的人基于不同的理念赋予它带有个人色彩的不同含义；在当代，它还在不断地被人言说而又屡遭曲解。

从课程研制的角度，在"例文"的情况下，课程与教学内容发生于所选用的这一篇"例文"的外部，它们或者是从许多文本的研读和分析中所抽绎出来的"共同的法则"和"共通的样式"，或者是从文章、文学作品的阅读和写作活动中所总结出来的基本原理和方法规范。尽管对课程与教学内容"应该是什么"这一问题，各人有各人的回答，但不管是哪一种的回答，有一点是不变的，即在"例文"的情况下，内容都源于对这一篇选文外部的更为广泛的研制，因而是"已经成型的知识"。比如，为了表现动作的连续紧凑，文本的言语组织通常采用"利用短促的句逗"和"提示短促的时间"①，这两种方法就是从例文的外部（即从众多的诗文中）提炼出来的概括性知识，在选择这一篇"例文"之前，它们"已经成型"，即使不用"例文"，它们也可以单独拿出来教与学，也可以通过其他的途径而不是"例文"的途径来教与学——美国麦克多尔和力特尔公司出版的以写作教学为主线的教材《语言》（十一年级）②，就几乎没有"例文"。

在这里，所选用的"例文"与所教学的知识也并不是必然地连接在一起的；选入教材的某一"例文"，仅仅是多个适宜范例中的一个，将其替换成另一篇，一般也照样能够达到知识学习的目的。换句话说，"例文"本身不是语文课程内容的构成，它属于"用什么去教"这一层面的语文教材内容。

"例文"是为教学内容外部的关于诗文和读写诗文的事实、概念、原理、技能、策略、态度等服务的，成篇的"例文"大致相当于理科教学中的直观教具，它给语文知识的学习添补进经验性的感知。但是，感知教具并不是教与学的目的，其目的是要通过教具使学生更好地理解和掌握知识。而教材选中的这一篇"例文"，用的其实也并不是整篇的"文"，多数情况下，能派上用场的只是诗文或诗文读写的某一侧面的某一点或某几点。正如夏丏尊、叶圣陶所看到的，"文章是多方面的东西，一篇文章可从种种视角来看，也可以应用在种种的目标上"③，但一本特定教材中的一篇特定的"例文"，比如朱自清的《背影》，要么只作"随笔"例，要么只作"抒情"例，要么只作"叙述"例，要么只作"第一人称的立脚点"例，等等。一般情况下，语文教材不太可能对上述的种种方面兼而顾之，也没必要对"例文"的

---

① 夏丏尊、叶圣陶：《文章讲话》，浙江文艺出版社1983年版，第65—66页。

② 文秋芳、朱明慧：《美国中学语文教材评介》，见中外母语教材比较研究课题组编《外语文教材评介》，江苏教育出版社2000年版，第131页。

③ 叶圣陶：《关于〈国文百八课〉》，见中央教育科学研究所编《叶圣陶语文教育论集》（上册），教育科学出版社1980年版，第171—172页。

"字、词、句、篇，语、修、逻、文"面面俱到。

将本来含有无限可能性的诗文，限制在一个特定的侧面、特定的点来作为例子，这就是"例文"的实质。

另一方面，由于语文知识往往是"不能明确界定的概念"[①]，单用一篇"例文"往往还不足以达到知识学习的目的，往往还需要用不同变式呈现多篇"例文"，以充分地展示语文知识的内涵。从这个角度讲，魏书生老师在讲"怎样划分文章层次""怎样归纳文章中心"等课题时，一节课"上了（实际上是'例'了）十几篇课文"[②]，可能不是不适当的，有时也是必要的。这种用几篇课文甚至十几篇课文（包括成篇的文和片段）来支撑和扩展一项或几项知识的方式，也可以借鉴到语文教材的编撰之中。当然，从不同的角度多次使用同一篇"例文"的情况也是有的，如果这样做更能起到"例子"的作用的话，这也不失为一个办法，正如不同的课题不妨使用同一个教具一样。美国有一本据说在高中也多有选用的教材——《文学批评方法手册》[③]，传授的是文学批评（鉴赏）的种种方法，全书只有四篇例文，一篇是戏剧的一幕，一篇是诗歌，剩下两篇是不同主题与风格的短篇小说。教材每次在讲授完一种批评方法之后，都用这四篇例文做方法运用的分析示范，这的确是一个巧妙的办法。对同一篇例文，做不同观点、不同方法的分析与阐释，使学生不但体会到不同观点、不同方法的魅力和它们多元互补的功效，也切实地感受到文学作品丰厚的蕴含。

（二）"例文"类型的教材编撰示例

下面先以英国的一部教材为例，说明"例文"发挥功能的方式。

---

① 皮连生：《智育心理学》，人民教育出版社1997年版，第312页。

② 魏书生、张彬福、张鹏举：《魏书生中学语文教学改革实践研究》，山东教育出版社1997年版，第38页、第41页。

③ ［美］威尔弗雷德·L. 古尔灵等：《文学批评方法手册》，姚锦清等译，春风文艺出版社1988年版。

英国约翰·巴特编写的教材《英语》，重点是第二部分的"阅读"版块，计有"如何成为一个优秀的读者""读故事""读自传"等十个主题。其中"读故事"的主要教材内容编排如下[①]：

1. 给出四段选文，让学生研究一个故事的四种不同的开头方法。

2. 让学生填写表格，摘出四段选文的细节。

3. 结合四个故事的开头和结尾，得出知识——说故事人的两个视点（无所不知的作者与第一人称叙述）和故事讲述的两种方式（用书信的形式与用游记、日记形式）。

4. 让学生续写故事主角的日记两则。

5. 给出两篇选文，让学生分析故事的开头，并说明作者所选择的视点。

6. 讲解说故事人的其他决策：故事中有哪些人物？故事在哪里发生？……故事打算从哪里开始？是按时间顺序，还是采用倒叙？

7. 阅读欧·亨利的《两块面包》，分析作者采用的多种写作策略（编撰者在文后提出7个问题引导学生研读）。

8. 实践练习：（1）阅读科幻小说一篇，要求说明作者所采用的写作策略。（2）阅读童话故事一篇，要求说明其意义。

9. 出示一则读书笔记，讲解（故事的）"读书笔记"应包括的四项内容：对人物的看法、故事的地点及对背景的看法、解释"作者的兴趣是什么"、优秀片段摘录。

节选的这一部分，典型地体现了"例文"的功能和功能发挥的方式，像这样圆熟地运用"例文"的设计，我国尚无所见。从教材编撰

---

① 韩雪屏、邓洪：《英国语文教材评介》，见中外母语教材比较研究课题组《外语文教材评介》，江苏教育出版社2000年版，第72—73页。

的角度，可以看出此"例文"的设计有以下几个要点[①]：

1. 知识统帅选文，选文则主要起知识的例证作用。

2. 例文只用"文"的某个部分或某些点的某些方面。例如该单元首先出示的四个故事，编撰者就只关注开头和结尾两部分，而关注的角度也限定在"视点"和"故事讲述方式"两个方面。

3. 为使学生有效地掌握知识，需要集中使用相当数量的例文。该单元共编选了十一篇选文（包括片段和全篇），使知识得以充分地展现。

4. 讲知识与读选文往往穿插进行。

5. 相关的数项知识纵横联络，形成群体，以防造成知识的孤立和割裂。本单元讲述了"视点""故事讲述方式""说故事人的其他决策"等数项知识，有分有合，连贯而下。

6. 教材设计的所有活动，都必须围绕着知识学习，体现出知识学习这一宗旨。该单元安排有"续写"和"读书笔记"两项内容，但其意图与作用，是通过写作这一形式的活动促进学生深入地理解和领悟本单元所讲述的知识，而不是在既定的课程内容之外，又插进什么日记、读书笔记的"写作训练"。在本单元，续写日记、写读书笔记，只是"语文活动"而不是"语文学习"，它们只是本单元的"教材内容"而不是"课程内容"。换句话说，其目的不是为了学"写"日记、笔记，事实上，单凭这样的一次写的活动，也达不到学会"写"的效果；之所以安排"写"的教材内容，是为了引导学生掌握"视点""故事讲述方式""说故事人的其他决策"这些作为"课程内容"的知识。

以上是"例文"的单元设计，"例文"所"例"的主要是关于文本

---

① 韩雪屏、邓洪：《英国语文教材评介》，见中外母语教材比较研究课题组编：《外语文教材评介》，江苏教育出版社2000年版，第73—74页。

（文体、章法）的知识。下面是我们试编教材中的一课（节选）[①]，选文是主要用作传授阅读方法（技能、策略）的"例文"。

社科类文章阅读（一）

社科类文章是个不很严格的说法，一般指研究各种社会科学的文章，如哲学、经济学、法学、历史学、伦理学、社会学、文艺理论、美学、语言学、教育学等。社科类文章的阅读，在正常的情况下，大致要经历以下三个层面：

第一，对自己提问。也就是问自己有没有弄明白文章说了什么，或者文章想说什么。要点在理解文章，要求读者能用自己的话客观而准确地概括出文章的主要观点。

第二，对文章提问。也就是问文章有没有说清楚自己的观点，或者论述能不能成立。要点是对文章进行质询，要求读者对其观点和论述做出自己独立而合乎逻辑的判断。

第三，对所论述的主题提问。也就是问文章作者所谈论的究竟是怎么一回事情。在正常的情况下，阅读社科类文章时，我们并不将注意力放在作者或文章上，而是集中在所论述的某一事情或问题上。阅读社科类文章，是一个开放的、不断延伸与拓展的探究过程。读完一篇，并不意味着你就获得了一个独一无二的正确答案，你可能心存疑惑，你可能有别的意见，你还应该听一听其他文章所发出的不同的声音，因而你需要阅读同一主题或相关主题的更多的文章。

熟练的读者，往往在阅读活动中会同时经历三个层面，但作为这种阅读样式的初步接触者，我们还是建议你分步去实践。

[①] 该课的编撰者为王荣生、陆海明、高洁等。

【讨论】

1. 提问，意味着要有回答者。对自己的提问，由谁来回答？对文章的提问，由谁来回答？对论述主题的提问，由谁来回答？

2. 文章的论述能不能成立，与同不同意文章的观点是一回事吗？如果论述成立，但文章所表达的观点与你的想法有冲突，该怎么办？如果论述不能成立，而文章所表达的观点正是你主张的，该怎么办？

3. 阅读社科类的文章，一定要经历三个层面吗？有人说，我虽然不能用自己的话准确地概括文章的主要观点，但这并不妨碍我对文章提出批评。又有人说，我用不着再去阅读同一主题或相关主题的更多的文章，因为我对文章所论述的那个问题有自己的独立见解。你同意这些说法吗？

精读课文

人生的意义及人生中的境界①

冯友兰

【提示】按上一课所学的阅读方法阅读课文：对自己提问，要点在理解文章；对文章提问，要点是对文章进行质询；对所论述的主题提问，也就是问该文究竟谈论了什么。建议分步实践，阅读时注意动笔。

（课文略）

【讨论一：对自己提问】

※找出重要的词语

1. 重要的词语，是作者表达观点、陈述见解的关键词语。下面列出的是这篇文章的重要词语。同桌的同学相互查一查，看在刚才的阅读中，你的同桌有没有对这些词语作出标记。

人生	本性
意义	小我
自觉	社会

---

① 选自李中华编《冯友兰学术文化随笔》，中国青年出版社1996年版。

境界	部分与全体的关系
自然境界	宇宙
功利境界	圣贤
道德境界	芸芸众生
天地境界	迷则为凡，悟则为圣

2. 读者在阅读中感到困惑的词语，也是重要的词语，尽管作者可能并不认为重要。将你在刚才的阅读中感到困惑的词语画出来，试着说说这些词语的含义。

※按作者赋予它们的含义去理解这些词语

一个词语通常有很多含义，重要的词语尤其如此。社科类文章的重要词语通常是常用词，这就要求读者在阅读时特别用心，要按作者赋予它们的含义去理解这些词语。假如作者使用一个词语的某一含义，而读者却以该词的另一种含义来理解它，那么彼此的对话就会出现障碍。

1. 几个同学一起讨论：上面所列的重要词语，作者赋予了它们什么含义？请特别注意它们与词典义的联系与区别。

2. 将自己在阅读中感到有困惑的词语提出来，与同学一起讨论，看应该怎么理解。

※参读、修正、补充

"人生境界说"可以说是冯友兰哲学思想中最为珍贵的部分，他曾说，平生立论最不可改变的就是境界说了。冯友兰的许多论著都论述到这一学说，参读他在其他论著中的表述，有助于我们更准确地把握那些重要词语的含义。此外，许多学者在研究中也对冯友兰的人生境界说进行了转述和阐释，参读这些材料，也能修正或丰富我们对那些重要词语的理解。

独立研读下面的材料，与刚才讨论得出的结论对照一下，看看我们对那些重要词语的理解是不是需要修正、补充。

参考材料（略）

【讨论二：对文章提问】

※进行质询

我们已经能够用自己的话来概述《人生的意义及人生中的境界》，因此，有理由认为，我们理解了这篇文章。那么，这篇文章的观点和论述能不能成立呢？这取决于我们自己独立而合乎逻辑的判断。

1. 将自己在阅读中评注的问题和意见提出来，与同学一起交流。

2. 几个同学一起，将各自评注的问题和意见按下面的提示分成三组，没有把握归到三组中任一组的问题，就放在第四组。

第一组，根据自己的理解，没有读懂 ⎰

第二组，文章的观点和论述没有说清楚，或说得不全面 ⎰

第三组，对文章论述的主题有不同的看法 ⎰

第四组，没有把握分到上面任一组 ⎰

社科类文章阅读（二）

对文章的提问，要点在评判观点和论述能不能成立。因此，务必要分清是自己在理解上有问题，还是文章在论述中有问题；务必要分清是文章本身的问题，还是自己对文章所论述的主题有不同的看法。

对于社科类文章所论述的主题，我们或多或少都有些自己的见解，阅读社科类文章，往往最后也需要我们对文章所论述的主题加以表态，表明同意、部分同意或者不同意。但那是在第三个层面要做的事，不要混合在这里。

莫蒂默·阿德勒在《怎样阅读一本书》中，建议用下列的四条作为判定一部论著（或一篇文章）的观点和陈述不能成立或者不能完全成立的专用标准：一是指出作者（论著）在哪方面缺乏知识；二是指出作者（论著）在哪方面的知识是错误的；三是指出作者（论著）在哪些地方不合逻辑；四是指出作者（论著）的分析或叙述在哪些方面不完整。如果你使用了前三个标准之一，那么论著的观点和论述就不能成立，你应该明确地表示不同意。如果你使用的是第四个标准，则意味着论著的观点和论述能够成立，虽然不够全面；在这种情况下，阿德勒建议读者对论著"暂不评价"。

（下略。该单元样章，详见本书第五章《单元的教学化编制》）

三　样本功能的选文

（一）"样本"界说

"样本"说，在我国是由叶圣陶先生提出的："教材的性质同于样品，熟悉了样品，也就可以理解同类的货色。"①在他的语文教学论里，课程的主要内容，是怎样读、怎样写的"方法"。怎样读、怎样写，当然首先要掌握相关知识，必得"心知其故"。然而在叶圣陶看来，知识是随着技能走的，而技能又是随着"选文"练的，怎样读、怎样写的知识，从语文课程内容研制的角度讲，与其说是由被选用的这一篇"选文"维系的，毋宁说，知识是融解在"选文"里的，它需要学习者在阅读的经验和不断的揣摩中去发现、生成和提炼。离开了特定的选文，在叶圣陶看来，知识也就无从生成，因而也就谈不上学习："知识不能凭空得到，习惯不能凭空养成，必须有所凭借。那凭借就是国文教本。国文教本中排列着一篇篇的文章，使学生试去理解它们，理解不了的由教师给予帮助（教师不教学生先自设法理解，而只是一篇篇讲给学生听，这并非最妥当的帮助）；从这里，学生得到了阅读的知识（即方法）。更使学生试去揣摩它们，意念要怎样地结构和表达，才正确而精密，揣摩不出的，由教师给予帮助；从这里，学生得到了写作的知识。"②

所以，在叶圣陶的教学论系统中，虽然同类"样本"具有某种可

---

① 叶至善等编：《叶圣陶集》（第十六卷），江苏教育出版社1992年版，第68页。
② 叶至善等编：《叶圣陶集》（第十三卷），江苏教育出版社1992年版，第104页。

替换性，但不同类型"样本"的变更，也要引发课程内容的变动，因为知识是用"因了上面的例子"这种方式生产的。更重要的是，学生的变动，必定要求课程内容进行相应的调整，因为知识是在读写活动中动态地产生的，它需要学习者"依了自己的经验"，在体会中提炼和把握。

与"定篇"一样，作为"样本"，一篇"选文"也要同时教学与"样本"相关的许多方面。但是，那许多的方面主要不是来自选文本身，更不是来源于权威——无论是专家、教材编撰者还是教师——的阐释，究竟教学多少个方面、哪些方面，除了依据"样本"之外，主要取决于学习者读与写、文学鉴赏的现实状况。换句话说，在本质上，"样本"的课程内容，是不能事先约定的。按照叶圣陶教学论系统的逻辑，随着技能的增多，随着知识经验的增加，所教学的知识便会逐渐减少，最后减少到几乎用不着再出现新的知识了，这也就是"教，是为了不教"的教育思想在教学论设计上的体现。

这样看来，处于"样本"身份的"选文"教学，在目标取向上，要求向主张"过程模式"的斯腾豪斯所提出的"生成性目标"靠拢，要求与艾斯纳提出的"表现性目标"[①]有某种贯通。事实上，叶圣陶所一直大力标举的，就是"尝试的宗旨"。

（二）"样本"类型的教材编撰示例

"样本"身份的"选文"有自己独特的功能，有自己独特的功能发挥方式，因而也要求在教材的处置上，需采用与"定篇""例文"不同的方式。一方面，课程内容主要来源于具体的学生与特定文本交往的过程，因而不能像"定篇"（名篇的篇目和关于名篇的权威阐释）和"例文"（关于诗文和读写的知识）那样在教学大纲里事先指定；另一方面，教学又必须有所控制，教材的编订又必须以事先确定的课程内容为前提。这是样本类选文编撰的难题。所幸的是，目前人

---

① 张华：《课程与教学论》，上海教育出版社2000年版，第174—181页。

们已找到了克服难题的一些方法。这可以从三方面来看：

第一，借鉴教学的经验。将选文作"样本"类来处置，课程的内容产生于教学中的读写"现场"，然而这并不等于说，在进入课堂之前，教师对学生与特定文本交往中可能产生的困难和问题毫无头绪。有些困难和问题，教师是可以事先估计的。

我国的语文教学实践，已总结出了一些行之有效的事先估计方法，比如"采访"与"反省"。运用"采访"的典型例子，是遵循段力佩教学思想的上海市育才中学。"读读、议议、讲讲、练练"语文教学模式的成功要诀之一，就是教师在课前便深入到学生中去，了解学生当下阅读的实际状况，对他们已经或可能产生的问题和困难事先摸底，并据此大致设定"议、讲、练"的具体项目。运用"反省"的典型例子，是倡导"导读"的钱梦龙老师，正如他所说的："我在备课的时候，首先考虑的不是自己怎样'讲'文章，……每教一篇文章之前，我总要反反复复地读，……有时候自己在阅读中遇到难点，估计学生也会在这些地方发生困难，就设计几个问题，让学生多想想……"①

由于长期的"一纲一本"体制，语文课程、语文教材的探索和改革，往往以语文教学改革的面目出现或混合在语文教学的改革实践中，那些在教学中行之有效的事先估计方法，实际上完全可以移植到语文教材的编撰中去。

第二，依靠研究的成果。随着对学生读写状况的调查和研究的深入，教材编撰能够获得一些客观的参考数据，以较为准确地事先估计学生的情况。比如章熊先生对中学生写作的句长、连词使用频率和病句出现频率的调查②，比如沈德立先生主持的"学生汉语阅读过程的眼

---

① 钱梦龙：《导读的艺术》，人民教育出版社1995年版，第311页。

② 章熊：《我对现行语言知识教学的具体意见和调整方案》（上、下），载《中学语文教学》1991年第11—12期。

动研究"对学生阅读记叙文、科技说明文、寓言实际情形的揭示[①]，比如谷生华等对中学生阅读能力、写作能力、听说能力的"特征"和影响能力的"因素"所作的调查[②]，等等。如果能就特定学生的具体阅读情境做细致的调查和研究，我们将获得越来越多的数据，这样所编撰的语文教材就对学生的困难和问题越来越有针对性。

第三，运用教材编撰的多种策略和技术。从教材编撰的角度，解决"现场"产生与事先设定的难题的方法有许多。比如：将由教材控制的课程内容，设计为候选式的；将由教材展示的课程内容，设计为提示式的；将由教材展示的课程内容，设计为演示式的；将教材所展示的课程内容，设计为搀扶式的；等等。这里只介绍将教材所展示的课程内容，设计为搀扶式的。

德国北威州《现代德语》（第7册）选用盖特·罗施茨小说《分币痣》选段"小丑的喊叫"。该课文讲述的是一个特别的马戏团的故事，教材版面的右栏是原文，段落前标有序号，左栏则是教材编撰者设计的教材内容——导读和练习，每一条款与原文段落的序号对应，这种形式与我国采用旁注评点样式的语文教材有点相似。该选文旁列的"导读和练习"如下[③]：

1. 故事开头就是一个名字：汤姆·考尔特（Tom Courtey）。你会正确读出来吗？看到这个名字能联想到什么？请给这个人物画一幅肖像和勾勒一幅侧面画像。画好之后就对他进行人物描写。然后相互介绍练习结果，并讨论一下，什么样的人物形象更符合原著精神。

---

① 沈德立主编：《学生汉语阅读过程的眼动研究》，教育科学出版社2001年版，第137—255页。

② 申继亮、谷生华、严敏：《中学语文教学心理学》，北京教育出版社2001年版，第109—230页。

③ 中外母语教材比较研究课题组编：《中外母语教材选粹》，江苏教育出版社2000年版，第342—347页。

2. （右栏原文是："每天都有演员向汤姆提问求教，诸如：空中斤斗如何做得更精彩，是伸腿还是屈腿？高空钢丝倒立怎样才能做得既惊险又潇洒？怎样才能让飞刀在空中画弧但又能命中目标？"）也许汤姆是个很风趣的人，爱卖关子，比如他会请前来求教的人首先描述一下自己的设想。他可能会说："好啊，亲爱的倒立先生，您能不能先讲一讲，正常的情况下高空钢丝倒立是怎样做的，然后我才能助您一臂之力，当然，我是说提供咨询……"请你与团长汤姆直接对话，和他讨论空中斤斗、高空钢丝倒立和飞刀等表演项目。

3. 略

4. （右栏原文是："演出那天晚上，汤姆正在做准备，饲养员忽然跑来，说马群出现异常不安现象，请他速去查看。"）发挥你的想象力，把故事继续讲下去。请把间接引语、人物感情用直接引语表达出来，可以采用对话、独白、批评和反驳等方式。

5. （右栏原文是："汤姆蹬上黑马后，便催马从隔离栏旁边进入跑马场，全场观众登时人头涌动，齐声呼喊，并报以热烈掌声。"）研究一下，这段故事是从哪个角度叙述的，怎样看得出是从这个角度叙述的，请从小丑（一个因在演出场手指汤姆喊了一声"他脸上有一颗痣"而莫名其妙造成汤姆一蹶不振的人物）的角度叙述这段故事。确定一下，角度的改变对故事情节和叙述方式会有什么影响。

6—10. 略

上面共列举了四条。

第1条是让学生注意到小说中的人物命名。我们知道，人物取什么名字，是小说创作中颇为费心的环节，在小说中，名字也往往体现着人物的性格、预示着人物的遭遇。而这一环节，却又是学生容易忽视的，所以有必要让学生在此处停下来，以感受作者命名人物的用意。一开场便提出人物的名字，也是小说的一种技巧，体会这一技巧无疑也是阅读的题中之义。

第2条涉及小说的艺术。文本中留有"空白",这不仅是小说的艺术技巧,同时也关乎阅读的重要方法。小说阅读要求读者动用自己的人生经验去填补、充实文本的"空白点",从而重新"创作"出属于自己的"作品"。

第4条是关于小说对话语言的。我们知道,小说中的语言,除了叙述人的叙述,便是人物的话语(对话、独白及心理活动)。可以说,对话语言,是小说的半壁江山,是小说艺术的驰骋场所。指引学生进行间接引语向直接引语转换的活动,便是搀扶学生体会小说对话语言的艺术魅力的重要方式。

第5条涉及小说的叙述角度。让学生停下来感受角度的改变对故事情节和叙述方式的影响,等于让学生学习鉴赏小说的入门之道,其重要性自不待言。

应该说,德国教材的这一节,圆熟地展示了"样本"类选文的教材的编撰策略和技术,是高水平的范例。

从教材编撰的形式上看,样本设计为搀扶式,与我国以旁注评点面目出现的语文教材相似。搀扶式的设计要点大致如下:

第一,问题应该源于选文,应该直接产生于选文的理解活动。

第二,这些问题是学生在自主阅读的情况下可能提出或按一般的估计应该提出的。

第三,提出这些问题的目的,是为了促使学生从这一角度去把握诗文,而不是为了得出"标准答案"。

第四,知识"自然而然地渗透其中"。

第五,旁注评点的搀扶是沿着阅读的进程逐步展开的,或者说,是有意识地打断学生的自然阅读进程,在诗文的关键处,让学生停下来,按旁注评点的指引进入相关的活动,由教材搀扶着,学习更为有效的读写方法。

让学生在此处停下来,意味着教材编撰者事先估计到学生原来在阅读此处时可能已出现了问题，尽管学生往往不能自觉地意识到自己有问题；搀扶，意味着要学生改变原来的读法而学习一种新的读法，而新的读法则能使学生看到在作品中蕴含的——他们过去所从来没有看到、如果不学习的话以后也往往不会看到的——意蕴。

旁注评点，是我国传统语文教材的编撰样式，但到目前为止，从教材编撰策略和技术角度对评点式的教材（包括评点本小说）加以研究的，几乎还是空白。我国当代的语文教材，也有一部分是借鉴旁注评点这一传统的，但由于长期对选文类型的研究缺失、对旁注评点的传统经验及教训的研究缺失，我们的教材对旁注评点的运用，存在着不少问题。有一本初中语文教材，对朱自清的《春》也采用了与上述德国教材差不多的形式，其编撰的全部评点文字如下（序号与作品原文的段落编号相对应）①：

1. 盼春。

2. 大处落笔画春。把大地苏醒的景象写得形象动人。

3. 写春草。

4. 写春花。如果不写"你不让我，我不让你""赶趟儿"，表达效果有什么不同？/"闹"改成"飞"好不好？为什么？

5. 写春风。触觉。引诗句，打比方，感染力强。/嗅觉。列各种气味，写得丰满。/听觉。用拟人手法，写得活泼，有情趣，有声有色。/写鸟儿、牧童的短笛与春风有什么关系？

6. 写春雨。"逼你的眼"烘托"青"，激发想象。/"黄晕"和雨有什么关系？

7. 写春早人勤。

8—10. 赞春。三个比喻句的含义各是什么？它们的次序能颠倒吗？为什么？

---

① 中外母语教材比较研究课题组编：《中外母语教材选粹》，江苏教育出版社2000年版，第32—34页。

不难看出，我们的这一例旁注评点文字，有两个严重的问题。

第一是陈述的内容和表述方式，都从教材编撰者这一"发出方"着想，而不是像上述德国教材那样主要是从学生这一"接收方"来考虑。以"发出方"的姿态进行的内容择取（即在哪里生发评点）和表述风格，是我国古代评点文的传统。我国古代的诗文评点，多是评点者自身感受的外溢，也就是"以鉴赏始，以鉴赏终"，多数的评点文字，与其说是辅助读者的指导，毋宁说是自身感受的笔录，几乎等同于评点式的读书笔记，记录的多是评点者自认为值得记录的内容，而其表述方式则倾向于专供自己阅读的笔记（备忘）语体，多是些短词断句[1]。对"以发文人而非受文人为写作对象"的表述取向，张继沛曾在《改善香港应用文教学素质所需面对的问题》[2]一文中将其作为严重的问题提出过，但在我们内地尚无人注意到应用文写作中的这一不良倾向（旁注评点的文字其实也是应用文的一种），更没有人从语文教材编撰技术的角度对此做过研究。

由于偏向于"发出方"，这便产生了第二个问题，即评点的内容更多地依赖教材编撰者个人的"趣味"，因而评点的项目单调，条款之间散乱而缺乏联络。上例中的评点，大的项目只有两条，一是用"最精练的语言"所做的段意概括，一是"好词好句"。而条款之间则或多重复，或关联唐突。比如第5条，句句点出，对"样本"类的语文教材而言，这只是同一种"读法"的重复劳动，似并无必要。第6条的三个评点项目，"写春雨"是段意概括、"逼你的眼"是好词好句、"黄晕"则是词语理解，三项之间形不成统一的评点主题。

"样本"的极端情况，是光有供选读（注意：这里有别于必读的

---

[1] 金圣叹等少数人的评点，有些例外。比如金圣叹的《杜诗解》《贯华堂选批唐才子诗》，本是应儿子所求，为让小辈听得懂，而尽量讲解得具体详细。孙琴安：《中国评点文学史》，上海社会科学出版社1999年版，第194页。

[2] 张继沛：《改善香港应用文教学素质所需面对的问题》，见李学铭、何国祥编《语文教与学素质的维持与达成》，香港教育署1991年版，第232页。

"定篇"，更有别于必考的"基本课文"）的选文。比如龚玉蓉等人简译的一套加拿大的初中教材《文学选读》①，就只孤零零地印有选文，以全开放的形式供教师选教（当然也可作为一般阅读材料，供学生自行欣赏）。以"读读、议议、讲讲、练练"为要义的段力佩教学模式，曾用《水浒传》作为语文课程的主教材，实际上也是课程内容全开放的例子。

由于我们一直没有对"样本"类型的文选教材做理论的阐发，过去的一些介绍往往将段力佩先生所创的教学模式理解为"茶馆式"的"教学方法"，这其实是很不全面的。单从"教学方法"移植和推广来说，实践证明也是行不通的。因为这一模式的关键，是依据学生的"读"来引发学生的"议"，并从"读"和"议"的动态过程中来确定教师的"讲"，进而去设计学生的"练"。换句话说，在教材层面是用选文或整本书来教，但课程内容却不产生于选文或书本，而是产生于具体的学生在实际阅读时与文本的交往过程。这样，尽管可能是拿着与别的教师一样的课本（统一的指定教材），但遵循这一模式的教师与别的教师的教学"课程内容"是大不一样的。不依照"样本"的功能和功能发挥方式，单从"教法"上依样画葫芦，显然力气没有用在点子上。

据我们的初步考察，我国优秀教师的许多成功教例，都是把选文当作样本来使用的。换句话说，成功的要点主要是内容的合适性，而不仅仅是教学方法。

"样本"的教学目的和教学内容是两个方面：学生在阅读时的问题和困难。问题，指学生在阅读时出现的不适应、不适当的状态，问题的所在，需要教师依据专业知识和教学经验现场判断。困难，指学生提出的疑惑，即他们不懂的、不理解的、困惑的地方。

---

① 龚玉蓉：《加拿大初中语文教材评介》，见中外母语教材比较研究课题组编《中外母语教材选粹》，江苏教育出版社2000年版，第232—253页。

阅读教学，要对学生"理解不了的""揣摩不到的"予以帮助，^①这是叶圣陶先生所提出的教学原则，也是我国优秀语文教师的成功经验。阅读教学，归根结底要紧扣以下三个方面：

学生不喜欢的，使他喜欢；

学生读不懂的，使他读懂；

学生读不好的，使他读好。

但是，长期以来，我们的语文教学实际上是以"教"为基点的，包括教学内容的确定、教学方法的运用，以及教学设计、教学时的课堂意识。语文教师通常采用"我就要教这些""我就要这么教"的路数，而种种"就要"，往往缺乏课程与教学的理据，尤其是忽视对"学"的关注，缺乏对学生学习经验和经验形成过程的考察。

邹兆文以《猫》为例，比较了113份学生问卷和11个教学设计，得出如下结论：绝大部分教学设计核心的教学内容集中在学生已经理解的"课文结构和主题思想"上，只有极少数设计零星地回应了学生提出的疑惑。^②

陈隆升曾对五份语文教学主要杂志上发表的605份教学设计类材料进行了分析，得出如下四个结论^③：

1. 做过"学情分析"（考虑学生）的比例较低，605份材料中只有115份提到学生的学情。

2. 分析手段比较单一，基本上是经验式判断。

3. 分析过程粗疏，只见结论，不见过程。

4. 分析的针对性和有效性不够，停留在浅表印象。

落实到散文，教学往往呈现矛盾的境地：一方面，散文在中小学

---

① 叶至善等编：《叶圣陶集》（第十三卷），江苏教育出版社1992年版，第104页。

② 邹兆文：《我们的教学离学生的"期待"有多远——关于〈猫〉的教学设计与学生"期待视野"的相关度调查》，载《语文学习》2008年第10期。

③ 陈隆升：《语文课堂教学研究——基于"学情分析"的视角》，上海师范大学博士学位论文，2009年。

语文教材中向来占较大的比重，语文教师也普遍认为散文"有讲头"，基于"教"又把教学人为地复杂化，散文教学花样百出；另一方面，阅读教学，尤其是散文教学，通常所"教"的是学生已经懂的、能感受到的，因而是不需要在课堂里特意教的内容，甚至把学生搞糊涂了，把学生的感受、体验消解掉了。学生"理解不了的""揣摩不到的"，在实际的教学中通常被严重忽视，或者被轻描淡写地含混过去。

这就涉及散文的教学解读问题。散文的教学解读，包含两个方面：一方面，文学意义上的作品解读，或文章学意义上的文本解读，要依据文章的体式；另一方面，教学意义上的课文解读，也就是教学内容的选择，要根据学生的学情。就"样本"类课文而言，教学解读的重点是学生"理解不了的""揣摩不到的"，即学生与文本相遇时可能出现的问题和困难。

事实上，学生"理解不了的""揣摩不到的"，往往就是阅读这篇课文、这种体式的文章所必须理解的、必须揣摩到的内容。或者这样表述，学生与文本相遇时可能出现的问题和困难，往往是老师在备课时不容回避的内容，因而是经常能事先较准确地估量到的。

"样本"类教学，围绕着学生的问题和困难展开，主要运用问答、讨论等课堂交流的教学方法。据我们的初步考察，从教师备课的状态看，"样本"类课文的教学，可以辨析出以下几种：

1. 带着基于学情分析的教案去上课。典型的例子，是倡导"导读"的钱梦龙老师。经常有人感叹钱梦龙老师上课的挥洒自如和师生交流的自然无痕，也就经常有人问："为什么学生总能这样跟您'配合默契'呢？"钱老师说："因为我（备课时）首先考虑的不是学生将会怎样'配合'我的教，而是自己的教学怎样去配合学生。因此，仔细体察学生认识活动的思路和规律，是我备课的一个重要内容。"[1]"上课时的挥洒自如，正是备课时惨淡经营的结果。一堂课如何开头，如

---

① 钱梦龙：《导读的艺术》，人民教育出版社2005年版，第278页。

何承接，如何推进，如何收束，何处设计悬念，何处求照应，何处掀波澜，等等，都跟写文章一样，在下笔之前要周密考虑，做到成竹在胸。"①正因为钱老师仔细体察学生、上课时成竹在胸，所以他的教案有较大的弹性，预留了课堂教学方向"生成"的空间。典型的课例，是钱老师施教的《死海不死》②。

2. 带着教学设计的构架去上课。把课文处理为"样本"类，是我国优秀语文教师的通例。据我们了解，优秀语文教师的备课，主要着力于三个点：第一，教学的起点。依据对学情的估摸，选择教学的切入口。第二，教学的终点。想象这堂课下来，学生所形成的学习经验，也就是教学的结果。第三，2到3个核心教学环节并使之充分展开。一般由教师的提问启动，组织学生"学"的活动，使2到3个环节呈递进状态。这方面的课例很多，如支玉恒老师的《只有一个地球》、郑桂华老师的《安塞腰鼓》③等。

3. 带着"素材"去上课。典型的例子，是李镇西老师的《世间最美的坟墓》，李老师所带的素材有："读懂"文章的观念——"读出自己""读出问题"，相关的人事照片——金字塔照片、泰姬陵照片、十三陵墓照片、拿破仑墓照片，关于陶行知墓及自己写的《陶行知墓前的随想》，关于臧克家的诗等。备课时教师只有一个教学线路的设想——李老师这节课没有写教案。什么时候用"素材"，用哪些"素材"，则具有相当的随机性，比如在课尾，教师本已预留了朗读自己那篇《陶行知墓前的随想》的时间，但由于师生胶着在一个问题上，当老师说要读事先印好的这篇文章时，响起了下课铃，老师"无可奈

---

① 钱梦龙：《导读的艺术》，人民教育出版社2005年版，第450页。

② 郑桂华、王荣生主编：《语文教育研究大系（1978～2005）·中学教学卷》，上海教育出版社2005年版，第28—38页。

③ 郑桂华、王荣生主编：《语文教育研究大系（1978～2005）·中学教学卷》，上海教育出版社2005年版，第167—175页。

何"地只好把文章留给学生。①

4. 带着对作品的深入理解和感受去上课。典型的例子如步根海老师的《合欢树》②。步老师上《合欢树》,是没有通常意义上的"教案"的,甚至对学生可能遇到的问题和困难,步老师也只有一种朦胧的、大致的感觉,并没有做过钱梦龙老师"仔细体察学生认识活动的思路和规律"的功课。但步老师的确是"反反复复地读"课文的,甚至是全文一字不落地背诵的,并且带着对课文意蕴的感悟,以及对课文语感的体验。不但是这篇文章,所有上过的课文,步老师都会背诵,随时都能背诵,比如史铁生的《秋天的怀念》。如果说,钱梦龙老师是对"反反复复地读"之后形成的教案"成竹在胸",那么,步老师所依赖的,则表现为体验性背诵所形成的对课文的"成竹在胸"。因此,步老师的课堂结构具有更大的弹性,或者说,具有更鲜明的个人色彩。从备课的角度看,《合欢树》的课堂教学结构,甚至连上课的线索都很可能是现场即兴的。当然,凭着对课文的深刻领会,凭着丰厚的教学经验,步老师清楚地知道:这堂课的终点是"感受到生命的意义";学生的困难,他们所提的问题,无非就是这些;课文关键点就是这些,而这些问题大致可以按几方面去应对;即使有意外,他也有足够的自信,一定能够妥善地处理。

---

① 李镇西:《听李镇西老师讲课》,华东师范大学出版社2005年版,第84—103页。

② 郑桂华、王荣生主编:《语文教育研究大系(1978~2005)·中学教学卷》,上海教育出版社2006年版,第206—212页。

四　用件功能的选文

（一）"用件"界说

将选文的第四种类型命名为"用件"，是想表达这样一层意思："定篇""例文""样本"的选文都是学生在语文科里的"学件"。具体来说，"定篇"，学习经典的丰厚蕴含；"例文"，学习其生动显现的关于诗文和诗文读写的知识；"样本"，学习其阅读过程中形成的读写方法。就"文"来说，或者将其看成是内容与形式的紧密结合体，或者更多地关心其形式方面。而现在所说的"用件"类型，关心的主要是内容方面，也就是课文"说了什么"；对"怎么说"，则只关心其逻辑的合理性与否，即说得对不对、说不说得通。这种类型的教学中，学生其实不是去"学"文，而主要是"用"这一篇文里的东西，或者借选文所讲的那些东西，或者由选文所讲的那些东西去触发，从事一些与该选文或多或少有些相关的语文学习活动。

莫斯科教育出版社《文学》（五年级）"19世纪文学"单元的第一篇是传记《伊万·安德烈耶维奇·克雷洛夫》，编撰者就只让学生了解文中所讲的以下四点"内容"（信息）[1]：

1. 克雷洛夫寓言凭借什么令同时代人感到惊讶？克雷洛夫生活中的哪些事使你感到惊讶？

2. 克雷洛夫的哪些行为表明了他对知识、对艺术和交往的爱

---

[1] 陈家麟：《俄罗斯语文教材评介》，见中外母语教材比较研究课题组编《外语文教材评介》，江苏教育出版社2000年版，第287页。

好?

3. 为什么正是寓言在克雷洛夫的创作中占据了主要地位?

4. 讲述下面两则寓言之一的创作简史。

《杰米扬的汤》《狼落狗舍》（内容略）

这里没有要学生注意传记"文"（即"形式"）的方面的任何暗示，显然，这篇传记编撰者把它当作一般的读物资料，学生要做的是获悉传记中所提供的信息。而之所以要了解这些信息，是因为下面的语文学习要动用文章所提供的这些资料。另一方面，这些信息又不是非得由这篇文章、甚至不是非得由书面的文章才能获得的，通过看传记影片或由教师做口头介绍等，一般也照样能获取那些信息。

具有易替换性，是"用件"类选文的特点。其目的主要是提供信息、介绍资料，使学生获知所讲的事物（东西），这就是"用件"的实质。

（二）"用件"的三个品种

我国过去的语文教材，多没有"用件"的思维，将一些本来应该是"用件"的选文，往往混合在"说明文""议论文""应用文"中，做面面俱到的处置。在教学实践中，教师往往要摆脱这样的面面俱到，而对之进行"教材处理"或"教法改革"，实际上是将选文恢复到"用件"来处置。从国外语文教材和我国语文教学实践两方面归纳，语文教材里的"用件"，大致可分为"语文知识文""引起问题文"和"提供资料文"三类。

1. 语文知识文

比如《打开知识宝库的钥匙——书目》（陈宏天）、《怎样写总结》（张志公）、《语言的演变》（吕叔湘）、《咬文嚼字》（朱光潜）、《不求甚解》（马南邨）等等。过去，语文教材及语文教学往往将上述选文处理成"说明文"，既想使学生获得"书目知识"等东西（用件），又要使学生学习"说明方法""说明顺序"（例文），还要解决学生阅读中遇到的困难和问题（样本），往往还要让学生"掌握"这篇课文（定篇）的"说明文"，其结果是几败俱伤。

现在情况有所改变，比如有本教材在《打开知识宝库的钥匙——书目》后面只出了两道题[①]：

（1）为什么说目录学是一门重要的学问？请用课文材料加以说明。

（2）以小组为单位，统计一下初中阶段读过的课外书籍，然后将它们分类，编制一个图书目录。

可以看出，这里的要点在"语文知识"，而不在"文"。换句话说，如果学生对"文"里所讲的知识有难解之处，教材或教师就应该"讲解"这些难点，或者改用其他的文章、其他的媒介，以使这些知识得到更为清晰、易懂、有效的传递。事实上，也正是因为能清晰、易懂、有效地传递知识，"语文知识文"才会被编进教材。

王土荣主持的课题"活动性教学中培养学生语文素质的实践"，措施之一是"新的课堂教学模式构建"："如（广东省）初五册第四单元的《我的长生果》《人类的知识宝库——图书馆》《找书的金钥匙——书目》《自学的好帮手——工具书》进行创造性的设计。"[②]步骤是：

（1）让学生把四篇课文中关于图书馆的知识全找出来。

（2）弄懂以后，每人设计一份"图书使用活动方案"。

（3）小组讨论方案和全班选评方案。

（4）按照方案直接到学校图书馆进行实践活动。

（5）略

（6）略

① 倪文锦主编：《中等职业教育国家规划教材·语文·基础版》，高等教育出版社2001年版，第31页。

② 王土荣：《活动性教学中培养学生语文素质的实践与思考》，载《语文教学通讯》2001年第8期。

这里所说的"新模式",其实就是将上述选文当作"用件"并组合使用。魏国良老师在教学《咬文嚼字》时,借助于《不求甚解》进行横向比较①,其实也是将选文处置为"语文知识文",尽管他标举的是"研究性学习"。

2. 引起议题文

引起议题文的"议题",既可以是语文方面的,如果有必要的话,也可以是社会、政治、人生的重大问题或其他的问题。比如《大家都来讲究语言的文明和健康》(《人民日报》社论)、《继续为祖国语言的纯洁健康而斗争》(许嘉璐),就宜处理为引起语文方面议题的选文类型;《个人与集体》(刘少奇)、《讲讲实事求是》(邓小平)等文章,如果认为有必要的话,也较宜处理为重大问题方面的引起议题文。要之,引起议题文的关键不在"文",而在于文中的观点和理据。换句话说,如果学生因文字的原因对文中的观点和理据认识含糊,教材或教师就应该"讲解"那些含糊点,或者改用其他的文章、其他的媒介;如果学生对文中的观点和理据持有不同的认识,教材或教师就应该"商议"那些不同的见解。

当然,之所以要引起这方面的议题,是因为它带有训练和学习的目的,如阅读训练、写作训练、说话训练等等。也就是说,对议题的讨论,规范在语文课程与教学的格局里,不仅仅使学生围绕议题展开听说读写的"活动",它必须同时发生语文"学习",在活动中有意识地使学生形成听说读写的新知识、新技能,构建新的语文能力。

曹勇军老师执教的《个人与集体》,是引起议题文教学的一个适宜的课例。其教学过程如下②:

---

① 何勇:《研究性学习调查——来自上海华师大二附中语文组的报告》,载《语文学习》2002年第2期。

② 曹勇军:《照亮课文,点燃学生——〈个人与集体〉教后谈》,载《语文建设》2002年第4期。

课时一

1. 课前预习，分析全文12个段落的段落层次；画出课文结构提纲，课上交流讨论，推举两位同学上黑板"板演"，师生一起讨论，完成对课文的整体把握。

2. 全班齐读课文10—12段，要求学生用自己的话概括说说文中"个人与集体"的关系。师生讨论，明确三点（略）。概括起来就是：集体需要杰出的个人，个人又必须服从集体。

3. 补充王小波的《个人尊严》一文，要求学生课后阅读，概括文中的基本观点。

课时二

1. 交流阅读王小波文章的心得体会，师生讨论王文的基本观点（略）。

2. 学生分组讨论："你认为这两篇文章的观点截然对立吗？为什么？"一石激起千层浪，同学们热烈讨论，最后形成共识：这两篇文章写作时代不同、写作对象不同、写作目的不同、侧重点也不同。

3. 然后提出第二个思考讨论题："你认为当今社会个人与集体应该是什么关系？"各小组认真讨论后，推举代表发言（略）。

4. 课后作业，要求学生写一篇作文《个人与集体新说》，让学生再一次品尝思想收获的喜悦。

这是一堂成功的语文课，在热烈的讨论活动中，学生们学习了对比阅读的方法，认识到议论文论题的针对性，并真切地感受到议论文阅读必须将文章放到特定的背景当中，而不是对其观点正误进行抽象评判。当然，对曹老师所总结的"传统与现实对话，历史与发展对话，文本与心灵对话，情感与理性对话……同学们开阔了视野，丰富了思想，增长了智慧，学到了真正的语文"，以及"将课内课外两篇文章紧紧缝合在一起，跳出课文讲课文，虽没有明讲课文，却处处不离课文，这样的效果比单纯讲课文要好得多"等内容，[①]我们认为需要保持节制。"用件"类只是选文类型的一种，将选文处置为"用件"只是语文教学的一种途径、一种方式。

另一方面，如果突破"文选型"的制约、将大方向转到"用教材教"的话，那么引起议题文将有更大的用武之地。英国语文教材《新阶梯》第2册第一单元的主题是"儿童广播剧"，教材内容包括写作、阅读、表演、评定等方面。阅读部分有两篇选文，一是剧本《稻草人》，一是署名L.W.马丁有关这个剧的一封信[②]，信的内容是对这个剧目的强烈抗议，因为他认为稻草人根本就不能说话、吃东西、做事，更不能跳谷仓舞；同时他又提出了如何为稻草人改制服装的建议。这封信便是"引起议题文"。显然，没有人会让学生去"学"这封信，教材的编撰者是"用"这封信来引起学生对"儿童广播剧"的讨论：要求学生以剧本制作人的身份给马丁写封回信，指出他对"稻草人"的误解。这的确是巧妙的教材内容设计，不难设想，学生在制作回信的过程中，将重新审视自己对"儿童广播剧"的掌握，包括对知识的理解、对作品的感悟、对自己刚写作的剧本的评估。

3. 提供资料文

这种"用件"类型的运用在我国以往的语文教材中是缺门，而国外的教材却使用较频繁，不但有文，还有许多画。《现代德语》第9册专题板块的第一部分，主题是"同一个话题在不同媒介的反应"，教材涉及的"话题"是关于二战期间德国反法西斯宣传小组"白玫瑰"的斗争故事。教材先让学生调查、收集反映这一史实的大量资料，从史料汇编册、有关故事片到1943年的德国报纸、"白玫瑰"小组当时的传单等等，接着指导学生按一定要求分类整理搜集到的资料，同时提

---

① 曹勇军：《照亮课文，点燃学生——〈个人与集体〉教后谈》，载《语文建设》2002年第4期。

② 韩雪屏、邓洪：《英国语文教材评介》，见中外母语教材比较研究课题组编《外语文教材评介》，江苏教育出版社2000年版，第77页。

供丰富的"材料选粹"，其提供的材料计有[①]：

（1）摘自史料汇编的关于"白玫瑰"的文章一篇；

（2）1993年回顾这一事件的报纸文章一篇；

（3）美国故事片《不安的良知》剧本选段一篇；

（4）德国电影《白玫瑰》部分成员的剧照；

（5）德国电影《白玫瑰》剪辑一段；

（6）德国电影《白玫瑰》故事梗概一篇；

（7）1943年"白玫瑰"的一张传单打字复印件；

（8）介绍"白玫瑰"成员的说明文字一篇。

正是在搜集和整理大量材料的基础上，学生才能对不同媒介在"材料的客观程度""介绍信息的角度""材料表现形式""可读性和通俗性"等方面的反应进行研究。

"研究性学习"在当前语文教育界呼声甚高，而语文教材原本就有许多"练习与思考"是需要"研究"的，比如某教材《天上的街市》的课后问题："诗中的牛郎织女和传说中的牛郎织女命运有什么不同？作者为什么这样写？""下边是对本诗中心意思的三种理解（略），你认为哪种正确，并说明理由。"但是，如果教材不提供神话故事，不提供魏晋唐宋明清（"牛郎织女"是我国古代诗文的传统题材，许多朝代都有相关诗文涌现）涉及这一题材的诗文，不提供郭沫若当时的思想情绪的资料和当时创作的其他诗篇，不提供时代的背景，不提供同时代的其他作家的思想状况及与其有关联的作品，学生从何思考？从何断定正确与否？从何找出理由？

所幸的是，在"综合性学习"等理念的感召下，新的语文教材在提供资料文方面，已开始觉悟，这主要反映在人教版、苏教版等实验教材的专题设计上。人们也会逐渐认识到，将"教学资源的开发和利

---

① 倪仁福：《德国初中语文教材评介》，见中外母语教材比较研究课题组编：《外语文教材评介》，江苏教育出版社2000年版，第404—407页。

用"完全摔给教师甚至学生，有很多现实的困难，而越是趋向"用教材教"，就越需要教材提供大量的资料文。

下面摘选的是苏教版实验教材中的一个专题。

·专题· 问题与讨论①
荷

赏荷

你见过荷花吗？你喜欢荷花吗？打开本册教科书彩图第1页，你就可以欣赏到荷塘、荷叶、荷花、莲蓬和莲藕组成的《彩莲图》。如有可能，你再到荷塘边去走一走，便会被满池田田的荷叶、亭亭玉立的荷茎和风姿绰约的荷花吸引。在雨中、雾中，在阳光下、月色下，在早晨、傍晚时，在风定、风起后，荷塘、荷叶、荷茎、荷花不同的姿色，会给你美的享受，你将从中获得无限情趣。

咏荷

大自然中的荷，在历代诗人笔下，多姿多彩。放声诵读下列五首咏荷诗，要读出感情，注意把握节奏和诗韵，再结合诗后的"简评"，体悟诗人表达的深挚的思想感情，品味诗歌隽永含蓄的语言特色。

咏荷诗歌五首
采莲曲

［唐］王昌龄

荷叶罗裙一色裁，

芙蓉向脸两边开。

乱入池中看不见，

闻歌始觉有人来。

---

① 洪宗礼主编：《义务教育课程标准实验教科书·语文·七年级（下册）》，江苏教育出版社2001年版。

莲　叶

［唐］郑谷

移舟水溅差差绿，

倚槛风摇柄柄香。

多谢浣纱人未折，

雨中留得盖鸳鸯。

赠荷花

［唐］李商隐

世间花叶不相伦，

花入金盆叶作尘。

惟有绿荷红菡萏，

卷舒开合任天真。

此花此叶长相映，

翠减红衰愁杀人！

白　莲

［唐］陆龟蒙

素花多蒙别艳欺，

此花真合在瑶池。

无情有恨何人觉？

月晓风清欲堕时。

莲

［宋］苏轼

城中担上卖莲房，

未抵西湖泛野航。

旋折荷花剥莲子，

露为风味月为香。

［简评］五首咏荷诗歌，都包孕着丰富的内涵，由于观察视角和立意构思的不同，有的赋物写实，有的暗示象征，呈现出各异的形

象。王昌龄的《采莲曲》，写人花难辨、花人同美，画面中采莲女与大自然融为一体，情调欢愉。郑谷的《莲叶》，写鸳鸯戏水、荷叶遮雨，婉转表达出"浣纱人"内心微妙的情感波澜。李商隐的《赠荷花》，写荷花的绿叶与红花相映，多么天真自在，但美好事物却难逃"翠减红衰"的厄运，似乎暗示着诗人心中某种难言的隐痛。陆龟蒙的《白莲》则是一篇别有寄托的作品，那不做修饰、凌波独立的白莲，悄悄地开，默默地落，品格高洁而幽恨无穷，俨然是被弃的隐君子的象征。苏轼的《莲》，不写荷花、荷叶，而写莲房（莲蓬）中的莲子，"露为风味月为香"，充满回归自然的乡野气息，令人神往。当你反复吟诵这些咏荷诗歌的时候，你能感受到荷花种种美的神韵，进而与这些诗人的心灵有所沟通和感应吗？

读荷

读一读下面一组有关荷（莲）的文章和片段，也许会更加激起你的爱荷之情，也许会引发你对荷的种种思考。

《爱莲说》（周敦颐，内容略）

《芙蕖》（根据李渔《芙蕖》改写，内容略）

参考资料

一、荷塘月色（节选）

曲曲折折的荷塘上面，弥望的是田田的叶子。叶子出水很高，像亭亭的舞女的裙。层层的叶子中间，零星地点缀着些白花，有袅娜地开着的，有羞涩地打着朵儿的；正如一粒粒的明珠，又如碧天里的星星，又如刚出浴的美人。微风过处，送来缕缕清香，仿佛远处高楼上渺茫的歌声似的。这时候叶子与花也有一丝的颤动，像闪电般，霎时传过荷塘的那边去了。叶子本是肩并肩密密地挨着，这便宛然有了一道凝碧的波痕。叶子底下是脉脉的流水，遮住了，不能见一些颜色；而叶子却更见风致了。

月光如流水一般，静静地泻在这一片叶子上。薄薄的青雾浮起在荷塘里。叶子和花仿佛在牛乳中洗过一样，又像笼着轻纱的梦。虽然是满月，天上却有一层淡淡的云，所以不能朗照；但我以为这恰是到了好处——酣眠固不可少，小睡也别有风味的。月光是隔了树照过来的，高处丛生的灌木，落下参差的斑驳的黑影，峭楞楞如鬼一般；弯弯的杨柳的稀疏的倩影，却又像是画在荷叶上。塘中的月色并不均匀；但光与影有着和谐的旋律，如梵婀玲上奏着的名曲。

（朱自清）

二、荷花飘香北海夜（节选）

夏天到，荷花开了。

雷雨后的夏夜，一扫闷热，而星星和月亮又亮得像刚刚冲洗过的一样。此刻，去北海公园散步，格外感到心旷神怡。且不说北海桥头凉风习习而来，且不说楼台亭阁如同仙境一般，北海里一大片荷花就能叫人流连忘返了。一片片的荷叶亭亭玉立，一颗颗的水滴亮若明珠，一朵朵的荷花像是一个个文静的少女——不知是羞怯呢还是矜持；在朦朦胧胧的夜色中，花朵刚刚闭合。荷花虽然闭合了，却关不住一池清香。

荷花多美啊！

荷花从不孤傲，要开就是满池满塘，方圆一片。"在天愿作比翼鸟，在地愿为连理枝。"我没有见过比翼鸟，荷花并蒂却是经常看到的。"老根纵横，新枝交叉，风也不怕，一任九天雷电鸣，它在水中放奇葩"——这是我记在笔记本上的一首咏荷诗。记得，那是个闷热的夏天的假日，我和友人一早就兴冲冲地去北海看荷花，不一会儿，雷雨骤然而来，游客显得很狼狈，那大片大片的荷花却依旧挺立着，这是何等的壮美！

（徐刚）

三、爱藕说

映日荷花，接天莲叶，亭亭莲蓬和雪白的藕，本是四位一体的。

古往今来，爱皎皎荷花者有之，咏田田莲叶者有之，赞点点莲子者有之。偏心的诗人哟，为什么厚此而薄彼？为什么不肯为嫩藕多唱几支短歌?

当然,粉荷出淤泥而不染,莲叶儿团团如盖,莲蓬实心,莲子清香,自能牵惹诗情,逗发诗兴。殊不知,嫩生生的藕,是藏在泥水深处的诗题!

藕,自生于世间,便委身水下,不见日月,在浊泥污土的围困中生活。一旦出淤泥,却洁似玉,白如雪,一尘不染。不是贞洁操守,孰能如此?它孔窍玲珑,称得起虚心;它居下而有节,可谓贫贱不移;它虽然柔嫩,藕芽儿却能穿透青泥碧水,劲挺起翡翠一般的花梗,托起红花碧叶,算得上柔中有刚。

古人将农历六月二十四日,奉为荷花生日,而默默困顿于泥水里的藕,谁知它生于何时?它孕出藕芽,长大开花,再生出莲子,以续生之脉,谁知它年寿几何?它节节横生,从不跟花叶争宠夺艳;甘居地下,无日无夜地托着花儿叶儿,像是母亲的玉臂搂抱着幼子,谁知它有几多辛劳?

李时珍在《本草纲目》中称藕为"灵根",是寓含深意的。藕入药不仅可止泄、止痛、散瘀、生肌,据说服食藕粉还可以延年。藕粉,如今已成为小儿哺乳期所常用的食物。藕,不仅孕育着嫩荷,而且哺养着天下幼儿,功勋何其卓著!

给我一支生花的诗笔吧,我想寻找动情的诗句,写给养育那荷花的母亲——玉藕;也想把真挚的感情献给千千万万劳动妇女——伟大的含辛茹苦的母亲!

(韩静霆)

四、我爱莲有实

今年农历闰六月,正是北京的荷塘里的莲花盛开之时,江南的鲜莲子已经上市。

莲子,是莲(也称荷)的果实。《本草纲目·莲藕》云:"藕实,即莲子,八九月采黑坚如石者,干捣破之。"陈基有这样两句诗:"君爱莲有花,我爱莲有实。"(《君住耶溪南》)的确,出水亭立、雅丽素洁的莲花，令诗人动情，画家倾心；可是我却衷心地爱慕着莲子。

莲子，它有着无比坚韧的品性和惊人的生命力。你看：夏季，当白的、粉的、红的莲花凋谢散落时，便留下倒圆锥形的绿色花托，使人联想到："仙子已乘长风去，水上空留碧玉盘。"这绿色花托长大就成莲蓬，里面有许多子房；子房内有胚珠，发育而成果实，就是莲子。据说，一颗成熟的莲子，不管是委身于水泽沙丘，还是沉埋于岩石泥淖，不管是饱经风雨酷热，还是备受冰雪严寒，能够历时二百至五百年，依然保持着生命的活力，一旦把它的一端捣破，便萌发胚芽，长出新莲来。

莲子的心是很苦的，然而，正是这颗"苦心"，为人类造出了许多财富来。莲心里含有莲心碱、荷叶碱、木犀草甙、金丝桃甙等，有强心和降血压的功效。莲心里还有着充满生命力的小胚芽，而那荷叶、荷梗、荷藕、莲子……不就是从这胚芽发育成长起来的吗？记得前人有两句诗："莫嫌一点苦，便拟弃莲心。"的确，我们想取得工作或学习的成就，没有像莲子这样的"苦心"是不成的！

（佘树森）

五、莲花与佛教

◎天竺（古印度）盛产莲，有青、黄、赤、白四种，佛教中所说的莲花多指白莲，名芬陀利华。佛教以莲花比喻佛法，故有《妙法莲华经》。

◎佛教以莲花象征弥陀所居的净土。因莲花吉祥清静，能悦众心。

◎诸佛以莲花为坐床，称为莲座。因莲花软净而大，佛有神力，坐莲花上而花不毁坏。

◎《华严经探玄记》里说莲花有四德：一香，二净，三柔软，四可爱。

议荷

围绕"荷",与同学探究下列问题。

一、荷还有哪些名称?专题中的文章和资料写出了荷各部分的哪些特点?说明了荷的哪些价值?

二、周敦颐文章中说,"陶渊明独爱菊""世人甚爱牡丹""予独爱莲"。他为什么"独爱莲"?世上还有人爱竹,爱梅,爱松柏。这些植物没有意识,没有自觉的行为,可是人们为什么会称颂它们具有"隐逸""清高""正直""高贵""坚强"等人类才具有的品格呢?

三、古代文人墨客多看重荷的观赏价值,李渔的《芙蕖》却写出了新意,这个新意是什么?李渔说的"芙蕖之可人"处有哪些?"可目""可鼻""可人之口"各指莲的哪些部分的作用?人们对于莲发表不同的议论,抒发不同的感受,这说明了什么?古今文人学士爱莲与佛家爱莲有什么不同?

四、徐刚、韩静霆、佘树森的文章各是从哪些侧面来赞美莲的?它们又有什么共同点?

写荷

从下列四题中选择一至二题写荷。

一、朱自清为什么能把月色下的荷塘写得如仙境一般美丽?(提示:可从审美观赏、情感抒发、观察联想和语言表达等方面思考)学习朱自清或其他作家的写法,从荷叶、荷花、莲蓬、莲藕中选取一两个作为记叙描写的对象,写一篇咏荷的文章。

二、根据你自己的观察、联想和思考,写一篇以荷喻理或咏荷抒情的文章,写完后和同学交流。

三、写一篇文章,或对荷自由发表议论,或介绍荷的价值;出一期以"荷"为刊名的手抄报,自己编辑,自加插图。

四、搜集关于荷的美术作品,也可以自己描画荷叶、荷花、莲蓬、莲藕或荷塘,再配上诗文。举办一个有关荷的小型展览。

第四章
课文的教学化编制实践

　　课文教学，是我国语文教学长期实施的教学模式和教学方法。以单篇课文为基本单位进行课文教学，在可预见的将来，将依然是我国语文教学的主要模式和教学方法。语文课程与教学改革，只能在本土经验的基础上推进。

一　课文的教学化编制要点

　　课文的教学化编制，类似于可供教师选用的课文教学设计。课文的教学化编制有五个要点：指引教学目标，选择或开发教学内容，合理安排教学流程，提出学习活动的框架性建议，提供必要的学习资源。

（一）指引教学目标

　　阅读教学的课文不仅是学习的材料，而且是学习的对象。课文中一般包含可能高于学生现有语文经验的因素。阅读教学中，学生的基本矛盾是：一方面，对课文的理解和感受，是学生的理解和感受；一方面，对课文，学生可能理解不了、感受不到、欣赏不着。

所谓课文教学，就是通过教学，使学生能够理解、感受、欣赏到这些原本可能理解不了、感受不到、欣赏不着的地方，而且能够将在这篇课文中所学习的阅读方法和阅读策略，迁移到相同语篇类型的课文阅读中去。

阅读的教学目标就在课文里面，而不是在课文之外。一篇课文的教学目标，即这篇课文的教学点。课文的教学点来源于两个方面：第一，这篇课文的关键点，即关键语句或作者所表达的最要紧的地方；第二，学生的疑难处，即学生自主阅读这篇课文时可能有困难、可能出问题的地方。研究显示：学生的疑难处，往往恰在课文的关键点。

课文关键点与学生疑难处之重合，就是课文的教学点。通过阅读教学，学生能够理解和感受课文的这些教学点，就是阅读教学的目标。

以《生命，生命》为例：

生命，生命

杏林子

夜晚，我在灯下写稿，一只飞蛾不停地在我头顶上方飞来旋去，骚扰着我。趁它停在眼前小憩时，我一伸手捉住了它，我原想弄死它，但它鼓动双翅，极力挣扎，我感到一股生命的力量在我手中跃动，那样强烈！那样鲜明！这样一只小小的飞蛾，只要我的手指稍一用力，它就不能再动了，可是那双翅膀在我手中挣扎，那种生之欲望令我震惊，使我忍不住放了它！

我常常想，生命是什么呢？墙角的砖缝中掉进一粒香瓜子，隔了几天，竟然冒出了一截小瓜苗。那小小的种子里，包含了一种怎样的力量，竟使它可以冲破坚硬的外壳，在没有阳光、没有泥土的砖缝中，不屈地向上，茁壮生长，昂然挺立。它仅仅活了几天，但是，那一股足以擎天撼地的生命力，令我肃然起敬！

许多年前，有一次，<u>我</u>借来医生的听诊器，静听自己的心跳，那一声声沉稳而有规律的跳动，给<u>我</u>极大的震撼，这就是<u>我</u>的生命，单单属于<u>我</u>的。<u>我</u>可以好好地使用它，也可以白白糟蹋它；<u>我</u>可以使它度过一个有意义的人生，也可以任它荒废，庸碌一生。一切全在我一念之间，<u>我</u>必须对自己负责。

虽然肉体的生命短暂，生老病死也往往令人无法捉摸，但是，让有限的生命发挥出无限的价值，使<u>我们</u>活得更为光彩有力，却在于<u>我们</u>自己掌握。

从那一刻起，<u>我</u>应许自己，绝不辜负生命，绝不让它从<u>我</u>手中白白流失。不论未来的命运如何`，遇福遇祸，或喜或忧，<u>我</u>都愿意为它奋斗，勇敢地活下去。

《生命，生命》曾入选多个版本的语文教科书。

首先引起我们注意的，是全文23个"我"，以及明显指向"我"的两处"我们"。很显然，本文讲述的是作者"我"对独特的人生经历的感悟。

本篇课文有五个关键点：

1. 标题"生命，生命"。标题有两种：一种是普通文章的标题，或提示主题，或标明论题，这类标题可以按字面理解，在教学中通常可先解题再按标题的预示阅读理解课文。另一种是文学性的标题，这类标题不能仅按字面来理解，因为作家赋予了它独特的内涵，只有在深入理解课文之后，我们才能把握作者所赋予它的含义；在教学中通常要求读完全文之后回到标题，理解标题在课文语境中的独特含义。

2. 作者杏林子。正如有研究者所指出的那样："散文研究的核心工作，应该是人的研究，即散文家的研究。""'顾及作者的全人'，这在研究小说与戏剧时，也是需要的；但对于散文研究来说，则应该是'必须'的了。"[①]诗歌、小说、戏剧及大多数实用文章中作者的信

---

① 刘绪源：《今文渊源》，上海文艺出版社2011年版，第221页。

息只作为我们阅读理解的背景，了解作者有助于更好地理解课文，但作者的信息是不直接介入阅读理解的。但散文中作者的信息往往要直接介入我们的阅读理解；离开了对作者的了解，对于散文中的一些语句，我们或者无法理解，或者只能停留在字面的理解而与作者意欲表达的内容有较大差距甚至相距甚远。

这篇文章的作者是我国台湾散文作家杏林子，她早年罹患类风湿性关节炎导致残疾，发病时十分痛苦。如果不了解杏林子的身世，这篇课文中的有些语句，是很难理解到位的。比如"虽然肉体的生命短暂，生老病死也往往令人无法捉摸，但是……"，这一句或许会被当作泛泛的议论之辞，但当我们了解作者的身世之后，我们就能明白，它讲述的是作者的人生遭遇——活得好好的，突然患上了当时的医疗条件不能治愈的疾病，只能眼睁睁地看着病情越来越严重，以致浑身上下的关节都不能动了，"生老病死也往往令人无法捉摸"。再比如全文最后一句，也是全文最重要的震撼人心的一句："……我都愿意为它奋斗，勇敢地活下去。"离开了作者的信息，对于"勇敢地活下去"的理解很可能就不知其所云了。事实上，如果不能从文字中去体悟作者的人生经验，《生命，生命》这篇散文，通篇都难以理解，或者只能做类似把英文语句译成中文那样的解码水平的字面理解。

3. 课文前三段中直接表达作者主观感受的语句："那种生之欲望令我震惊""那一股足以擎天撼地的生命力，令我肃然起敬""那一声声沉稳而有规律的跳动，给我极大的震撼"。散文记人、叙事、写景，但散文的要点不在所写的人、事、景，而在于作者对人、事、景的真实感受。在我们常人眼里的那些"小事"——手心中飞蛾的挣扎，砖缝中冒出的一截小瓜苗，自己的心跳声——怎么会给"我"（杏林子）那么大的震撼呢？这正是理解这篇散文的关键点，也是学生乃至许多语文老师理解这篇散文时的难点。"分享首先要区分人我"，这种散文阅读所必备的能力，是许多学生和语文老师所不具有的——几乎所有的老师都是从章法技法的角度，把这篇散文讲成"以小见大"。那么，散文讲述的是作者眼里的事，还是我们读者经验的事？许多学生和语文老师不会分辨，因而习惯地用自己的既有经验去过滤、同化乃至顶替散文中作者的经验。杏林子所遭遇的，哪里是"小事"？！飞蛾的挣扎，她感到的是"生之欲望"；冒出的一截小瓜苗，她看到的是"生命力"；自己的心跳声，她听到的是"这就是我的生命"。作者所遭遇的，分明是"足以擎天撼地"的天大的事，是"活着"的可贵，是生命的力量，是"自己掌握"并"愿意为它奋斗"的"我的生命"。所以"震惊"，所以"肃然起敬"，所以感到"极大的震撼"。至此，"生命，生命"这个咏叹式的标题，便有了着落——这篇散文不是"珍惜生命"的泛泛谈论，它讲述的是作者"勇敢地活下去"的信念和勇气，因此标题应理解为"生命的力量"或"活着的价值"。

4.倒数第二段"虽然……但是……却"，落点在"却"——"却在于我们自己掌握"。这段是承上启下，引出下段的"应许"。

5. 最后一段仅有两句话，第一句是从反面说的"不应该怎样"，第二句是从正面说的"应该怎样"，全段的重心应该落在正面说的第二句上。第二句是全文最要紧的一句，关键点可细析为两点：第一，"不论……都"，在这里是很厉害的一个句式——"不论未来的命运如何，遇福遇祸，或喜或忧，我都……"，相信世界上很少有人敢用这样的句式来负责任地期许自己未来的人生。第二，"我都愿意为它奋斗"与"勇敢地活下去"，是同位语；"我都愿意为它奋斗"，也就是"我都愿意勇敢地活下去"。这一句点明了全文的主旨，从作者杏林子的角度，或许标题应该理解为"活着，活着"。

对于这篇散文的字面意思，学生不难理解，但上述课文的五个关键点，几乎每一个都是学生在自读时会感到困惑或出现问题的疑难处。

（二）选择或开发教学内容

选择或开发教学内容，也就是围绕教学点选择或开发能够帮助学生解决教学点问题的语文知识。

学生不是为语文知识而学语文知识。只有促进学生理解和感受文本的语文知识，才是阅读教学的内容。语文知识"因文而教""随文而教"是叶圣陶发现的阅读教学原理，当今研究进一步揭示："因文而教""随文而教"的实质是"因教学点而教""随教学点而教"。解决特定教学点（学生有疑难的文本关键点）需要什么语文知识，就应当教学什么语文知识。在语文教学中，学生学习语文知识，不是按学科（系统）的逻辑，而是按学习（应需）的逻辑。

例如《生命，生命》，要使学生能够理解、感受并分享作者的人生经验，学生应该：了解作者，联系作者经历理解课文；从"令我震惊""令我肃然起敬""给我极大的震撼"中感受作者的人生经验；从两段议论中体认作者对生命（活着）的理解；体会标题"生命，生命"的意味。

为此，学生通过这篇课文的学习，应该学会散文阅读的一些阅读方法和阅读策略，主要是以下几个要点：阅读散文必需联系作者的背景；从反复出现的同类语句中，感受作者的人生经验；分析议论语句的重心，在语境中理解这些语句的具体含义；文艺性标题（尤其是用了修辞格的）往往有特殊意味，需理解全文后回到标题。

（三）教学流程的合理安排

阅读教学的环节，实质是教学点的合理分配：在这一教学时段解决这个（或这几个）教学点，下一时段解决那个（或那几个）教学点，最后解决这个（或这几个）教学点。

根据对阅读教学的名课研习，我国中小学的课文教学，一节课（一篇课文）通常是三个环节，三个环节按学习逻辑（即若干教学点的相互关系），或呈台阶状（即三个台阶），或呈发射状（即从三个方向生发）。

（四）学习活动的框架性建议

教学活动设计主要是设计"学的活动"，而不是"教的活动"。"学的活动"围绕教学点展开，力求丰富多样。

"学的活动"蕴含语文知识学习。在阅读教学中，语文知识不是按学科的逻辑系统学习，而是为了解决"教学点"的问题，是学生学习并运用相应的语文知识作用于文本关键点的理解和感受。中小学教学，尤其是小学教学，语文知识的教学往往是"教师心中有知识，口中无术语"，转化为具体的学习活动方式，就体现为蕴含特定语文知识的"学的活动"。

例如《生命，生命》这篇课文，我们建议的课前学习活动如下：画出全文中所有的"我"字；网上查阅资料，了解作者杏林子；查阅词典理解"震惊""肃然起敬""震撼"等词的词义。

（五）提供必要的学习资源

根据教学活动的需要，合理利用文本、图片、影视等多种教学资源。

例如《生命，生命》，可能需要提供帮助学生完成概述课文内容的课件和介绍作者杏林子的材料：

请你根据课文内容填空

作者从一只（　　　）的飞蛾，一粒（　　　）的香瓜子，一颗心脏（　　　）的跳动，感悟到（　　　）。

介绍作者身世的课件：

杏林子

杏林子（1942年4月12日—2003年2月8日），原名刘侠，是伊甸残障福利基金会创办人，中华人民共和国残障联盟创会理事长。

12岁时罹患罕见的类风湿性关节炎，发病时手脚肿痛行动不便，只有手指可以动，自此身心饱受病痛煎熬。杏林子是一个不向命运屈服的作家，虽然她已逝去将近二十年，但她依然活在读者的心中。

本章所展示的，是我们的课文教学化编制实践的一些样章。这些样章曾用于上海教育出版社组织编写的《国家课程标准高中实验课本（试编本）·语文·必修》①。

阅读教学部分，按单元编排，分课文教学。每课课文的设计，有以下几个板块：

准备与预习

学生在课前需要做的工作，与课文学习直接相关。

课文

即选文，是阅读的对象，主要作为阅读教学的材料。

整合与建构

用于课堂教学。一般分三级呈现：第一级是标题，指明核心的课程与教学内容或主要的教学环节。第二级和第三级是课程与教学内容的具体展开，通过教学流程的设计和教学活动的情境化呈现，指引师生的课堂教学活动。

应用与拓展

学生在课后的延续学习。根据具体情况，有些也可以纳入课堂教学。

文言练习

文言文教学的特设板块。学习文言文知识，训练文言文阅读能力，内容包括文言文的字音、词语、句法等。

链接

提供教学所需的课程资源，包括背景知识、参阅材料等。

术语解释

对于学生可能不熟悉的语文知识，脚注中有简要解说。这些术语，主要是课堂教学中师生交往的"话语"；脚注的解说，是供学生

---

① 编者有王荣生、倪文尖、李海林、郑桂华、褚树荣。上海教育出版社2007年8月出版第一版。本书所援用的该教材的样章，均由王荣生执笔编写。

参考或查阅的，不需要教师专门教学。

本章所选的教材样章，均是实用文章阅读，共有理解性阅读、新闻和报刊言论文章阅读、科普文章阅读、操作性阅读、研究性阅读等5个单元的20篇课文教学化编制的样章。限于篇幅，各单元的选文均从略。

二 理解性阅读的样章

（一）单元说明

本单元所选的是各式各样的文章，核心的课程内容是学习文章的原型阅读，篇目包括冯友兰的学术随笔《人生的意义及人生中的境界》、鲁迅的杂文《拿来主义》、钱钟书的学术演讲辞《谈中国诗》、清冈卓行的文艺随笔《米洛斯的维纳斯》。

这些文章，其体式介于文章和文学之间，大致可归入语文教学界传统上所理解的"散文"，但它们与"正式的论"（朱自清语）尚有较大的差异。从搜集的课例来看，这些文章过去所教学的内容，主要是三个方面：一是模糊了阅读教学与选文教学，教学内容着眼于文章所讲的东西（选文内容），或阐释，或延展，乃至反拨。二是混淆了文章与文学、阅读与写作，教学内容着眼于章法的"好处"，以及言语表达的"妙处"。三是受旧知识的制约，把学术随笔、杂文、学术演讲辞、文艺随笔，一股脑地当作"议论文"，按论点、论据的套路，削足适履。

我们认为，阅读教学的目的是使学生合适地理解选文，它立足于选文，但绝不能沦落为"选文内容"的教学。我们认为，文章与文学虽不能截然劈开，但文章的阅读方式与文学的阅读方式，是截然不同的两回事情。我们认为，阅读虽与写作有关联，但性质完全不同——阅读是读者对外在文本的领会，写作是作者对内心生活的表达。我们认为，不同体式的文章有不同的读法，中小学语文教学界的文章知识、文章阅读知识，迫切需要除旧布新。

文章的原型阅读，也就是文章的理解性阅读，目的是读懂文章说了什么。不同体式的文章有不同的读法，也就意味着不同体式的文章要读不同的地方。中小学语文教学，向来有抓住文章要点、理解文章重要语句的说法，但"记叙文""说明文""议论文"的知识框架，导致"要点"和"重要语句"抽象化。如此，试图用一种方法去抓住所有文章的要点，去识别和理解所有文章的重要语句，其结果是造成了一种无所适用的"阅读方法"。

曾几何时，语文教学界把"要点"和"重要语句"，统称为"信息"，或曰"筛选信息"，或曰"整合信息"。我们认为，这并不妥当。"筛选信息"的说法，可能源于快速阅读。在过去的理论中，快速阅读主要指已经具备理解性阅读能力的工程技术人员、政府官员等，在他们所熟悉的专业或工作领域内，面对他们所熟悉的文章体式（比如科技论文、公文等），依据他们的知识背景，选择他们所需要的信息。换句话说，信息是相对于阅读者来说的，新的东西（信息）是相对于旧的东西（已知的）来说的，筛选有用的信息，更多依赖的是阅读者的专业判断力。目前流行的阅读测试通常会设计一些布满圈套的题目，然后要求学生到文章乃至文学作品中去"筛选信息"——实际上是找到与"考点"相关的语句。这种来源于外语测试的"筛选信息"法，是否适合于母语的阅读能力测试，对我们的阅读教学是有利还是有弊，我们认为尚需审议。

（二）单元样章[①]

单元导语

本单元学习文章的理解性阅读。理解文章的关键，是抓住要点；而抓住要点，要通过把握重要的语句。

什么是重要语句呢？哪些是重要语句呢？这似乎没有统一的答

---

① 王荣生、倪文尖主编：《国家课程标准高中实验课本（试编本）·语文·必修·第三册》，上海教育出版社2007年版，第1—34页。本单元由王荣生执笔编写。

案，然而也不是毫无规律。文章是有体式的，把握重要语句的前提，是认识文章体式的特性。按照体式的特性去阅读，往往就能比较合适地判断重要语句的所在。

本单元所选的4篇文章，分别是学术随笔、杂文、学术演讲辞和文艺随笔。4篇文章的体式不同，因而对重要语句的理解以及把握的方式有不同的讲究，因而要求有不同的读法。

第一课

人生的意义及人生中的境界

冯友兰

准备与预习

1. 这是一篇论述哲学问题的文章。你了解"哲学"吗？说说你对"哲学问题"的理解。

2. 借助辞书或网络，了解冯友兰及其著作。

3. 阅读课文，边读边圈出文章中的重要词语。

课文

《人生的意义及人生中的境界》（课文略。选自李中华编《冯友兰学术文化随笔》，中国青年出版社1996年版）

整合与建构

一、了解文章的内容

1. 下面列出的是这篇课文的重要词语。同桌的同学互相查一查，看对方在预习时有没有把这些词语圈出来。

意义	了解	自觉	境界
自然境界	功利境界	道德境界	天地境界
本性	小我	社会	宇宙

2. 阅读文章第1—4自然段，对照课文中的解说和举例，用自己的话解释"意义""了解""自觉""境界"的意思，并画出它们的关系

104

图。

3. 阅读课文中讲述人生四类"境界"的部分，在文中画出描述各类"境界"典型特征的语句。然后，参阅链接中的相应材料，用自己的话说说四类"境界"的含义。

4. 阅读第5—8自然段，讨论下列问题。

（1）作者说："要想进入道德境界或天地境界却需要努力，只有努力，才能了解。"这里的"努力"是什么意思？

（2）我们如何分辨出不同"境界"的人？

5. 写一篇课文的内容概要，或列出内容提纲。

二、理解作者的学说

1. 试着从历史人物中分别举出一个与人生四类"境界"相对应的人物，并说说理由。

2. 与周围同学讨论下列问题。注意：对问题的看法务必在课文中找到依据，必要时还应参阅链接中的材料。

（1）"一般的芸芸众生，不是属于自然境界，便属于功利境界。"那么，在冯友兰看来，"芸芸众生"的人生还有没有"意义"？

（2）既然"功利境界"的人也能为社会服务，"道德境界"的人也是为社会服务，为什么还要做出高下的分别呢？"道德境界"是不是全然不顾及"小我"？

（3）有人批评说："如果以道德为标准，则道德境界即是至善境界；如果以非道德性的觉解来衡量，则天地境界与道德境界是非同类而比较。因此，所谓的境界高下之分，是难于得到标准的个人信念而已。"你是怎么看待这种批评的？冯友兰为什么要在"道德境界"之上再划出一个"天地境界"？

（4）说一个人在某"境界"，是凡事都在这一"境界"呢，还是此一事在这种"境界"，彼一事可能变成另一"境界"呢？

三、思考自己的人生

1. 冯友兰说："各人有各人的人生，不能笼统地问：人生有没有意义？有什么意义？因为人生是各种各样的，不同的人生，有不同的意义。各人的人生，是各人自己创造的。各人的历史，是各人自己写的。各人向各人自己负责。"结合冯友兰的论述，想一想下列问题。

（1）文章所说的"人生"，与你有关吗？对现在的你来说，有没有人生"意义"的问题呢？

（2）按冯友兰的学说，你目前处在哪类"境界"？你愿意努力进入哪类"境界"？

2. 一位学者说："人只是因为能由'所是'知'所以是'，进而知'所应当是'，才得以去树立理想。而正因为有理想，人才有文化的生命。""若一个民族的大多数成员失去了人生的理想，或只以动物的欲望满足为'理想'，那么他们就失去了真正的人生奋斗，即丧失了把自己提升到人的高度和尊严的奋斗，这个民族的文化生命就处在衰竭之中。"结合学者的论述，议一议下列问题。

（1）按冯友兰的学说，你周围的人现在分别可归到哪类"境界"？

（2）你希望他们进入哪类"境界"？

应用与拓展

莫蒂默·阿德勒说："事实上哲学问题的最显著的标志就是每个人必须自己回答问题。接受其他人的观点不是解决问题，而是逃避问题。但你自己的回答必须要有充分的根据，有论点作为后盾。"结合莫蒂默·阿德勒的论述，完成下列学习任务之一。

1. 收集你喜欢的人生箴言，并与同学交流。

2. 组织一次非正式的讨论会，各自畅谈人生的意义。注意相互之间不要辩驳。

3. 有时间的话，请以"人生"为主题，进行扩展阅读，材料可以是诗歌、小说或社科类的论著。或者，组织一次以"人生"为主题的活动，比如朗诵会、表演活动、手抄报展示等。

链接

《冯友兰谈人生四种境界》（内容略。选自冯友兰《三松堂自序》，人民出版社1998年版）

第二课

拿来主义
鲁迅

准备与预习

1. 你还记得初中阶段学过的鲁迅杂文吗？找出初中的语文教科书，再读读那些杂文。

2. 你还学过鲁迅的哪些散文和小说？你喜欢鲁迅吗？你觉得鲁迅伟大吗？说说你的理由。

3. 默读一遍课文，并随手做三处以上的旁批。

课文

《拿来主义》（课文略。选自《且介亭杂文》，《鲁迅全集》第六卷，人民文学出版社1981年版）

整合与建构

一、认识杂文的针对性

1. 杂文针砭时弊。参阅课文和链接材料，了解杂文的现实针对性。

（1）根据历史知识和《拿来主义》的写作时间，讲述与下列语句相关的典型事件。

◇中国一向是所谓"闭关主义"，自己不去，别人也不许来。

◇自从给枪炮打破了大门之后，又碰了一串钉子，到现在，成了什么都是"送去主义"了。

（2）课文开头部分讲"别的且不说罢，单是学艺上的东西"，课文最后说"没有拿来的，文艺不能自成为新文艺"。有人据此认为《拿来主义》谈论的是如何对待外国文化（文艺）的问题。你同意这种观点吗？

（3）"别的且不说罢"，作者是不是真的就没有说到"别的"？"什么都是'送去主义'"中的"什么"，包含哪些方面？

（4）有人根据"大宅子"的设喻，认为《拿来主义》谈论的是如何对待传统文化遗产的问题。你的意见呢？

2. 比较下列材料，回答问题。

◇还有几位"大师"们捧着几张古画和新画，在欧洲各国一路的挂过去，叫作"发扬国光"。

［注释］1932年至1934年间，美术家徐悲鸿、刘海粟曾分别去欧洲一些国家举办中国美术展览或个人美术作品展览。"发扬国光"是1934年5月28日《大晚报》报道这些消息时的用语。

◇听说不远还要送梅兰芳博士到苏联去，以催进"象征主义"，此后是顺便到欧洲传道。

［注释］1934年5月28日《大晚报》报道："苏俄艺术界向分写实与象征两派，现写实主义已渐没落，而象征主义则经朝野一致提倡，引成欣欣向荣之概。自彼邦艺术家见我国之书画作品深合象征派后，即忆及中国戏剧亦必采取象征主义。因拟……邀中国戏曲名家梅兰芳等前往奏艺。"鲁迅曾在《谁在没落？》一文中批评《大晚报》的这种歪曲报道。

（1）课文与注释说的是同一件事情，它们在说法上有什么不同？

（2）你了解徐悲鸿、刘海粟、梅兰芳吗？有人认为，这篇杂文主要是讽刺徐悲鸿、刘海粟、梅兰芳等人。参阅链接材料第一则，谈谈你的看法。

3. 鲁迅所批判的"什么都是'送去主义'"，所提倡的"拿来主义"，在今天仍有警示意义吗？参阅链接材料《关键词语所揭示的生存困境——鲁迅杂文名篇的一种读法》，谈谈《拿来主义》"超时空的'意义'"。

二、推敲作者的主要观点

1.朗读第3—6自然段，然后与周围同学讨论下列问题。

（1）"什么都是'送去主义'"会带来怎样的后果？鲁迅是不是主张一概不可以"送去"？

（2）"抛来"与"抛给"有什么差异？鲁迅是不是主张一概拒绝"送来"？

2.朗读第7—9自然段，然后与周围同学讨论下列问题。

（1）"譬如"这个词，管到文章的哪里为止？"'拿来主义'者是全不这样的。"这一句似乎也可以作为下一段的首句，把它放到下一段里去，妥不妥当？

（2）"譬如罢"，是譬如"拿来"这件事呢，还是譬如"拿来主义者"那些人？

（3）"他占有，挑选。"这一句与上文中的"我们要运用脑髓，放出眼光，自己来拿！"是什么关系？有人说，这一段是论述"怎样实行拿来主义"的，联系上面两小题的讨论，谈谈你的看法。

3.阅读最后一段，理清句与句之间的关系，然后与周围同学讨论下列问题。

（1）"总之"，是对全文的"总之"，还是对上面段落的"总之"？

（2）"我们要或使用，或存放，或毁灭。"这一句与上文中的"我们要运用脑髓，放出眼光，自己来拿！"是什么关系？有人说，这一句是对"怎样实行拿来主义"的概括，你的看法呢？鲁迅所说的"拿来"，包不包括"存放"与"毁灭"？

4.朗读全文，然后用自己的话概括《拿来主义》的主要观点。

应用与拓展

1.链接材料第一则中说，过分冷静的分析，其实已经是"非杂文"的了，你怎么理解这一说法？谈谈你对杂文特点的认识。

2. 与周围同学讨论下列问题。

（1）有人说，《拿来主义》的前半部分是驳论，后半部分是立论。你们同意吗？

（2）有人说，《拿来主义》采用了因果论证："因为送去、送来都不好，所以要拿来。"你们认为这是因果论证吗？

（3）有人说，"大宅子"的设喻，是比喻论证。你们认为这是比喻论证吗？它论证了什么？

3. 鲁迅在设喻时，用了"祖上的阴功""合法继承"等词语，捎带给某些人以讽刺。联系读过的鲁迅杂文，鉴赏《拿来主义》的讽刺笔法。

链接

杂文的思维与表达
——读《再论雷峰塔的倒掉》

钱理群

这（《再论雷峰塔的倒掉》）又是一篇范文——它或许可以帮助你理解杂文的思维方式与表达方式的某些特点。

文章从报纸上偶尔看到的关于"雷峰塔的倒掉"的传闻开始。这就是说，杂文思想开掘的起点、开发口，必须是具体的、细小的，人们习以为常的生活现象，而不是某个现成的理论原则。杂文思维更重归纳，而非演绎，最平凡的、生气勃勃的日常生活形态，对于杂文具有尤其重要的意义。只是这类日常生活传闻，人们茶余饭后姑妄言之，姑妄听之，并不在心；杂文家则不，他偏要仔细琢磨，品味，认真"勘探"一番。"勘探"也有两种，有的只满足于探个表层，比如"从雷峰塔倒掉看出破除迷信的重要"之类，浅尝即止；真正的杂文家则不，他要"勘探"到最底层、最广阔处，即鲁迅所说："开掘要深。"

且看鲁迅如何"开掘"。

……这里，"十景病"既具有现象形态的生动性与具体性，又具有一种概括性与普遍意义，我们可以称之为"典型现象"。"典型现象"正是杂文思维与表达的一个关键——杂文既要通过"由一至多""由小至大"的"联想"概括出具有一定普遍性的"典型现象"；又要通过不失其形象性的"典型现象"来表达自己对于生活的新开掘、新发现。

……应该说，我们的以上分析都过于冷静，因而是"非杂文"的。鲁迅在揭示与表达他的思考与发现时，自始至终渗透着他强烈而深沉的主观情感：……渗透在字里行间的情感具有极强的艺术感染力。我们由此体会到鲁迅所说的他的杂文"就如悲喜时节的歌哭一般"，"无非借此来释愤抒情"（《华盖集续编·小引》）的特点；而这里对"十景病""奴才的破坏"的批判也进入了审美的层次，而"审美的批判"正是杂文的特质之一，杂文家原应是思想家与诗人的统一。

（节选自钱理群《名作重读》，上海教育出版社2006年版，第66—70页）

关键词语所揭示的生存困境
——鲁迅杂文名篇的一种读法
钱理群

一切大作家、大学者都是关注现实的——他们博大的心胸足以容纳人世的一切；但同时又是超现实的，追索着隐藏在现实背后、深处的人生、人性、人的生命存在的奥秘。……

鲁迅即是如此。他的作品（特别是他的杂文）总是有两个层面：既有具体的现实的针对性，又有超越具体对象的概括性，不仅紧张思考着现实人生及其出路，而且将这种思考上升到哲学的、人类学的层面，把对现实人生痛苦的体验升华到对于"人"自身的存在困境的体验。

人们对鲁迅作品（杂文）"意义"的接受也有一个过程。一般说来，人们首先注意到的常常是作品的现实层面；但随着时间的推移，人们距离鲁迅的时代越远，对鲁迅作品针对的人与事逐渐陌生，而同时，作品中隐蔽于具体时空背后的超时空的"意义"却逐渐显露出来，人们对鲁迅作品的接受也就进入了哲学的、人类学的更深层面。因此，当今天的年轻人纷纷反映，不了解鲁迅作品的时代背景时，我们应作具体分析；这固然会对理解作品的现实层面造成困难，但未尝不可看作是为把握作品超越的普遍意义提供了一个契机。

（节选自钱理群《名作重读》，上海教育出版社2006年版，第54—55页）

第三课

谈中国诗

钱钟书

准备与预习

1.想一想：假如请你做《谈高中生》的演讲，你会讲什么？怎么讲？

2.查阅资料，了解钱钟书及其著述。

3.默读一遍课文，并完成下列学习任务。

（1）如果你还能想起自己阅读时出现回视和受阻的地方，请做出记号。

（2）回忆课文的大致内容和你阅读时的感受。

课文

《谈中国诗》（课文略。选自《钱钟书散文》，浙江文艺出版社1997年版）

整合与建构

一、当作学术演讲来听

1.假设你是准备这篇演讲辞的钱钟书。

（1）试分析听众的情况。

（2）预想希望达到的演讲效果。

2. 假设你是旁听者，正在通过同声翻译听钱钟书的演讲。

（1）边听课文朗读的录音（或老师的朗读），边做要点笔记。

（2）请说出：

　　演讲的要点——

　　你印象深刻的地方——

　　你觉得有趣的地方——

（3）依你想象，钱钟书在演讲时是怎样的神态？

3. 在上述活动的基础上，讨论下列问题。

（1）课文讲的是中国古典诗歌，为什么题目不取"谈中国古典诗"？

（2）有教材把"什么是中国诗的一般印象呢？"之前的部分都删去了，你觉得钱钟书讲这一部分有必要吗？

（3）谈中国诗，作者先扼要讲述其总体特点，接着分别从三个方面具体论述。这样安排有什么好处？三个方面的次序是根据什么安排的？

（4）在演讲中，作者用了很多新鲜的比喻，请从中挑出5个，说说它们的意思。这些比喻是不是你听的时候印象深刻或觉得有趣的地方？

（5）作者频繁地引用外国学者的言论，他想达到什么样的演讲效果呢？

（6）本文虽是演讲辞，但用语典雅，甚至古奥。听的时候你有什么感觉？你会不会建议他把话说得通俗些？

二、 当作学术文章来读

1. 阅读学术文章，需具备必要的专业知识。请说说下列术语的含义。如果你觉得一时较难说明，则列举出可能会对这些术语做出解释的工具书。

　　史诗　戏剧诗　抒情诗　田园诗　古典主义　纯粹诗

2. 为了帮助理解，课文加了一些注释。如果你觉得还有其他专业术语需要注释，请查阅工具书或向同学、老师请教后，加在脚注中。

3. 文章中有一些语句是对文学现象的概述，理解这些语句，应该与你的文学经验关联起来。试给下面的概述各举出一个实例来。

◇纯粹的抒情诗的精髓和峰极，在中国诗里出现得异常之早。所以，中国诗是早熟的。早熟的代价是早衰。中国诗一蹴而至崇高的境界，以后就缺乏变化，而且逐渐腐化。

◇我们也有厚重的诗，给情感、思恋和典故压得腰弯背断。

◇外国的短诗贵乎尖刻斩截。

◇中国诗人狂起来时只不过有凌风出尘的仙意，……你们的诗人狂起来可了不得！有拔木转石的兽力和惊天动地的神威……

4. 作者学贯中西，举例信手拈来。但我们理解的时候，最好能够熟悉那些例句所出的诗篇。

（1）联系课文，试一试"流水落花春去也，天上人间"这一结句的三种标点法，并做相应的解释。

（2）查一查下列诗句出自哪一首诗或词。

壮士皆死尽，余人安在哉。

阁中帝子今何在？槛外长江空自流。

今年花落颜色改，明年花开复谁在。

同来玩月人何在，风景依稀似去年。

春去也，人何处；人去也，春何处。

应用与拓展

1. 假设你是现场采访的记者，请写一篇关于钱钟书《谈中国诗》演讲活动及演讲要点的报道。

2. 本文选自《钱钟书散文》，当然也可以当作学者散文来欣赏。

（1）背诵《荷塘月色》的片段，朗读《谈中国诗》的一段，体会抒情散文与学者散文的区别。

（2）同是学者散文，各人有各人的风采。重读余秋雨的《道士塔》，说说钱钟书散文跟余秋雨散文的不同味道。

（3）再找几篇钱钟书的散文读一读，体会其散文的幽默和睿智。

链接

一、钱钟书简历（内容略）

二、《钱钟书逸事三则》（内容略）

第四课

米洛斯的维纳斯

[日]清冈卓行

准备与预习

1. 在生活中，你有"发自内心的感动"这样的经历吗？愿意的话，跟同学们说一说。

2. 了解雕像"米洛斯的维纳斯"。

3. 默读一遍文章，在你不理解的地方做记号。

课文

《米洛斯的维纳斯》（课文略。选自《当代世界名家随笔》，上海教育出版社1996年版）

整合与建构

一、建立合适的阅读方式

1. 文章开头说："我欣赏着米洛斯的维纳斯……"这里的"我"，指的是谁？文章中还有不少以"我"起头的语句，请一一画出，并把这些语句按原文顺序连起来念一遍。念的时候，想象作者面对雕像时的神态。

2. 文章第1自然段："她为了如此秀丽……"这里的"她"，指的是什么？文章中还有一些出现"她"字的语句，也请找出来念一念。

3. 下面是这篇文章的两个内容提纲，你认为哪个更妥当些？为什么？

A. 文章大致可分为三个部分：第一部分回答"为什么必须失去双臂"，第二部分回答"为什么不应该复原那失去的胳膊"，第三部分回答"为什么丧失的部位必须是两条胳膊"。

B. 文章大致可分为三个部分：第一部分提出"我"的"奇怪念头"并讲述"我的实际感受"，第二部分是"我"对"倒人胃口的方案"的否定，第三部分是"我"对"手"的"意味"的体悟。

4. 这是一篇文艺随笔。试从论题的产生、论据的类型、表述的语体等方面，说说"文艺随笔"与"一般的议论文"的不同之处。

	论题的产生	论据的类型	表述的语体
文艺随笔			
一般的议论文			

二、体会作者的艺术感受

1. 文章第1自然段中说："使人不能不感到……"这里的"人"，指的是谁？文章中还有一些出现"人""人们"的地方，请找出来念一念。你有没有觉得作者在向你（读者）召唤？

2. 联系上下文，说说你读下列语句时的感受。

◇从特殊转向普遍的毫不矫揉造作的飞跃

◇借舍弃部分来获取完整的偶然追求

◇正浓浓地散发着一种难以准确描绘的神秘气氛

◇正深深地孕育着具有多种多样可能性的生命之梦

◇获得了一种不可思议的抽象的艺术效果

◇向着无比神妙的整体美的奋然一跃

◇放射出变幻无穷的生命光彩

◇奏响了追求可能存在的无数双手的梦幻曲

3. 你觉得用"魅力"这个词能不能概括上一题所列语句的含义？如果你来概括，你会用什么样的词语呢？

4. 下面两幅画，你认为清冈卓行可能会对哪一幅评价更高些？请说说理由。

齐白石的虾（图略）　　达·芬奇的蒙娜丽莎（图略）

三、 关注语词的特殊意味

1. 文章第2自然段中说："那时候，维纳斯就把她那两条玉臂巧妙地遗忘在故乡希腊的大海或是陆地的某个角落里，或者可以说是遗忘在俗世人间的某个秘密场所。不，说得更为正确些，她是为了自己的丽姿，无意识地隐藏了那两条玉臂，为了漂向更远更远的国度，为了超越更久更久的时代。"

（1）"巧妙地遗忘"是什么意思？作者这样说有什么意味吗？

（2）"无意识地隐藏"与表示特定目的的"为了"，有没有矛盾？作者这样说有什么意味吗？

（3）"或者可以说""不，说得更为正确些"，这些起到关联作用的语句，其中蕴含着什么意味呢？

2. 文章最后一段中说："而背负着美术作品命运的米洛斯的维纳斯那失去了的双臂，对这些比喻、赞颂来说，却是一种令人难以相信的讥讽。"

（1）"背负着美术作品命运"是什么意思？请在文章中找出相应的说法。

（2）说说你对"令人难以相信的讥讽"的理解。

（3）联系上文，说说"比喻""赞颂"分别指什么。

（4）联系下文，说说是哪个"讥讽"了哪个。

3. 朗读全文。注意那些起关联作用的语句，读出它们的味道来。

应用与拓展

1. 或许，你也曾拥有"对欣赏品的爱的感动"，说一说，让同学们来分享你的感动吧。

2. 请与同学议一议：阅读"文艺随笔"与阅读"一般的议论文"，有哪些不同的讲究？参考样例，将本文与本单元的其他文章作比较。

样例：

《人生的意义及人生中的境界》谈作者创立的主张，《谈中国诗》讲中国文学界公认的事实，这是两者的不同点。但它们也有相同之处，两文均是介绍性质的普及文章，作者在讲述前已观点在握，讲述过程中的举例是为了印证，目的是帮助读者（听众）更好地理解观点。

（1）《米洛斯的维纳斯》与《谈中国诗》都涉及文艺问题。但两文有明显不同，前者是_____，后者则是_____。

（2）《拿来主义》与《谈中国诗》在事实的表述方式上，都采用了评价性的概述。但它们的体式有明显区别，前者是_____，后者是_____。

三　新闻报道和言论文章阅读的样章

（一）单元说明

报纸上的言论文章，比如社论，过去是当作"议论文"来教的，走的也是"读写结合"的路子。这明显不妥当。社论和评论员文章、个人署名的评论文章，属于广义的新闻体裁，为了突出报纸文章的性质，我们把专家署名的言论文章也纳入新闻体裁。报纸的言论文章，与通常所说的"议论文"有很大的不同，不同体式的言论文章在阅读方式上也分别有不同的讲究。我们认为，在中学阅读教学中，不应该去强调基于抽象分析得出的"共同性"，而应该侧重在文章体式各自差异的"特殊性"上。"共同性存在于特殊性之中"，这是辩证法的一条基本原理。混淆言论文章与所谓"议论文"的体式差异，抹杀言论文章之间的体式特殊性，其结果只能造成除了应付考试之外而无所适用的"阅读能力"。这同样会反映在写作上，目前学生写的"文章"，要么是情绪浓烈的所谓"哲理随笔"，要么是似乎可以翻手为云覆手为雨的所谓"议论文"，比如"有志者事竟成"是一篇文章，"有志者事未必成"又是一篇文章。所写文章抒情、议论不辨，观点、感受不分，采用的是最低限度的论证（所谓"自圆其说"），而又缺乏报纸上个人署名的评论文章那样的针对性；这样的"写作能力"，除了能应付考试之外几乎一无可用。

我们编写的"新闻报道和言论文章阅读"单元，力求避免上述问题，在教学内容的研制上，始终自觉地遵照"把新闻当作新闻来阅读"的原则。

首先是选文内容。新闻阅读要培养学生关注社会的意识，引领学生关怀国计民生，因而选文内容要贴近学生的生活。贴近学生生活，核心是要切入学生的内心世界，这包括三个方面：第一是学生实际所从事的活动，包括语文活动；第二是学生可能面临的困惑；第三是编撰者、教师认为学生需要面对或思考的话题。本单元所选的文章，《中国政府恢复对香港行使主权》《别了，"不列颠尼亚"》报道香港回归这一对中国人民具有重大历史意义的事件，《诺曼底登陆现场报道》《奥斯维辛没有什么新闻》报道第二次世界大战及其对人类的影响，《西部代课教师调查》报道社会弱势群体的遭遇及他们艰辛执着的精神。言论文章中，《开创新世纪环境保护工作的新局面》涉及环境保护，《说普通话 用规范字》论述祖国语言，《少年应识愁滋味！》呼吁了解农村农民，《孩子为啥"怕读"鲁迅巴金？》揭示语文教育的问题，《学数学目的不在定理和公式》讨论学习数学的目的和意义。

其次是选文的篇数和篇幅。报纸广播是大众媒体，新闻报道和言论文章适合快速阅读，也应该快速阅读。本单元的选文篇数较多，有的还篇幅较长。香港回归祖国的报道，共有课文和链接三篇新闻，有条件的话，建议教师让学生观看中英两国政府香港政权交接仪式实况转播的录像片；广播新闻《诺曼底登陆现场报道》和印象性报道《奥斯维辛没有什么新闻》合组一课；新闻调查《西部代课教师调查》及链接材料《西部代课教师感受全中国的温暖》，计有1 600余字，并配有5幅照片；以上报纸言论文章分别涉及社论、评论员文章、个人署名的评论文章、专家署名的言论文章，5篇文章合组一课。为接近报纸阅读的本然状态，《西部代课教师调查》与《报纸言论文章一组》将以报纸形式刊印。当然，受教学时数限制，教师可以对选文有所取舍，在教材设计中我们也建议教师根据学生的具体情况，选教其中的一部分。

"把新闻当作新闻来阅读"，集中体现在课程与教学内容上。我们认为，在语文教学内容僵化和随意性过大并存的现实条件下，课程目标内容化、课程内容教材化、教材内容教学化，应该是语文课本的发展方向。与本套教材的其他单元一样，"新闻报道和言论文章阅读"单元提供了比较详尽的课程与教学内容，并具备完整的让教师可据以实施的教学设计。教材编有"准备与预习""整合与建构""应用与拓展"三个板块，有的还编有"链接"。"整合与建构"用于课堂教学，分三级呈现：第一级是标题，指明本课的核心课程内容，比如《西部代课教师调查》，核心的课程内容是"关怀社会民生""获悉事实真相""采取道义行动"。第二级和第三级，是课程内容的具体展开，或者说，是对教学内容的具体建议，通过对教学主要环节的设计和教学活动的情境化呈现，给教师提供基于专业理据的、具体而可操作的帮助。

（二）单元样章[1]

单元导语

本单元学习新闻报道和言论文章的阅读。新闻和报纸的言论文章，有其特有的规范，了解这些规范并据此阅读和理解，是本单元最主要的学习任务。

本单元选文篇数较多，有的篇幅较长，需要快速阅读。所选的新闻作品，有的已成为"旧闻"，有的积淀为经典名篇；把"旧闻"当新闻，鉴赏佳作名篇，这与我们日常的报纸阅读有差异，但也会给我们带来平日难以体验到的乐趣和启迪。

---

[1] 王荣生、倪文尖主编：《国家课程标准高中实验课本（试编本）·语文·必修·第一册》，上海教育出版社2007年版，第67—123页。本单元由王荣生执笔编写。

第一课

新闻二篇

准备与预习

1. 查阅历史教科书，了解清政府签订的不平等条约。

2. 浏览一份近日的报纸，了解报纸的排版形式及各版面的内容。

3. 说说新闻"倒金字塔"结构的含义。

课文

《中国政府恢复对香港行使主权》（课文略。戴威国，选自《新华社优秀新闻选（1997年）》，新华出版社1999年版）

《别了，"不列颠尼亚"》（课文略。周婷、杨兴，选自《通讯名作100篇》，新华出版社2000年版）

整合与建构

一、新闻重读：再现历史时刻

1. 新闻报道最新消息，也真实地记载着历史。通过下列活动，重温香港回归这一时刻。

（1）听老师摘要讲述中国近代的屈辱历史。

（2）参阅链接材料，回顾中英两国政府香港政权交接仪式。有条件的话，观看中英两国政府香港政权交接仪式实况转播的录像片。

（3）模仿播音员的语调，朗读两篇新闻。

2. 两篇课文对香港回归进行了不同角度的报道。分析课文，完成下列任务。

（1）逐段概括《中国政府恢复对香港行使主权》报道的事实，试着标出各段在下图中的位置。

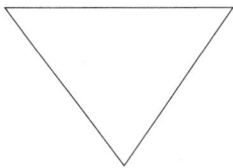

（2）逐一画出《别了，"不列颠尼亚"》报道的事实，并依次标上序号。

（3）想一想，记者是如何采访到上述事实的。

3.结合香港回归的重大历史意义，与周围同学讨论下列问题。

（1）两篇新闻在哪些地方体现出了这一事件的划时代意义？

（2）这些历史意义是如何体现的？是直接论述，还是隐含在事实报道中？

二、新闻结构：阅读图式的自觉

1.请画出《别了，"不列颠尼亚"》中交代背景的语句，并说说它们对所报道事件的作用。

2.假设你是报社的编辑，由于所用版面逐渐缩减，不得不一再对《中国政府恢复对香港行使主权》加以删略。你将怎样做？

（1）是从前面开始删，还是从后面开始？为什么？

（2）是按次序逐段删除，还是在各段中分别删略一些语句？为什么？

（3）如果只能保留一段的话，应该是哪一段？为什么？

3.如果要对《别了，"不列颠尼亚"》加以删略的话，你的做法会不会跟刚才不太一样？参考下图，比较两篇新闻结构的异同。

《中国政府恢复对香港行使主权》　　《别了，"不列颠尼亚"》

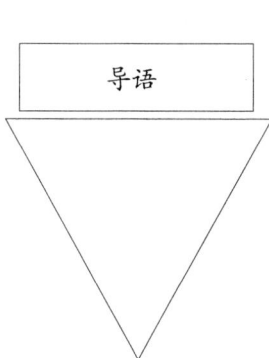

（倒金字塔型）

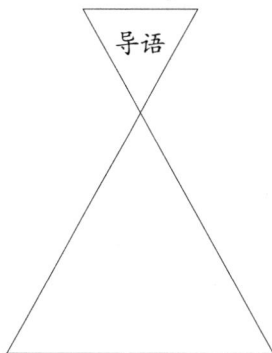

（漏斗型）

4. 以新闻《中国政府恢复对香港行使主权》为例，与言论文章作比较，完成下表。

比较项目	新闻	言论文章
标题		
开头	概括最重要的事实	
材料的组织		按事理的逻辑
结构的典型特征	组装性	

5. 下面是研究者得出的三个结论，请用你自己的阅读经验予以验证，并试着概括新闻的阅读方式。

◇很多新闻报道都只是其中的一部分被阅读过。

◇阅读标题和导语所产生的回忆性效用和阅读整篇报道所得到的回忆性效用一样。

◇人们一般只能记住新闻报道的主要事实，只有在特定情况下读者才注意重要细节。

应用与拓展

1. 再次阅读你课前浏览过的那份报纸。

（1）统计采用倒金字塔结构的新闻总数。

（2）挑选其中的两篇新闻，用红色笔画出报道的事实，用蓝色笔画出背景信息，用黄色笔画出直接引语，用绿色笔画出转述的信息。

2. 看当晚的《新闻联播》节目。

3. 有条件的话，上网浏览香港回归20周年的新闻报道。

链接

《庆祝回归10周年　香港举行历来最大型烟花汇演》（内容略。选自《人民日报·海外版》2007年7月2日）

第二课

新闻二篇

准备与预习

1. 了解"诺曼底登陆""奥斯维辛""南京大屠杀"。

2. 浏览一份报纸，评出一篇你认为写得最好的新闻。

课文

《诺曼底登陆现场报道》（课文略。乔治·赫克斯，选自《中外记者笔下的第二次世界大战》，东方出版社1987年版）

《奥斯维辛没有什么新闻》（课文略。罗森塔尔，选自《西方新闻作品选读》，中国广播电视出版社1984年版）

整合与建构

一、重返现场

1. 《诺曼底登陆现场报道》学习活动。

（1）想象在硝烟弥漫中，你就是站在军舰塔楼上的乔治·赫克斯。请按原文模拟现场报道。

（2）想象你是备受战争侵害的法国市民，正急切地盼望获悉战事的进展情况。请听老师或同学模拟的现场报道。

（3）谈谈你说或听时的感受。

2. 《奥斯维辛没有什么新闻》学习活动。

（1）想象你是与参观者同行的罗森塔尔。依据课文，说说你看到了什么，感到了什么，想到了什么。你为什么要把看到、感到和想到的报道给世人？

（2）想象你是集中营幸存者的后裔，描述你看到这篇报道后的感受。

3. 在上述活动基础上，讨论：两篇新闻虽时隔久远，但至今重读，仍震撼人心，这是因为所报道的事实呢，还是两位记者对事实的出色报道呢？

二、赏析经典

选择下面1—2个角度，与新闻写作的一般规则相对照，赏析新闻经典名篇。

1. 关于作者：新闻报道是新闻事实的非个人化表达，新闻的作者署名只是显示其作为新闻机构一员的识别特征，而不是用于表明其个人经历。

（1）感受《诺曼底登陆现场报道》中"我"的形象，并描述给别人听。

（2）《奥斯维辛没有什么新闻》被称为"印象性报道"。试从"非个人化"角度，与你学过的游记作比较。

2. 关于客观：新闻恪守客观原则，报道事实，而避免在报道中做判断和推论。

（1）用自己的话解释"报道"的含义，并以《诺曼底登陆现场报道》为例加以说明。

（2）画出《奥斯维辛没有什么新闻》中表示判断和推论的语句，结合实例分析"印象性报道"的特点。

3. 关于语言：新闻重视语言的易读性，国外有人甚至提出，新闻要"不带一个让14岁智力的人感到迷惑的句子"。新闻语言，如有可能，每句话应该只传达一个意思。

（1）再次朗读《诺曼底登陆现场报道》。参阅链接材料，谈谈你对广播（电视）现场报道语言的认识。

（2）《奥斯维辛没有什么新闻》采用了一些文学手法，写得耐人寻味。朗读课文，至少说出三处有文学意味的语句。

4. 另选一个你感兴趣的角度，赏析两篇新闻或其中一篇。

应用与拓展

1. 拿出课前浏览过的那份报纸，与同学交流各自评选出的好新闻。

2. 阅读下列材料，举例说明"报道用语"与"评论用语"的不同。

波士顿报人路易斯·莱昂斯从未忘记夜班主编教他的一课："当我还是一个不懂规矩的年轻记者时，我要写一篇关于波士顿陈旧高架铁路系统的季度报道，有史以来，它一直保持着赤字的记录。"莱昂斯回忆道："这次它们处于赢利状态。我只知道那是多么的反常。我写道，'波士顿高架铁路系统1月份创造了一个引人注目的记录——它赢利了……'""老夜班主编把我的文章拿回到我的打字机前。他知道我是个新手。他和蔼地（这根本就不是他的个性）说出问题的所在。他指出，'引人注目'这个词'不是一个报道用语，那是一个评论用语'。然后他建议我写一篇让读者看了会说'这太引人注目了'的报道。"

3. 收听体育频道的现场报道。

链接

广播新闻的一些准则

为了有效地给电台撰稿，你必须忘记散文作家有关句子结构的规则；忽略诸如从句和平衡句之类的形式；你甚至还要忘记你所学过的第一条语法规则——句子必须有主语和动词。

广播中最有效的一些句子根本就不是完整句。它们只是描述性短语，它们省略了许多单词，在广播过程中能被播音员非常流利地念出。

一般说，短句子最适合广播。但真正的衡量标准是：它们能否被读出来，播音员能否不换气就念完它们。

（选自《合众社报刊广播新闻文风手册》，转引自梅尔文·门彻著，展江主译《新闻报道与写作》，华夏出版社2004年版）

第三课

西部代课教师调查

傅剑锋

准备与预习

1. 回忆近期读过的你认为与自己关系最密切的新闻。想一想：读过这些新闻之后，你的思想和行为有没有发生变化？

2. 阅读课文，并写下你的读后感。

课文

《西部代课教师调查》（课文略。选自《南方周末》2005年11月3日）

整合与建构

一、关注社会民生

1. 这是两篇新闻调查。速读课文，然后挑出你认为值得重读的部分再次阅读。

2. 对着新闻所配发的照片，讲述其中的一幅。

3. 交流读后感。

你最受感动的细节：

你最有感触的地方：

你的感想：

你想对没读过这篇新闻的人说：

二、获悉事实真相

1. 新闻调查可以在一定程度上突破"无观点"的客观性报道规则。分析课义，回答下列问题。

（1）阅读"编者按"，想一想：新闻调查体现的是报社的观点，还是记者的个人观点？

（2）在新闻调查中，观点是通过直接议论表达的，还是隐含在具体的事实报道中？那些体现观点的具体事实能够被证实吗？

（3）在新闻调查中，观点是由记者提出的，还是通过引述资料或别人的话来体现的？所引述的资料，如有必要，可否查证呢？

2. 新闻调查是揭示"事实真相"的深度报道。分析课文，回答下列问题。

（1）深度报道对记者有很高的要求。他必须采访大量的人，分析公共记录或其他文件中发现的信息，收集那些来自代表性领域团体的公民们的信息和观点；他不仅要研究公共问题或事件，还要研究大量可能的解决办法或提议。课文中有哪些迹象表明记者做了上述工作？

（2）"事实真相"包括深入调查所挖掘的事实，也包括对事情之所以如此的分析和解释。课文的哪些部分是对事情的分析和解释？你觉得这些分析和解释可靠吗？

3. 记者与公众似乎有一份心照不宣的协议："记者将尽他的最大努力，为公众提供对事件尽可能完整而准确的报道；公众则认定记者的报道是诚实的、准确的。"阅读链接材料《职业新闻记者协会（SPJ）职业伦理规约（节选）》，谈谈你对新闻报道可信性的认识。

三、采取道义行动

1. 新闻调查，报道事实的真相，目的是唤起公众的关注，呼吁社会对问题加以公正而妥善的解决。快速阅读链接材料《西部代课教师感受全中国的温暖》，感受新闻报道在社会生活中发挥的重要作用。

2. 作为一个公民，在被甘肃代课教师艰辛执着的精神感动的同时，你也能为改善他们的处境做出自己的贡献。在课后你可以：

（1）上网或翻阅报纸，关注事情的发展动态。

（2）向没有读过这篇新闻的人，讲述其报道的内容。

（3）如果有条件的话，以自己的实际行动帮助西部代课教师及那里的学生。

应用与拓展

组织若干小组，分别做以下调查。

◇下岗工人生活状况的调查。

◇农民家庭医疗费负担的调查。

◇贫困大学生支付高额学费的调查。

◇中小学教师亚健康状况的调查。

◇中小学生睡眠时间的调查。

链接

一、《西部代课教师感受全中国的温暖》（内容略。傅剑锋，选自《南方周末》2005年12月1日）

二、《职业新闻记者协会（SPJ）职业伦理规约（节选）》（内容略。节选自梅尔文·门彻著，展江主译《新闻报道与写作》，华夏出版社2003年版）

第四课

报纸言论文章一组

准备与预习

1. 浏览一份近期的报纸，找出表达作者观点的文章。注意：这些文章在报纸的什么地方出现？报纸是否点明了谁写的这些文章？如果是，如何点明的？报纸是否采用版面名称、栏标或其他图示形式来显示那些表达作者观点的文章？

2. 浏览课文，试着按署名方式把文章分为三组。

课文（以报纸形式刊印）

《开创新世纪环境保护工作的新局面》（课文略。人民日报社论，选自《人民日报》2005年1月10日）

《说普通话　用规范字》（课文略。人民网评论员，选自《人民日报》2006年4月1日）

《少年应识愁滋味！》（课文略。范敬宜，选自《人民日报》2005年12月12日）

《孩子为啥"怕读"鲁迅巴金？》（课文略。顾勇华，选自《人民日报·华东新闻》2005年11月3日）

《学数学目的不在定理和公式》（课文略。中国科学院院士李大潜，选自《高端视角——两院院士纵论社会热点》，光明日报出版社2004年版。原载《光明日报》2003年5月30日）

整合与建构

一、认识言论文章的基本特点

1. 反思阅读经验。

（1）阅读报纸时，你是如何分辨新闻报道与言论文章的？你认为言论文章跟新闻报道最主要的区别是什么？

（2）报纸的言论文章与其他文章（譬如地理教科书、学术文章等）的阅读方式会有些不同吗？如果有，可能表现在哪些方面呢？

2. 初步了解体式。

（1）在预习时你是否把文章分成了以下三组？如果是，请说说理由。

> 《开创新世纪环境保护工作的新局面》
> 《说普通话　用规范字》

> 《少年应识愁滋味！》
> 《孩子为啥"怕读"鲁迅巴金？》
> 《学数学目的不在定理和公式》

（2）上述三组，分别是社论和评论员文章、个人署名的评论文章、专家署名的言论文章。结合课文，试着说一说它们在阅读方式上各自的特点，并视情况选学下面的内容。

二、区别不同体式的阅读要点

1. 以《开创新世纪环境保护工作的新局面》和《说普通话　用规范字》为例，阅读社论和评论员文章。

（1）按文章结构快速阅读，并参考如下提示，把下列有引号的词语标注在两篇文章的相应部位。

◇社论和评论员文章对重要的新闻事实发表评论，因此文章往往以描述"新闻事实"开篇。

◇接下来通常是对"现状"的分析，在肯定成绩之后往往用"但是"转折，强调存在的"问题"。

◇社论和评论员文章代表报社的观点，在《人民日报》等党政机关报上发表的，还代表着党和政府的意志。文章的重点，是具有政策规定性或导向性的"措施"。

◇结尾部分论述重要性和意义，重申所代表机构的明朗"态度"。

（2）细读关键部分。在两篇文章的"措施"部分，逐一圈出（最好用彩色笔）"必须""应该""不能""要"等词语。

（3）关注对你个人有最直接意义的语句。如果上述词语之前的主语与你相关，或是你所关心的，就画出（最好用彩色笔）这些句子。

2. 以《少年应识愁滋味！》和《孩子为啥"怕读"鲁迅巴金？》为例，阅读个人署名的评论文章。

（1）按文章结构快速阅读。把下列词语依序标注在两篇文章的相应部位。

　　新闻事实　感想（联想）　观点　论证　结论　期望

（2）抓住观点句。在两篇文章的正文中，画出（最好用彩色笔）直接表达作者观点的句子。

（3）独立思考，合理接受。个人署名的评论文章，发表作者的个人观点；受报纸篇幅等制约，文章对观点的论证往往是最低限度的（即自圆其说）。是否认可作者的观点，除了考察论证的质量，很大程度上取决于你对该问题的认识。你认可这两篇文章的观点吗？请说说理由。

3. 以《学数学目的不在定理和公式》为例，阅读专家署名的言论文章。

（1）考察专家身份。专家署名的言论文章，是专家对专业领域的学术问题发表的个人意见，因此必须确认作者在该专业领域的专家身份。从哪里能看出李大潜是谈论"学数学目的"这一问题的专家？

（2）明确作者观点。专家署名的言论文章，主要是向公众宣讲专家的"一家之言"。用你自己的话，说说李大潜的观点。

（3）征询同行意见。专家署名的言论文章，论证往往也只能是最低限度的；由于对所论述的学术问题了解不够，读者一般较难评估作者的观点。是否接受作者的观点，除了考察论证的质量，很大程度上取决于你对其他同行专家所持看法的了解。你接受李大潜的观点吗？你认为该专业领域哪些人可能是同行专家？如何获悉他们的意见？

应用与拓展

1. 拿出你课前浏览过的那份报纸，按本课所学的阅读要点，快速阅读其中的言论文章。

2. 如果有条件的话，上网阅读《人民日报》的重要言论专栏中你感兴趣的文章。

3. 如果有条件的话，阅读《光明日报》《中国教育报》《中华读书报》等报纸上你感兴趣的专家署名的言论文章。

4. 平时看报的时候，请留意评论文章。你也可以试着写一篇个人署名的评论文章，向当地的报纸投稿。

四　科学普及文章阅读的样章①

单元导语

本单元学习科学普及文章的阅读。科学普及文章一般由自然科学领域的学科专家撰写，语言平实简练，目的是向公众传播知识。中小学理科教科书及相应的学习材料，也属于科普文章。

阅读科学普及文章，有特殊的要求，也有特殊的困难。本单元的核心教学任务，是培养合适的阅读态度，学习适应于文体特性的阅读策略和方法。学好这些内容，对我们学习、生活和工作，都有重要的意义。

第一课

活性氧与疾病

准备与预习

1. 将下列体裁分别归入"记叙性文章"与"说明性文章"两类，并说说这两类文章的主要差异点。

故事　说明书　寓言　学术论文　传记　科学考察报告

2. 先默读一遍课文，然后检测自己的阅读状况。想一想：你的阅读状况与下面哪种描述相似？

◇轻松自如地从头读到尾。

◇读一句或一段之后，有时会停下来想一想，也许会回头去看

---

① 王荣生、倪文尖主编：《国家课程标准高中实验课本（试编本）·语文·必修·第三册》，上海教育出版社2007年版，第121—157页。本单元由王荣生执笔编写。

前面读过的部分。

◇对于难以理解的课文内容，不愿意仔细去读。

3.圈出课文中10个以上专业术语。

课文

《引起常见疾病的原因，都和活性氧这种物质有很大的关系》（课文略。日本京都府立医科大学教授吉川敏一，节选自日本主妇之友社编，郁炜昊译《血液革命》，辽宁教育出版社2005年版）

《活性氧会从物质中夺取电子，造成不稳定，是一种容易攻击周围物质的非常危险的元素》（课文略。日本名古屋大学教授大泽俊彦，节选自日本主妇之友社编，郁炜昊译《血液革命》，辽宁教育出版社2005年版）

整合与建构

一、依赖原有的知识理解新的知识

1．科普文章，要求读者具有相应的预备知识。浏览第一篇课文，完成下表。

作者假定你知道的概念①	你的情况	作者假定你知道的概念	你的情况	作者假定你知道的概念	你的情况
疾病		细菌		农药	
动脉硬化		病毒		食品添加剂	
糖尿病		刺激		漂白剂	
癌症		白血球		胶原性疾病	
氧气		防御机能		风湿病	
能量代谢		组织细胞		炎症	
化学反应		紫外线		抗酸化物质	

———————

① 概念：反映对象的特有属性的思维形式。

续表

作者假定你知道的概念	你的情况	作者假定你知道的概念	你的情况	作者假定你知道的概念	你的情况
"你的情况"请填入相应的序号：① 不知道是什么　② 只知道概念的名称　③ 能举出相应的实例　④ 能说出概念的关键特征①　⑤ 能用定义说明概念					

2. 说明性文章往往有大量的图表。阅读两篇课文中的图表，分别解释其含义。

（1）依据上表中"你的情况"，判断自己对表格中所列概念的了解程度。如属于前两种情况，请及时向老师或同学请教。

（2）使用图表中的术语，同桌的同学相互讲述第一篇课文中图表的含义。

（3）拿出一张白纸，自己动手画一画课文中的图表，边画边轻声讲述。

3. 阅读科普文章，目的是学习新知识。研读课文，完成下列任务。

（1）列出课文重点讲述的4个概念。

第一篇课文：_____，_____；

第二篇课文：_____，_____。

（2）在课文中分别画出解说这4个概念的语句。

（3）用自己的话解释上述4个概念。

二、用自己的话重新组织原文信息

1. 阅读第一篇课文，填写下表。

	作者想要解答的问题	请你用关键词语来解答
1	什么是"活性氧"？	
2	什么是"SOD"？	

---

① 概念的关键特征：指事物的特有属性。

续表

	作者想要解答的问题	请你用关键词语来解答
3	活性氧的存在有哪两大理由？	
4	活性氧增多的原因是什么？	环境污染　不良习惯　疾病　年龄
5	活性氧增多是怎样引起疾病的？	
6	如何抑制活性氧的酸化？	

2. 阅读第二篇课文，填写下表。

	作者想要解答的问题	文章的内容
1		解释"自由基"
2		解释"酸化"
3		解释"活性氧"的种类

3. 参考课文和链接材料，完成下列任务之一。

（1）按下列要求改写原文。

◇以"活性氧与疾病"为题。

◇按问题的次序安排结构。

◇尽可能用初中生能看懂的语言。

◇字数大概为原文的三分之一。

（2）按下列要求做一场报告。

◇以"活性氧与疾病"为题。

◇考虑听众的预备知识和关心的问题，并以此安排内容与结构。

◇制作成电子文档，包括报告的内容提要、必要的图表等。

◇使用多媒体，向初三学生做一场15分钟的专题报告。

（3）按下列提示进行表演。

◇两人一组，一个扮演医生，一个扮演患者。

◇医生向患者解释"活性氧与疾病"，并提出增强身体防御机能的建议。

◇患者可以设想为各种年龄和文化程度、假装并没有读过课文的人。患者不断提出想要了解的问题，并对医生的解释做出各种反应。

◇两人一组商量角色的扮演和表演的主要环节，写出表演提纲。

◇在班级或小组进行表演，可适当插入一些幽默情节。

应用与拓展

1. 联系阅读经验，反思阅读方法和习惯，思考下列问题。

（1）辨析"说明性文章"与"记叙性文章"，说出它们5个以上不同点。

（2）反思"说明性文章"的阅读方法与"记叙性文章"的阅读方法，说出它们5个以上不同点。

（3）"说明性文章的阅读，是获取知识而不是追求乐趣。"你怎么理解这句话？

2. "说明性文章"往往频繁使用"是"字，运用很多表示关系的连接词①。请分析两篇课文的语体特征，完成下列任务。

（1）依次画出"是"字，并说说"是"字句的语法意义②。

（2）逐一圈出连接词，然后与同桌合作，整理出一份"连接词词汇表"。

3. 阅读科普文章，应该抱有进一步探究的好奇心。维生素C能帮助消除活性氧。结合链接材料，查阅资料，看哪些食物含有丰富的维生素C，怎样摄取才能保证维生素C被人体有效吸收？

---

① 连接词：这里指语句和段落的关联词语。

② 语法意义：语言结构中语法成分和结构关系所具有、所表示的意义。比如"人民的军队"中的语法成分"的"所具有的表示领属关系的意义，就是"的"的语法意义。

链接

《维生素C能消除活性氧，是一种具有代表性的食物成分》（内容略。镰田仁，选自日本主妇之友社编，郁炜昊译《血液革命》，辽宁教育出版社2005年版）

第二课

热力学第二定律

张同恂　等

准备与预习

1. 本文选自中学物理教科书。在学习之前，你应该会解释下列概念：

　　热力学第一定律　能量守恒定律　功　动能　内能

2. 如不能解释上述概念，请查阅教科书、《辞海》等资料，或向高年级同学请教。

3. 你平时自学理科的教科书吗？记下你自学时遇到的困难，上课时向老师提出。

课文

《热力学第二定律》（课文略。选自人民教育出版社物理室编著《全日制普通高级中学教科书（必修加选修）·物理·第二册》，人民教育出版社2003年版）

整合与建构

一、主动学习，透彻理解课文内容

1. 主动学习，应该学会提问。请阅读课文，完成下列任务。

（1）把各节的小标题分别转化为"什么是"的问句。（如"什么是热传导的方向性？"）

（2）联系前后小标题，思考它们之间"是什么关系"。（如"'第二类永动机'与'热传导的方向性'，是什么关系？"）

2. 示意图是理科阅读材料的重要构成部分。学习图文对转[①]知识，完成下列任务。

（1）把"热传导的方向性"这一节内容，转化为一个示意图。

（2）对照课文中的图1，用自己的话讲述该示意图的内容及含义。

3．理科阅读材料中往往有公式及计算，文字说明与公式可以等值转化。学习文字与公式对转[②]知识，完成下列问题。

（1）对照"第二类永动机"一节中的相应文字，说明 $\eta = \dfrac{W}{Q_1}$ 公式的含义。

（2）试从能量守恒定律 $Q_1 = W + Q_2$，推导出 $Q_1 > W$，并说明 $Q_1 > W$ 的含义。

（3）如果 $W = Q_1$，那么 $\eta = ?$ 请用公式表示"第二类永动机"。

（4）如果 $W = Q_1$，那么 $Q_2 = ?$ 请用公式说明"第二类永动机"的设想并不违背能量守恒定律。

4. 定理[③]、定律[④]是理科教科书学习的核心内容。阅读"热力学第二定律"和"能量耗散"这两节，完成下列任务。

（1）请列举3个生活中的例子，印证"热力学第二定律"。

（2）请尝试从"热力学第二定律"的一种表达，推导出另一种表达。

5. "练习"也是理科教科书的学习材料，一是检验学习的成果，二是提高知识实际应用的能力。请独立完成课文中的练习。

二、提高效率，灵活运用多种策略

1. 理科教科书的一个段落，一般只包含一个内容。应用"删除法"，重新阅读课文。

（1）边读边删除（划去）无关紧要的语句。

（2）再删除一些语句，使每个小标题下只保留一句话。

---

① 图文对转：用图表解释文字，用文字解释图表。

② 文字与公式对转：用文字解释公式，用公式解释文字。

③ 定理：从公理出发，演绎推导出来的真实命题。

④ 定律：客观规律的一种表达形式，通过大量具体事实归纳而成。

（3）把每个小标题下保留的语句连起来念一遍。

2. 理科教科书的学习，往往要参阅相关材料，有时也需要外力的帮助。请完成下列任务中的一项。

（1）下面内容摘自《辞海》的"热力学第二定律"条目，试与课文进行对照阅读。

热力学的基本定律之一。说明热能与机械能的区别，以及在有限的空间和时间内一切和热现象有关的物理、化学过程都具有一定的方向性。它有不同的表述方式：① 热不可能自发地、不以消耗功为代价地从低温物体传到高温物体；② 任何热力循环发动机不可能将所接受的热量全部转变为机械功（即不可能制造第二类永动机）；③ 在孤立系统内实际发生的过程中，总是使整个系统的熵的数值增大（此定律这一表述方式亦称孤立系统熵增原理）。

（2）链接材料是从能量耗散的角度来论述"热力学第二定律"的，可将其作为课后补充材料来学习。

（3）如对课文的内容还有疑惑，可向同学请教。或者用疑问句记下你的疑惑，待上物理课时向老师请教。

3. 及时复习，在知识学习中非常重要。请用自己的话，回答课文在"本章小结"中所列的问题。

应用与拓展

1. 结合自己的学习经验，试着总结科普文章的阅读策略。（至少列举5条）

2. 应用本课所学的阅读方法，自学链接材料。

链接

《热力学第二定律是什么？》（内容略。选自青岛外国教材研究所编《社会中的科学和技术》，青岛出版社1999年版）

第三课

情境依赖性

［美］斯科特·普劳斯

准备与预习

1. 不看课文，与家人一起做如下游戏：在三个大碗里分别倒进热水、温水、冰水。一只手浸入热水，另一只手浸入冰水，保持30秒，然后迅速将浸入热水的手浸入温水中，5秒钟后将浸入冰水的手也浸入温水中。

2. 不看课文，完成下列题目。

（1）约翰嫉妒心强、顽固、挑剔、冲动，却勤勉、聪明。从总体上来讲，你认为约翰在多大程度上是一个情绪化的人？（选择一个数字等级）

一点也不情绪化　　1　2　3　4　5　6　7　极端情绪化

（2）吉姆是一个聪明、灵巧、勤勉、热心、坚定、实际而且谨慎的人。你认为他最可能具有以下哪些特征？（在每组中选择一个特征）

大方——小气　　　不快乐——快乐　　易怒——脾气好
幽默——乏味

课文

《情境依赖性》（课文略。选自美国斯科特·普劳斯著，施俊琦、王星译《决策与判断》，人民邮电出版社2004年版）

整合与建构

一、以科学的态度对待科学

1. 界定论题的边界，也就是明确在什么范围内讨论什么问题。快速阅读课文的首尾两段，完成下列填空。

（1）课文开头段有一个界定论题边界的词语，它是＿＿＿＿＿＿＿＿＿＿＿＿
＿＿＿＿＿＿＿＿＿＿＿＿。

（2）在最后一段，作者得出论题范围内的结论，它是_____
_____。

2. 区分经验与实验。阅读"对比效应"一节，回答下列问题。

（1）在预习时你与家人一起做的游戏，心理学家为什么把它称作"实验"？

（2）科伦和米勒在对播音员进行观察之后，为什么要设计图1的实验？

（3）按你的理解，说说经验与实验的区别。

3. 区分假设与结论。阅读"初始效应"一节，与周围同学交流。

（1）请你从有意改变特征描述的次序这一角度，推测阿施在实验之前的假设。

（2）你对"准备与预习"中第2题的回答，是否与该实验的结论相符？同学中有没有出现相反的情况？如有，占多大比例？

4. 区分举例与原理。阅读"近因效应"一节，认识科学结论的普遍性。

（1）把米勒和坎贝尔实验的结果，分别标在图2的相应位置。

（2）假如你是辩论赛的组织者，为尽可能避免情境效应的影响，你将如何安排辩论的程序？

（3）假如你是顾客，如何防止推销员给你施加的初始效应？

5. 区分主张与事实。阅读"晕轮效应"一节，围绕下列问题展开讨论。

（1）如果你相貌有吸引力，获知"美丽晕轮效应"后，你是否有一种喜悦感？你认为作者是在鼓励你吗？

（2）如果你长相一般或者欠佳，你是否觉得宣扬"美丽晕轮效应"很可恶？你认为作者贬低你了吗？

（3）"情境效应"这种知识，是否对所有的人都同样有益？

（4）陈述客观的事实与发表作者的主张，有什么区别？

二、以治学的规范要求治学

1．实验是科学研究确立结论的主要证据。阅读科普文章不但要了解结论，有时还要重复关键的实验。预习时所做的两个实验，对你理解这篇文章有什么作用？请具体说说。

2．本文在翻译时，对人名和"印象形成"等术语，用括号保留原文（英文），你觉得有必要吗？

3．科普文章往往需要引用大量的资料，引用资料必须注明出处。请完成下列任务中的两项。

（1）与同学合作，根据课文中的引用资料（包括图表），制作一份人名索引①。

（2）扩展上述索引，增加实验的项目及年份、论著的名称及发表的时间。

（3）文章的最后一句，随文夹注②出处。请在"晕轮效应"一节找到两处类似的情况。

4. 你如何定义"好的科普文章"？以本文为例，归纳其5条以上的特点。

应用与拓展

1. 联系你的阅读经验，说说"科普文章"与"科普小品"③的差别。（至少说出5点差别）

2. 本文只在"结论"段里出现过一次"我"字，而且不是做主语（"在我主持的一次研讨会上"）。这种通篇不出现"我"字的文章，你以前写过吗？从你最近阅读过的材料中（教科书和新闻除外），找出3篇通篇不出现"我"字的文章。

---

① 索引：将图书、报刊资料中的各种事物名称（如字、词、人名、书名、篇名、内容主题名等）分别摘录，或加注释，记明出处页数，按字顺或分类排列，供人们查阅。据英文"index"音译，也称"引得"。

② 夹注：插在文句中间的注解。

③ 科普小品：以自然科学作为题材的文学性散文。

第四课

黑洞旅行

［英］史蒂芬·霍金

准备与预习

本文是英国理论物理学家史蒂芬·霍金在加利福尼亚大学的一次科普演讲。阅读这篇演讲前，你应该做好以下准备工作。

1. 参阅链接材料，了解理论物理学、宇宙学（宇宙论）、广义相对论、量子力学等概念。

2. 大致了解科学史上以下几位重要人物。

哥白尼　伽利略　牛顿　爱因斯坦

3. 了解霍金的经历、主要研究领域及成果、主要著作。

4. 浏览链接中的专业词汇表。

课文

《黑洞旅行》（课文略。选自英国史蒂芬·霍金著，杜欣欣、吴忠超译《神奇的发现》，科学普及出版社1999年版）

整合与建构

一、按演讲进程理解课文内容

1. 班级交流听演讲前的准备工作。

（1）由4个同学分别介绍理论物理学、宇宙学（宇宙论）、广义相对论、量子力学的概念，其他同学补充。

（2）观看霍金在中国演讲时的几幅照片，听老师介绍霍金。

2. 按听演讲的方式阅读课文。

① 阅读一遍，一直往下读，不允许反复琢磨语句，速度可以慢一点。

② 注意课文的结构，建议把演讲的内容分为两个方面：A关于黑洞；B关于黑洞旅行。请在相应的段落标上A或B。

③ 注意霍金的声明，区分哪些已经得到其他科学家的赞同，哪些

是霍金的新近研究。请在两者分界处画一道双线"‖"。

④ 边读边画出你认为重要的语句，并在不理解的地方做标记。

3．整理阅读印象。

（1）根据课文讲述黑洞旅行。

① 科幻作家是怎么描述空间旅行的？这种旅行行得通吗？

② 在一处跳进一个黑洞，在另一处从一个白洞跑出来。对此，爱因斯坦的广义相对论是怎样解释的？霍金又是怎样解释的？

③ 根据霍金的判断，落入黑洞的物体可能到哪里去了？

（2）试着用自己的话解释"黑洞"。

① 黑洞为什么"黑"？

② 怎么知道天体的某处有黑洞？

③ 黑洞是怎么形成的？

4．参考链接中的专业词汇表，再次阅读课文中关于黑洞的部分。

（1）对照插图，讲述恒星与白矮星、中子星、黑洞的关系。

（2）说说在下表中应填入的内容。

研究的进程	对黑洞的解释
米歇尔的推论	
根据广义相对论的原理	
从天体观测的事实推测	

（3）找出你没读明白的地方，向老师或同学请教。

二、了解科学家试图解决的问题及其背景

1．本文讲述了霍金一系列研究中的一个方面，要全面理解它的内容及意义，应该把它放在更大的背景中。请同学们进行下列活动。

（1）了解研究领域。

① 理论物理学主要采用什么研究方法？你从课文的哪些地方看出霍金采用了什么研究方法？

146

② 联系科学史上哥白尼、伽利略、牛顿、爱因斯坦等人的研究，说说宇宙学（宇宙论）有什么意义。

（2）了解研究工作。

① 交流课前准备，说说你所了解的霍金。

② 霍金所从事的研究有什么意义？参考下列材料，谈谈你的认识。

霍金是最早用广义相对论推演宇宙演变的科学家之一，他关于"宇宙起源于大爆炸，并将终结于黑洞"的论断已被科学界广泛接受。时间、空间的历史与未来，就是他的研究对象。

从宇宙大爆炸的奇点到黑洞辐射机制，霍金对量子宇宙论的发展做出了杰出的贡献。他的目标是解决从牛顿以来一直困扰人类的"第一推动力"问题。他的宇宙模型是一个封闭的无边界的有限的四维时空——不需要上帝的第一推动力，宇宙的演化完全取决于物理定律。

霍金的黑洞蒸发理论和量子宇宙论不仅震动了自然科学界，并且对哲学和宗教也有深远影响。

2. 选择下列话题之一，在小组讨论中发言。

（1）科学的问题始终在于尽可能精确地描述现象，并探索不同现象之间的相互联系。结合课文的学习，谈谈你对"科学事业"的认识。

（2）联系科学史上的哥白尼、伽利略、牛顿、爱因斯坦、霍金等人的研究，谈谈你对"科学知识"的认识。

（3）霍金患有严重的肌萎缩侧索硬化症（俗称"渐冻人症"），行动困难，却能在物理学上做出突出贡献，因此倍受尊重。结合课文的学习，谈谈你对"科学精神"的认识。

应用与拓展

阅读霍金下列著作中的一本。

◇［英］史蒂芬·霍金：《时间简史》，许明贤、吴忠超译，湖南科学技术出版社2002年版。

　◇［英］史蒂芬·霍金：《霍金讲演录——黑洞、婴儿宇宙及其他》，杜欣欣、吴忠超译，湖南科学技术出版社2002年版。

　◇［英］史蒂芬·霍金：《果壳中的宇宙》，吴忠超译，湖南科学技术出版社2002年版。

链接

专业词汇表（解释略）

理论物理学

宇宙学（宇宙论）

量子力学

广义相对论

狭义相对论

曲率

白矮星

中子星

脉冲星

虫洞

量子力学的不确定性原理

婴儿宇宙

五　操作性阅读的样章^①

单元导语

本单元学习操作性阅读。操作性阅读的对象，是讲述做事方法和行为方式的文章，其重点在"怎么做"，或直接说明操作方法、行为规则，或通过对做事原理、行为机制的阐述，指导人们合理地进行实践活动。

从阅读主体这方面看，操作性阅读有两种情形：第一种情形是阅读中有操作。我们边阅读边操作，并努力把自己的阅读理解转化为具体操作，比如阅读电器使用说明书。第二种情形是阅读后有行动。我们抱着实践的目的去阅读，并努力把自己的阅读理解落实到实践的行为中，比如阅读"如何欣赏中国文学"这类文章。要言之，操作性阅读不仅是求"知"，而且要去"做"；不仅要知道别人说了什么，而且要把别人的所说与自己的实践联系起来。

第一课

平地踏步

［日］加藤治秀

准备与预习

1. 回想自己学做广播体操的经历，谈谈学一个新动作时的感

---

① 王荣生、倪文尖主编：《国家课程标准高中实验课本（试编本）·语文·必修·第五册》，上海教育出版社2007年版，第101—134页。本单元由王荣生执笔编写。

受。

2．家里买了一件新电器（如电视机、洗衣机、微波炉等）后，你是否阅读过它们的使用说明书？阅读使用说明书，跟阅读其他文章有什么不同的地方吗？

3．在做广播体操时，观察和评价同学们做操的动作。

课文

《平地踏步》（课文略。选自日本主妇之友社编，郁炜昊译《血液革命》，辽宁教育出版社2005年版）

整合与建构

一、认识操作说明类文章

1．操作说明类文章的内容，一般有三个部分：介绍原理或功用，说明动作要领，列举注意事项。浏览课文，把课文内容分为上述三个部分，并指出哪些部分应该精读，哪些部分可以略读。

2．阅读课文中介绍原理或功用的部分，完成下列任务。

（1）列举"平地踏步"的好处。

（2）"平地踏步"为什么能促进全身的血液循环呢？结合课文和你学过的相关知识，用自己的话说一说。

（3）围绕下列问题进行讨论。

① 如果作者是减肥专家，文章的说明重点会放在哪里？课文中的小标题要做哪些调整？

② "促进血液循环"的原理介绍，配上图表也许更容易理解，为什么课文作者在这里没有加图表呢？

3．动作要领说明，包括讲述动作要领的文字和动作的分解示意图。复述课文第3节中说明动作要领的段落，并分别指出相对应的示意图。

4．"平地踏步"有哪些注意事项？在课文中标出各条注意事项的序号。

二、真正读懂操作说明

1. 阅读操作说明类文章，重点在于读懂动作的分解示意图。按下列顺序阅读课文中的示意图。

（1）把课文中的示意图分为三组，并说明三组之间的关系。

（2）阅读单幅示意图，并向同学证明你读懂了这一幅图。

（3）将一组示意图连贯起来阅读，并尝试做连贯的动作。

2. 读懂操作说明类文章的标志，是按操作说明去做。反复对照示意图及解说词，分小组操练"平地踏步"。

3. 围绕下列议题，进行分组讨论。

（1）在刚才的操练中，有些同学做得好些，有些同学则做得差些。请做得好的同学介绍自己的体会，做得差的同学分析问题及其原因。

（2）介绍你对班级同学做广播体操"踢腿运动"一节时的观察情况；有条件的话，重新阅读广播体操的图解。

（3）交流在阅读电器（如电视机、洗衣机、微波炉等）使用说明书时碰到的困难和问题。

4. 阅读操作说明类文章有哪些地方需要特别注意？阅读的难点是什么？试加以总结。

应用与拓展

1. 在家里至少练习三天"平地踏步"，自己在练习中要反复对照示意图。

2. 你们觉得"平地踏步"运动值得坚持吗？如值得，请制定一个小组锻炼的计划。

3. 找一份电器（如电视机、洗衣机、微波炉等）使用说明书，尝试真正读懂它。

4. 参考链接材料，自选一个擅长的领域，准备一份操作说明的演讲提纲，参加班级组织的演讲会。

链接

《关于过程的演讲》（内容略。选自美国S.卢卡斯著，李斯译《演

讲的艺术》，海南出版社2002年版）

第二课

正确提问引发出色思维

［美］理查德·保罗　琳达·埃尔德

准备与预习

1.回顾前几册的学习，解释下列词语的含义。

　事实　　意见　　判断　　观点　　结论

2.在阅读课文之前，先回答下面的问题。

（1）你善于提问吗？在课堂上你是否曾向老师提问？提的是些什么样的问题呢？

（2）你觉得自己的思维水平如何？你希望找到能提高自己思维水平的有效方法吗？

课文

《正确提问引发出色思维》（课文略。选自美国理查德·保罗、琳达·埃尔德著，乔苒、徐笑春译《批判性思维：沟通、写作、应变、解决问题的根本技巧》，新星出版社2006年版）

整合与建构

一、从认识重要性到学习方法

1.浏览课文，把课文内容划分为解释道理和讲述方法两部分，并填写下表。

小标题	解释道理	讲述方法
提问的重要性		如何提有深度的问题
掌握三类问题	为什么必须区分三类问题	

2.阅读解释道理的部分，回答问题。

（1）"一个好的思考者不可能是个差劲的提问者。"你是怎么理解这句话的？你同意作者这一判断吗？

（2）"我们提出的问题决定了思维的方向。"你是怎么理解这句话的？请联系实际谈谈你的认识。

（3）"如果误把第三类问题当成第二类问题，就会产生伪批判性思维。"你是怎么理解这句话的？请举例说明。

（4）第二类问题，可以见仁见智；第三类问题，也往往有多种答案。那么，第二类问题与第三类问题有什么区别呢？

3.阅读讲述方法的部分，完成下列练习。

（1）两人一组，从下面挑选5条加以解释，然后与其他小组交流。

◇针对目标的问题

◇针对信息的问题

◇针对解释的问题

◇针对假设前提的问题

◇针对含义的问题

◇针对观点的问题

◇针对切题的问题

◇针对正确性的问题

◇针对精确性的问题

◇针对一致性的问题

◇针对逻辑性的问题

（2）在课文介绍三类问题的地方，每一类再增添4个例句，并与周围同学交流。

二、从一般性的规则到具体情境的应用

1.复述课文中列举的"有深度的问题"，用自己的话解说"三类问题"。

2.小组活动。

（1）每人尽可能多地列出自己曾想过的问题，以及最近听到别人提出的问题。

（2）将小组成员所列的问题汇总，按如下方法做统计。

饼图[①]：显示三类问题的各自占比情况。

柱状图[②]：比较自己想过的问题与别人提出的问题，显示三类问题的各自数量。

表格：分别显示每个人三类问题所占的百分比。为保护个人隐私，建议用字母代表同学的姓名。

（3）以"我们的提问"为主题，进行全班交流。

3. 以语文学习为例，提出5个新的（即在上述活动中未曾提出的）"判断型问题"，并与周围同学交流。

（1）辨析这些问题是否属于"判断型问题"。

（2）各自解答问题，提交答案。

（3）选出最佳答案，并陈述理由。

4. 围绕"如何交友"，试着提出一系列有深度的问题，并从中选择3个问题提交小组讨论。

应用与拓展

1. 以"语文学习"或"如何交友"为主题，组织一次班级演讲会。

2. 试着把本课学到的提问方法，应用到日常生活和课堂学习中。一周之后，小组交流并统计应用情况。一月之后，再复查一次。

3. 课外阅读。

◇［美］M.尼尔·布朗、斯图尔特·M.基利：《学会提问——批判性思维指南》，赵玉芳、向晋辉等译，中国轻工业出版社2006年版。

◇［美］杰拉尔德·纳德勒、维廉·J.钱登：《提问的艺术》，魏青江译，高等教育出版社2005年版。

---

① 饼图：用圆形及圆内扇形的角度显示各项目占比的简图。

② 柱状图：用垂直或水平柱显示两个或更多项目之间比较的简图。

第三课

中国文学的鉴赏

袁行霈

准备与预习

1. 浏览课文，圈出你不熟悉的人名，朗读课文中引用的诗句，翻译引用的文言文语段。

2. 列出你最近在课外读过的小说和戏剧作品。

3. 想一想：你对自己的文学鉴赏水平满意吗？你有努力提高自己文学鉴赏能力的愿望吗？

课文

《中国文学的鉴赏》（课文略。选自袁行霈主编《中国文学概论》，高等教育出版社1990年版）

整合与建构

一、以实用的方式来阅读"实用性"文章

1. 阅读方式受制于文章的体式。将课文与《谈中国诗》比较，辨析两类文章。

（1）回顾《谈中国诗》一课的学习，解释"理解性阅读"。

（2）边讨论边填写下表。

	《谈中国诗》	《中国文学的鉴赏》
题目的指向		
作者预想的阅读对象		
作者的写作目的		

（3）阅读课文第一、二节，完成填空。

"滋味"一节的主要论题是：如何才能体会文学语言的滋味？作者的结论是：_____。

"意境"一节的主要论题是：如何才能体会文学作品的意境？作者的结论是：_____。

2．阅读方式取决于我们的阅读姿态。联系《谈读诗与趣味的培养》一课的学习，反思自己的阅读姿态。

（1）回顾《谈读诗与趣味的培养》一课的学习，解释"批判性阅读"。

（2）边讨论边填写下表。

	《谈读诗与趣味的培养》	《中国文学的鉴赏》
文章的主要内容		
作者的写作目的		
我们读文章的目的	评估文章的观点	
我们的阅读姿态	批判性阅读	操作性阅读

（3）阅读课文第三、四节，完成填空。

在"寄托"一节，作者建议的方法是：_____

_____。

在"博采"一节，作者建议的方法是：_____

_____。

3．总结学习结果，完成下表。

	文章的类型	阅读的目的	阅读时关注的问题
理解性阅读		准确把握文章的意思	文章说了什么
批判性阅读		理性评估作者的观点	作者说得对吗
操作性阅读			

二、结合自己的经验使方法具体化

1.再读课文，按示例填写下表。

	实践要点	作者建议的方法
滋味	品味字词的言外之意	大量阅读，反复玩味
意境		
寄托		
博采		

2.联系本单元前两篇课文的学习，从"操作规则的具体性"这一角度，说说《中国文学的鉴赏》与前两篇课文的不同点。

3.操作性阅读的目的，是实践作者所建议的方法；而实践应该依据可操作的规则，把方法具体化。请完成下列任务。

（1）课文中的举例实际上就是方法的具体运用，从中我们能推断出一些可操作的规则。研读课文"滋味"一节，从举例中推断"玩味"的若干规则。

（2）对方法的理解和掌握，需要添加进自己的经验。从你读过的诗歌和小说中，分别举三个有"意境"的例子，并描述它们的意境。

4.阅读《中国文学的鉴赏》，你的目的是提高自己的文学鉴赏能力。请结合学习，尝试完成以下活动。

（1）你可以扩展应用的情境。想一想：中国现代诗歌和散文中有没有"滋味"和"意境"？外国的呢？

（2）你可以通过别的途径来学习。议一议：还有哪些讲述欣赏中国文学的论著？除了阅读著作和文章，学习鉴赏中国文学的方法还有哪些途径？

（3）创设自己的方法。小组讨论并设计一个活动方案，目的是增加我们对中国绘画和书法艺术的了解。

应用与拓展

1. 阅读链接材料。

2. 按小组的方案，增加自己对中国绘画和书法艺术的了解。

3. 课外至少阅读以下作品中的一部。

《世说新语》《红楼梦》《水浒传》

4. 到图书馆或书店翻阅中国古代的"诗话"或"词话"。

链接

《如何阅读抒情诗》（内容略。选自美国莫提默·J.艾德勒、查尔斯·范多伦著，郝明义、朱衣译《如何阅读一本书》，商务印书馆2004年版）

第四课

学与思

陈　康

准备与预习

1. 默写"学而不思则罔，思而不学则殆"，并说说你的理解。

2. 阅读链接材料一，了解作者。

3. 阅读课文，概述课文大意。

4. 如果你对"学"与"思"有不同的见解，请写在小纸条上，在课前交给老师。

课文

《学与思》（课文略。选自《陈康：论希腊哲学》，商务印书馆1995年版）

整合与建构

一、确认作者建议的目标和方法

1. 确认作者建议的目标，弄清楚作者要我们做什么。完成下列学习活动。

（1）了解作者。你认为陈康讲述"如何学""如何思"这个主题，值得信赖吗？

（2）认清读者对象。这篇文章最初发表在哪里？文章中所说的"读书的人"，指的是哪种人？

（3）明确作者观点。作者认为，什么是"学"，什么是"思"？

（4）理解作者的解说。读前人的书与了解他们的思想，有什么分别吗？什么是"产生于具体的"问题，什么是"产生于非具体的"问题，两者有什么联系呢？请举例解释。

2. 确认作者建议的方法，弄清楚作者要我们怎么做。根据课文回答下列问题。

（1）为什么读书要"读得精""读得细"？避免"时代错乱""地域错乱""人己错乱"的最有效方法是什么？

（2）"所谓问题的解决即是寻出我们所不理解的条件来。"你怎么理解这句话？试举例解释。

（3）什么是"切合实际的思"？试举例解释。

3. 参考下列提示，概述作者建议的目标及达到目标的方法。

（1）作者建议的目标是：＿＿＿＿＿＿＿＿＿＿＿＿＿＿＿＿＿。

（2）作者建议的方法是：＿＿＿＿＿＿＿＿＿＿＿＿＿＿＿＿＿。

二、反思自己认可的目标和方法

1. 反思自己认可的目标，弄清楚自己究竟想做什么。思考下列问题。

（1）你喜欢读什么样的书？你认为学习的目的是什么？分别以语文和物理为例，描述你现在的"学"与"思"。

（2）你认为课文中所说的"学"与"思"，跟你现在的"学"与"思"，有哪些共同点和不同点？

（3）你是否向往过自己以后（譬如读大学时、工作以后）的学习生活？你希望自己今后能读哪些书？你将来愿意从事什么样的工作？

2. 反思自己认可的方法，弄清楚自己的方法是否有效地达到了目标。围绕下列问题进行讨论。

（1）你现在主要采用什么读书方法？分别以课内学习和课外阅读为例，讲述自己是如何"学"的。

（2）你对自己所采用的读书方法满意吗？它们是否有效地达到了你的目的？它们跟课文作者建议的方法，有哪些共同点和不同点？

（3）"时代错乱""地域错乱""人己错乱"，你在阅读中有没有发生过这种事？如有，请讲述给同学听。

（4）碰到难题时，你是如何解决的？分别举一个学习和生活中的例子，描述自己是如何"思"的。

（5）你愿意尝试作者所推荐的"学与思"方法吗？对于我们现在的"学"与"思"，这些方法有用吗？将来可能会有用吗？

三、切合实际地对待作者的建议

1. 将自己所认可的目标和方法，与作者建议的目标和方法加以对比，决定自己在接下来的学习活动中参加哪一个小组。

2. 根据具体情况，分成如下4组分别进行相应的学习活动。

第一组

基本观点：文章论述的"学"与"思"，跟我们现在的"学"与"思"没有关系。

活动内容：交流能达到我们目的的读书方法和思考方法。

第二组

基本观点：我们现在的"学"与"思"，与课文讲述的可能是学习的不同阶段；在以后的学习生活中，我们也许会经历课文所讲述的那种"学"与"思"。

活动内容：倾诉自己对今后学习生活（譬如读大学时、工作以后）的向往。

第三组

基本观点：尽管课文所讲述的"学"与"思"跟现在有很大

差异，然而在我们的学习生活中也有些类似的情形，作者建议的方法仍有可资借鉴的地方。

活动内容：互相触发，尽量多地讲述类似的情形。

第四组

基本观点：虽然课文所讲述的"学"与"思"跟我们现在不完全相同，但两者在根本上是一致的。

活动内容：尝试把一般性的规则运用到具体情境中，结合自己的经验尽量使方法具体化。

应用与拓展

1. 背诵荀况的《劝学（节选）》。

2. 根据你的体会，谈谈"理解性阅读""批判性阅读""操作性阅读""研究性阅读"之间的关系。

3. 参考课文和链接材料二，以"如何归纳课文的中心思想"为题，给初中生写一封信，尽可能把你建议的方法具体化。

4. 课外阅读。

◇［美］莫提默·J.艾德勒、查尔斯·范多伦：《如何阅读一本书》，郝明义、朱衣译，商务印书馆2004年版。

◇［美］S.卢卡斯：《演讲的艺术》，李斯译，海南出版社2002年版。

链接

一、陈康简介（内容略）

二、《仔细理会》（内容略。选自周振甫《文章例话》，中国青年出版社1983年版）

六　研究性阅读的样章①

单元导语

　　本单元学习社科类文章的研究性阅读，即以社科类文章为对象、以研究问题为目的的阅读。

　　社科类文章，指社会科学领域具有学科专业性的文章，简称"社科文"。如哲学、经济学、社会学、法学、历史学、伦理学、文艺学、语言学、教育学等学科的论文及论著。

　　研究性阅读，指以研究问题为目的的阅读，简称"研读"。它大致包括两个方面：一是综合运用"理解性阅读"和"批判性阅读"，理解和评估别人的研究成果；二是在"接受性阅读"基础上进行"创造性阅读"，或在别人研究的基础上对问题做进一步研究，或应用别人的研究成果研究相关问题，或受别人研究的启发提出新问题并进行研究。

　　本单元前两课侧重社科文阅读，后两课侧重研究性阅读。

---

　　① 王荣生、倪文尖主编：《国家课程标准高中实验课本（试编本）·语文·必修·第三册》，上海教育出版社2007年版，第1—52页。本单元由王荣生执笔编写。

第一课

人们如何作出决策

［美］曼昆

准备与预习

1. 与同学谈论一个有点专业性的话题（比如足球比赛、电脑等），注意谈话中出现的专业术语。

2. 先默读一遍课文，然后检测自己的阅读状况。想一想：你的阅读状况与下面哪种描述相似？

◇轻松自如地从头读到尾。

◇读一句或一段之后，有时会停下来想一想，也许会回头去看前面读过的部分。

◇对于难以理解的课文内容，不愿意仔细去读。

3. 圈出课文中的专业术语；查阅词典，解释"原理"的含义，并复述课文中的四个小标题。

课文

《人们如何作出决策》（课文略。选自美国曼昆著，梁小民译《经济学原理》，生活·读书·新知三联书店、北京大学出版社1999年版）

整合与建构

一、理解"学科"和"学科的观点"

1.热身练习。

（1）5人结伴去某少数民族地区考察，身份分别是：a医学家、b地理学家、c历史学家、d语言学家、e画家。请设想他们各自的考察内容。

（2）假设你是一位经济学研究者，也到该地区考察，你会关注哪些方面？试列举一些你打算考察的内容。

（3）试解释下图。

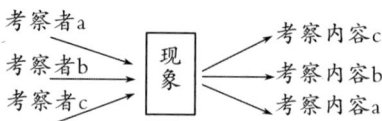

2. 认识"学科"。

（1）参考链接材料一，说说你对"学科"的理解。

（2）试解释下图。

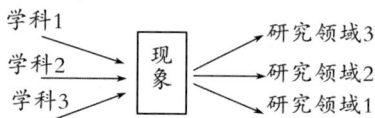

3. 理解"学科的观点"。

（1）想一想：如果从人类学（比如"传统"）或社会学（比如"权力"）的角度来研究"人们如何作出决策"，是否会得出与经济学不同的"原理"？

（2）如果上述答案是肯定的，那么不同的学科所研究的"人们如何作出决策"，是同一个问题吗？

（3）试解释下图。

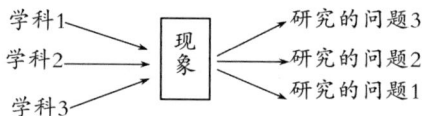

（4）使用"学科的观点"和"研究领域"这两个词语，按以下句式说4句话。

◇当我们说"这是一篇社会学的文章"时，意思是说……

◇当我们说"这是一篇哲学的文章"时，意思是说……

◇当我们说"这是一篇法学的文章"时，意思是说……

◇当我们说"《人们如何作出决策》是一篇经济学的文章"时，意思是说……

4. 浏览课文，按要求完成填空。

（1）课文的前5段，是课文编者从原著的上一节中挪到这里的。这5段所讨论的问题是：_____？（请填入一个疑问句）

（2）课文第6段之后，所讨论的问题是"人们如何作出决策"，参考第6段，把课文标题改成一个肯定句：_____。

二、学习从"学科的观点"阅读社科文

1. 注意社科文所界定的学科范围。阅读课文前6段及4个小标题，完成下列学习任务。

（1）抄写课文第5段，了解"经济学"的概念及其所研究的主要内容。

（2）联系上下文，解释下列加点词语之间的关系。

　　◇经济学研究社会如何管理自己的稀缺资源。

　　◇经济学家研究人们如何作出决策。

　　◇经济只不过是在生活中相互交易的一群人而已。

　　◇经济学研究就从个人作出决策的四个原理开始。

　　◇理性人考虑边际量。

（3）判断下列问题是否在经济学的研究范围。

　　◇家庭成员谁做饭，谁洗衣服？

　　◇某个学生下午是学习心理学，还是学习经济学？

　　◇你的父母如何使用这个月的家庭收入？

　　◇我应该先上大学，还是先找工作？

　　◇航空公司在飞机起飞前应不应该卖折价票给刚赶到的顾客？

2. 理解社科文中所使用的专业术语。阅读课文中的"原理"部分，完成下列学习任务。

（1）为了通俗地解释经济学的基本原理，课文列举了一些生活中的例子。其中有些例子本不属于经济学的研究范围，请给这些例子加上删除符号。

（2）精读课文，画出下列概念的定义。

  效率　平等　机会成本　边际变动

（3）使用课文中的例子，试着用自己的话解释"大炮与黄油""经济蛋糕"所体现的交替关系。

（4）指出下列加点词语与课文中该词语的不同含义。

  ◇我们要提高学习的效率。

  ◇在课堂里教师和学生的地位是平等的。

（5）尝试给下列术语下一个定义。

  边际量　边际收益　边际成本　理性决策者　激励

（6）参考下列提示，用自己的话解释四个原理及其关系。

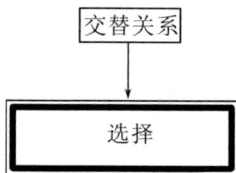

三、尝试以"学科的观点"思考问题

1. 学科体现了看世界的一种独特方式。联系"原理四：人们会对激励作出反应"中的举例，解释什么是"以'学科的观点'思考问题"。（提示：请注意分析问题的角度和使用的术语）

2. 站在环境保护主义者的立场或经济学家的立场，想一想：他们对于如何处理"企业污染"会有不同的看法吗？

3. 阅读链接材料《什么是"用生物学思考"》，谈谈你得到的启示。

4. 试着应用所学的经济学概念和原理，分析下列问题。

  ◇一瓶矿泉水在山顶上的价格为什么比在山下贵？

  ◇为什么现在看电影的人比较少了？

◇实行师范生免学费的政策，可能会带来什么样的影响？

应用与拓展

1.联系阅读经验，反思阅读方法和习惯，思考下列问题。

（1）阅读社科文的目的是什么？社科文阅读为什么要有"学科的观点"？

（2）联系高中其他科目的学习，谈谈如何从"学科的观点"阅读，以"学科的观点"思考问题。

2.使用课文中的概念，向父母解释"人们如何作出决策"的四个原理。

链接

一、《学科研究领域举例》（内容略。节选自美国大卫·A.威尔顿著，吴玉军等译《美国中小学社会课教学策略》，华夏出版社2004年版）

二、《什么是"用生物学思考"》（内容略。选自美国诺希克著，柳铭心译《学会批判性思维——跨学科批判性思维教学指南》，中国轻工业出版社2005年版）

第二课

差序格局

费孝通

准备与预习

1.查阅资料，了解费孝通的学术成就。

2.参考链接材料一，了解"社会学""人类学""田野调查"与"社区研究"。

3.阅读课文，并试着列出课文的内容提纲。

课文

《差序格局》（课文略。选自费孝通《乡土中国》，北京大学出版

社1999年版）

整合与建构

一、学科观点与问题意识

1. 巩固从"学科的观点"阅读社科文的意识。

（1）复习下图。

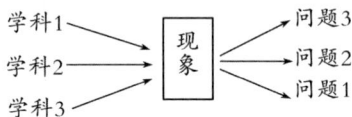

（2）参考链接材料一，试说说"社会学"和"人类学"主要研究什么。

2. 弄懂作者所要研究的学术问题，假设自己是费孝通，参考课文和链接材料，进行模拟访谈。

◇问：作为社会学的研究专家，您是怎么想到写这篇文章的？

◇答：

◇问：您这篇文章所研究的是什么问题？如果用一个疑问句来概括的话，您会怎样提出这个问题呢？

◇答：

◇问：为什么您认为它是一个应该研究的问题呢？研究这个问题有什么意义？

◇答：

◇问：您接下来打算研究什么问题？

◇答：

3. 联系自己所思考的问题，完成下列任务。

（1）社会学涉及我们熟悉的事情，其讨论的问题往往也是我们感到困惑的问题，我们对此也或多或少有自己的看法。请思考下列问题。

①你思考过"个人"与"团体"的关系吗？

② 你面临过"公"与"私"的矛盾吗？

③ 对"攀关系、讲交情"，你有什么看法？

（2）从上述三方面中各列出一个你最困惑的问题。（用疑问句表达）

① _____?

② _____?

③ _____?

4. 带着自己提出的问题，阅读课文。

二、研究思路与研究方法

1. 了解作者运用的研究方法。

（1）本文是"社区研究"的第二步——"比较研究"的代表作。参考链接材料一，用图表示下列词语的关系。

具体现象　　比较　　分析　　概念

（2）把上述词语分别标注在课文相应段落的旁边。

2. 沿着作者的研究思路来阅读文章。

（1）试着用"它说什么"①和"它做什么"②的方法，逐段阅读课文，并根据示例填写下表。

	它说什么	它做什么
第1段	提出中国人"私"的现象	引出讨论的话题

（2）用"先""然后""接着""最后"等词语，描述这篇课文的

---

① 它说什么：这里指阅读文章段落的一种方法，叙述段落明确的或隐含的主题句。

② 它做什么：这里指阅读文章段落的一种方法，描述段落在文章中的目的和作用。

文章结构。

（3）根据上述阅读情况，修改完善你在预习时试写的课文内容提纲。

3.尝试帮作者写一个不超过200字的摘要①。

三、研究成果与概念形成

1.课文是一篇社会学的学术论文②。学术论文的价值在于"创新"，即或提出了前人未曾提出的问题，或解释了前人未能解释的现象，或提供了解决问题的新方法，等等。参考链接材料，联系作者的学术地位，讨论下列问题并推测这篇论文的学术价值。

（1）这篇论文是否妥善地回答了作者所提出的问题？是否妥善地解释了20世纪前半叶中国人"私"的社会现象？

（2）这篇论文是否解决了你所列出的"最困惑的问题"？是否对你思考这些问题提供了新的思路？

2.这篇论文"注重的是从具体现象中提炼出认识现象的概念"。其最主要的研究成果，是创立了"差序格局"这个概念。请结合所学，回答下列问题。

（1）"差序格局"这个概念在论文中是怎样一步一步形成的？

（2）"差序格局"这个概念的形成与文章对"私"的社会现象的分析，是一种什么关系？

（3）这个概念对你认识现在的一些社会现象有没有意义？是否有助于你从社会学的学科观点来思考一些社会问题？

3.阅读链接材料《术语与真理的发现》，联系上一篇课文的学习，思考下列关系。

（1）"概念形成"与新术语的关系。

---

① 摘要：又称"内容摘要""内容提要"，即扼要地介绍图书或文章的内容。

② 学术论文：指研究者对某一学科的问题进行专门、系统、深入研究之后，将研究成果或独创性见解科学记录下来的文章。

（2）新术语与"知识生产"的关系。

（3）"知识"与"学科的观点"的关系。

应用与拓展

1. 到图书馆翻阅社科类杂志，了解社科类论文。

2. 学术论文在表达上一般没有"我""我们"等词语。请结合所学，思考下列问题。

（1）学术论文重在对现象的阐释，它与我们常读的"议论文"有什么不同？

（2）学术研究与我们通常所说的"思考""看法""意见"，有什么不同？

3.《差序格局》是对20世纪40年代的社会现象的分析。作者的这种分析是否仍适用于当今社会？请收集有关资料，作出你的判断。

4. 课外阅读。

◇费孝通：《乡土中国·生育制度》，北京大学出版社1999年版。

◇费孝通：《江村经济——中国农民的生活》，商务印书馆2001年版。

链接

一、相关知识（解释略）

社会学

人类学

田野调查

社区研究

二、《术语与真理的发现》（内容略。选自曹文轩《思维论》，上海文艺出版社1991年版）

第三课

产生主体性假象的温床——教学中的形式主义

〔日〕佐藤学

准备与预习

1. 完成下列任务之一。

（1）父母很关心你在校学习的情况，他们也很想了解高中课程改革中的课堂教学与他们读书时有什么变化。请你给父母写一封信，谈谈你们现在的课堂教学情况，诉说你在课堂学习中的感受。

（2）你班_____（请填入一科目名）老师为改革目前的课堂教学征询你们的意见，请你给这位老师写一封信，谈谈自己在课堂学习中的真实感受，并对课堂教学改革提几点建议。

2. 使用"学科的观点"和"研究领域"这两个词语，按以下句式说两句话。

◇当我们说"佐藤学是教育学家"时，意思是说……

◇当我们说"《产生主体性假象的温床——教学中的形式主义》是一篇教育学的文章"时，意思是说……

3. 浏览链接材料之后，阅读课文。

课文

《产生主体性假象的温床——教学中的形式主义》（课文略。选自佐藤学著，李季湄译《静悄悄的革命——创造活动、合作、反思的综合学习课程》，长春出版社2003年版）

整合与建构

一、认识社科文写作的对话性质

1. 写一篇文章，表明作者主动地"卷入"了一个未解决的问题的对话，并完成下列学习任务。

（1）链接材料在原著中是课文的上一个章节，请从中找出作者点明其主动"卷入"的语句。

（2）试回答：佐藤学是谁？他为什么要卷入"一个极为麻烦棘手的问题"？

（3）从课文第一节中至少找出两个鲜明表达作者情感的语句。

（4）请再次回答：作者是谁？他为什么会生发这样的情感？

2. 文章的写作过程，是作者与读者（写作对象）对话的过程。阅读课文第一、二节，完成下列学习活动。

（1）作者的直接对话者是谁？他们围绕着什么主题在对话？

（2）课文第一节中说："仍然有老师不认为'手势'教学是个问题。"请你设计一个对话片段，站在这些老师的立场与佐藤学辩论几句。

佐藤学：

A老师：

佐藤学：

B老师：

（3）课文第二节中说："大多数教师在教学中，比起不确定的回答来，还是更要求清楚明确；比起小的声音来，更要求声音洪亮；比起模糊的表现来，更要求明晰的描述。"试推想大多数老师这么做的理由，找出其背后的对立论点。

（4）链接材料中还提到了"旧儒教圈的国家或地区"，你能从中推测出作者预设的对话者吗？

3. 写作不仅仅是信息的记录，而是辩论和分析的手段。分析课文第二节，说说作者是如何分析"手势"是"束缚思考的东西"的。

4. 结合第一、二节的具体内容，思考下列问题。

（1）我（读者）阅读文章之前，作者假定我（读者）相信什么？

（2）我（读者）读了以后，作者希望我（读者）相信什么？

（3）作者成功地改变了我（读者）的观点吗？为什么？

5. 总结上述学习，填写下表。

阅读社科文必提的四个问题	结合课文具体回答
作者是谁？	
什么事促使了这一写作？	
他的写作对象是哪些人？	
作者的目的是什么？	

二、体验研究性阅读的对话过程

1. 研究性阅读关注文章所讨论的主题，我们学习本篇课文，是为了研究"自己的问题"。请完成下列学习活动。

（1）仿照下面几句话，试着把文章与我们所关心的问题联系起来。

◇读这篇文章，我所关心的不仅是日本小学教学的问题，而且还有日本中学教学的问题。

◇读这篇文章，我所关心的不仅是外国小学教学的问题，而且还有我国小学教学的问题。

◇读这篇文章，我所关心的不仅是我国小学教学的问题，而且还有我国高中教学的问题。

◇读这篇文章，我所关心的不仅是我国高中教学的问题，而且还有学生在教学中的主体权利问题。

◇读这篇文章，我所关心的不仅是……，而且还有……

（2）仿照下面几句话，试着与文章进行对话。

◇读这篇文章，我希望它有助于解决我个人的问题。

◇读这篇文章，我希望它有助于解决我们班的问题。

◇读这篇文章，我希望它有助于解决我国小学教学的问题。

◇读这篇文章，我希望它有助于解决我国中学教学的问题。

◇读这篇文章，我希望它有助于……

（3）尽可能明确地回答下列问题。

① 我关心什么问题？

② 我为何关心这个问题？

③ 这个问题是从"学科的观点"提出的吗？

④ 我期望从文章中获得什么？

2. 研究性阅读是"双线"并进的阅读：一条是我们对"作者的问题"的理解线路，一条是我们对"自己的问题"的思考线路。完成下列学习活动，了解研究性阅读中读者与作者对话的特殊性。

（1）对"作者的问题"的理解，属于接受性阅读[①]，是理解性阅读和批判性阅读的综合运用。参考下表，阅读课文第一、二节中的两个语句，体会读者与作者的对话过程。

	阅读的目的	阅读时关注的问题
理解性阅读	准确把握文章的意思	文章说了什么
批判性阅读	理性评估作者的观点	作者说得对吗

① 进行理解性阅读：文章说了什么？

　　"手势"教学是把学生当成了教学过程中只能向教师打手势的被操作的对象，这种教学把教室里的相互对话与日常的相互对话割裂开来，使其成了人为的游戏。

② 进行批判性阅读：作者说得对吗？

　　在这类学习行为中，其不确定的思考或表现与那些确定的思考和表现具有同等重要的意义。

（2）对"自己的问题"的思考，是在接受性阅读基础上的创造性阅读[②]。阅读课文第三节中的两个语句，体会读者与作者的对话过程。

---

① 接受性阅读：阅读类型之一。其中又可分理解性阅读、批判性阅读等。

② 创造性阅读：阅读类型之一。指带着提出某些新见解去发现以前未曾有过的答案，进而超越作者的本意，产生创造性结论的阅读。

① 进行接受性阅读：文章说了什么？作者说得对吗？

如果在幼儿园、小学时代过分地强加以虚假的主体性的话，到了初中、高中后，学生就会尽全力去反抗小学时代被驯服出来的虚假主体性，从而使他们不可能实现自身的自由成长。

② 进行创造性阅读：我想到了什么？对思考我所关心的问题有什么启示？

造成学生到了初中、高中就拒绝发言，常常面无表情地坐在教室里的情景，就不仅仅是初中、高中任课教师的责任了，幼儿园、小学的教师也必须对此负责任。

（3）试着解释下图。

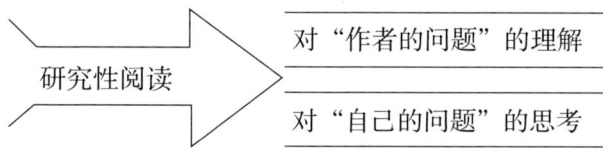

研究性阅读 → 对"作者的问题"的理解 / 对"自己的问题"的思考

3. 研究性阅读的过程，是作者与我们共同探讨我们"自己的问题"的过程。假设"如何认识高中生在语文课堂上拒绝发言"为我们"自己的问题"，以课文第三节为例，尝试进行研究性阅读。

（1）完成下表，并比较"作者的问题"与我们"自己的问题"之间的相关性。

作者的问题		接受性阅读
自己的问题	如何认识高中生在语文课堂上拒绝发言	创造性阅读

（2）阅读课文第三节，标出与"如何认识高中生在语文课堂上拒绝发言"这一问题相关的语句。

似乎是直接回答的语句：

与问题相关的语句：

能启发我们思考问题的语句：

（3）阅读下面的语句，参考提示，围绕"如何认识高中生在语

文课堂上拒绝发言"这一思考的主题，尽可能多地写下你的阅读记录
（自己的反应）。

  那些对枯燥无味的或者无意义的课题表现消极、毫无兴趣的
学生不仅是自然的，也是健康的，对这些学生的表现教师应视之
为理所当然，并首先有必要来一番认真的自我反思。而那些不论
对什么课题都抱着积极的"态度、关心、欲求"的学生在认知上
是不健康的，是思维逻辑懒惰的学习者。

切题的思考：

触发的思考：

联想的思考：

旁逸的思考：

4. 研究性阅读往往促使我们提出新问题，并为我们研究新问题提
供新思路。阅读全文，完成下列学习活动。

（1）至少写出3个在阅读中想到的问题，并与同学交流。

我想到的问题1：＿＿＿＿＿＿＿＿＿＿＿＿＿＿＿＿＿＿＿

我想到的问题2：＿＿＿＿＿＿＿＿＿＿＿＿＿＿＿＿＿＿＿

我想到的问题3：＿＿＿＿＿＿＿＿＿＿＿＿＿＿＿＿＿＿＿

（2）课文最后一段说："应当追求的不是'发言热闹的教室'，而
是'用心地相互倾听的教室'。"链接材料的最后一段说："今后的教
学，显然应当从大一统的传授型方式中蜕变出来，以学生的个性化学
习为轴心，向着活动的、合作的、反思的学习方式转变。"请与老师
一起围绕下列问题进行讨论。

① 我们的课堂教学有什么问题吗？

② 老师和学生如何"相互倾听"？

③ 怎样才能使我们的教学"向着活动的、合作的、反思的学习方
式转变"？

应用与拓展

1. 你原来是怎么认识"写作"的？现在你怎么认识"写作"？认

识写作的对话性质，对你的阅读和写作有什么意义？

2. 围绕你的"自己的问题"，写一篇课文的读后感，或以"如何进行研究性阅读"为主题，写一篇学习笔记。（字数不限）

3. 如果有条件的话，组织一期以"我们课堂的昨天和明天"为主题的墙报。

链接

《教室里的风景——关于"主体性"神话》（内容略。节选自日本佐藤学著，李季湄译《静悄悄的革命——创造活动、合作、反思的综合学习课程》，长春出版社2003年版）

第四课

写作的转换能力

谢锡金　张瑞文

准备与预习

1. 回顾自己做小课题研究的经历，说说自己的体会。

2. 你对自己的写作能力满意吗？请把你写作时曾遇到的难题，写在小纸条上，并在课上向老师请教。

3. 本文是教育科学的研究报告，阅读时注意科学研究报告[①]的结构。该研究报告中所录的口语是粤语（即课文中的繁体字部分），你不必逐字认读。如有兴趣，你也可以对照着相应的书面语，尝试用当地的方言来说一说那些话。

4. 课文由我国两位香港作者所写，其语言规范与内地的语言规范有所不同，阅读时请加以留意。你也可以在保留原意的前提下，随手修改原文。

---

① 科学研究报告：指在理工科和社会科学的一些领域，遵循一般性写作结构的正规的研究论文。

课文

《写作的转换能力》（课文略。选自李学铭、何国祥编《语文教与学素质的维持与达成》，香港教育署1991年版）

整合与建构

一、了解科学研究报告的常规结构

1. 科学研究报告的常规结构，一般有"引言、方法、结果、对结果的讨论、结论与建议"等几个部分。对照课文，与同桌配合完成下表，其中一人口述"它说什么"，一人笔写"它做什么"。

课文结构	它说什么	它做什么
引言		介绍研究目的，提出假设；有时也包括文献综述
研究设计		
结果		描述研究中所获得的数据
对结果的讨论		
总结		

2. 科学研究必须详细描述研究的方法。为什么要详细描述呢？"问题—方法—结论"是什么关系？结合课文谈谈你的认识。

3. "结果"也叫"发现"，往往用表格、图形、曲线等来表示。阅读并解释课文中的表格。

4. "对结果的讨论"，是研究报告的主要部分。请与"引言"中的问题相联系，逐条概括课文中的"讨论"部分。

5. 参考链接材料，概述课文内容。

（1）先用自己的话概述，对照链接材料后再概述一次。

（2）补写链接材料《课文概述示例》的最后一段。

（3）在科学研究报告的正文之前，一般有"摘要"和"关键词"①。以链接材料为基础，尝试帮作者写一个不超过150字的摘要，并列出3—5个关键词。

摘　要：

关键词：

二、认识研究的意义及结论的可修改性

1.重读课文的标题和首尾两段，完成填空。

该项研究考察了6个个案，直接的目的是＿＿＿＿＿＿＿＿＿＿
＿＿＿＿＿＿；进一步的目的是＿＿＿＿＿＿＿＿＿＿；最终目的则
是＿＿＿＿＿＿＿＿＿＿＿＿＿＿。

2.科学研究探索未知领域，生产新的知识。科学研究所形成的知识，是解决现实问题的基础，也为我们进一步探究未知提供指引。选择下列内容之一，进行小组活动。

（1）根据你的理解，说说这篇研究报告提供了哪些新知识。

（2）推测该研究的发现对我们了解以下情况的作用。

　　◇广东小学生写作的转换能力

　　◇香港高中生写作的转换能力

　　◇方言地区中小学生写作的转换能力

　　◇中学生写作时口语与书面语的转换能力

　　◇学生写作能力差异的主要因素

（3）联系写作时曾遇到的难题，说说这项研究对你的启示。

（4）设想你是语文教师，依据该研究结论，对"如何提高学生的写作转换能力"提几条建议。

3."知识"是目前被本学科认可的一种研究结论，或者说，是被本学科认为有价值的理由和证据所支持的一种假设②。请结合课文，回

① 关键词：指能体现一篇文章或一部著作中心概念的词语。

② 假设：也称"假说"，指以已有事实材料和科学理论为依据而对未知事实或规律所提出的一种推测性说明。

答下列问题。

（1）该项研究的结论，有没有被修改的可能？如有，在什么情况下它会被修改呢？

（2）课文的作者有没有意识到结论的可修改性？

（3）你在学校里所学的某些知识，将来可能会被判定为错误而被修改吗？

4. 结合"参考文献"，谈谈你对"知识生产"和"知识更新"的理解。

应用与拓展

研究"自己的问题"，是研究性阅读的最终目的。选择一个你写作时曾遇到的难题，模仿课文的"研究设计"尝试做一次课题研究，目的是找到问题产生的原因。

链接

课文概述示例

该研究报告的引言开宗明义："本研究通过研究作者（小学生）写作时的大脑活动，并分析作者的作品，探讨香港小学生写作时粤语口语和普通话书面语的转换。"

该项研究采用"个案研究"的方法，对象是6名小学五年级学生。接到作文题目后，学生先把头脑中所想的东西说出来，哪怕看似没有关联；然后用笔写作。研究人员用录像机记录下整个写作过程，同时记录学生写作时的表现。学生写作完毕，研究者依《调查问卷》询问学生写作过程中粤语口语与普通话书面语转换时的思维活动。对照口述和笔写，参考录像、记录和问卷，研究者概括出8种转换情况。

经过比照分析，下述5种是学生最常用的转换方式：1. "相似"——学生不能用正确的书面语写出头脑中的意念或思想，而用相近的词语或意义写出来。有时他们找不到合适的词语，就用较长的话来说明。2. "删除"——这是最值得注意的一种转换。删除有两种原因：一是学生口述时产生了某些意念，但在写作时改变了主意；二是学生没有足够的语言能力把意念写出来，如没有合适的词语或句子结构，而采用了"回避"（topic avoidance）。后一种原因的删除，实际上是严重的转换困难，这种困难教师通常看不到。该文建议教师采用上述的研究方法（即让学生先口述，再笔写，对照分析两种文本）来诊断学生的这类困难，以便及时提供相应的帮助。3."增加"——书面语写入口述中所没有的内容。在6名学生中，只有2人出现较多的增加，其中1人增加多于删除。该文由此得出两个结论：第一，对大部分学生而言，口语表达的内容远比书面语所表达的内容丰富。第二，在书面语中"增加"的内容比"删除"的内容多，可视为这名学生书面语表达能力较好。4. 转话题——口述中表达的思想在书面语中没有出现，而转了话题。5. 正确转换——能够把想要表达的思想准确地转换成书面语。依该项研究，6名学生的正确转换占8种转换的比例分别为25%、20%、10%、4.5%、4%、0%，正确转换的比例"平均不够一成半"。也就是说，所有学生均未能有效地用普通话书面语去表达粤语口语所想、所说的内容，学生在口语与书面语的转换时"无疑存有极多的问题和极大的困难"。

该研究得出的主要结论是：＿＿＿＿＿＿＿＿＿＿＿＿＿＿＿
＿＿＿＿＿＿＿＿＿。由于是"这类研究的初步探讨"，该项研究尚有一定的局限：一是＿＿＿＿＿＿＿＿＿＿＿＿＿＿＿＿＿＿＿＿＿＿；
二是＿＿＿＿＿＿＿＿＿＿＿＿＿＿＿＿＿＿＿＿＿＿＿。

第五章
单元的教学化编制

课程有四个层级单位，从小到大依次是：

1. 科目。国家或地方制定的课程标准中规定的学习科目，或按学习领域，或按内容主题，有学科课程、综合课程或跨学科课程等，一般以学段或学年为单位。

2. 具体形态的课程。一般以学期或学分为单位。具体形态的语文课程有三种存在方式：（1）课程标准所规划的课程实施单位。如识字与写字、阅读、写作、口语交际、综合性学习等"语文学习领域"，相应的说法如"阅读课程""写作课程"或"阅读教学""写作教学"等。（2）体现为教科书的分册。比如小学语文教科书四年级上、高中语文必修一等，体现与课程标准相应的学习目标、课程内容和资源。（3）在中小学的学期课程表中显示。比如2018—2019第二学期七年级课程表中的"语文"，国外的例子如美国一所学校课程表中的"数学科学课""英语科学课"等。

3. 单元。具体形态的课程通常划分几个单元，单元是实施课程的层级单位。我国语文课程中的一个单元一般2周左右，国外的通常3—5周，有的跨学科项目长达十余周。

在国外，单元是课程与教学研究的主要层级单位。以整本书为主要资源的阅读课程，一本书的阅读学习，通常构成一个单元；"基于问题的学习""基于项目的学习"，解决一个现实问题或完成一个实做项目，即一个学习单元。

4. 课节，或称教学课时。它是一个单元分时段实施的教学单位，比如"语文"占每个学习日中1—2个课时，1个课时40分钟左右。我国中小学基本上实行分科教学，在以往和现在，习惯以课节为教学设计的层级单位。语文教科书虽有按主题或文体设置的单元，但语文教学事实上一直是以单篇课文为课程实施的层级单位，一篇课文一般是1—2个课时，极少数课文是3—4个课时；语文教研活动的"公开课"，教学一篇课文通常压缩为1个课时。

我国语文课程研究，以往主要在科目这一层级单位，并聚焦于"语文课程性质"这一话题。近十几年，其研究中心转向语文课程与教学内容建设，层级单位主要是阅读、写作等"语文学习领域"及其下位，如我主编的《阅读教学教什么》《写作教学教什么》《散文教学教什么》《小说教学教什么》《实用文教学教什么》《文言文教学教什么》《语文综合性学习教什么》等。

我国语文教学研究，主要是课文教学研究，包括各类语文教学研究活动中的"公开课"和以一篇课文的教学为研究对象的语文课例研究。教学设计的研究与实践中，写作在近年有所突破，突出的是类似于单元的"写作微课程"设计，其理论研究和实践探索均渐成气候，已发表的相关著作如邓彤的《微型化写作教学研究》。

单元这一层级单位，像样的研究很少。以往语文教科书中的所谓"单元"，只是按"主题"或"文体"分类的课文归类法；一个单元的课文配置虽不至于毫无来由，但"编写意图"只表现在编写者自我解说的话语中，实际的语文教学并无"单元教学"的影子。

本章所展示的教材样章，是单元的教学化编制的一些尝试。

（1）序列式的单元编制：批判性阅读的单元样章。该单元样章选自上海教育出版社组织编写的"国家课程标准高中实验课本（试编本）语文"。上一章所展示的五个单元样章，单元内的4篇课文的教学化编制，虽然也注意到本单元课文学习之间的联系、照应、互补，但基本上还是以单篇课文为教学单位的。相比较而言，批判性阅读的单元样章中，4篇课文的学习内容逐渐累进，强化了批判性阅读技能学习的序列化及其整合。

（2）经典阅读的单元编制：孔子与苏格拉底。这是按定篇来编制的一个单元。在第三章《选文的功能类型及其教材呈现》介绍"定篇功能的选文"时，曾出示过其中的一课，为了显示单元的整体性，第三章中出示过的那一课本章仍予复现。

（3）探究学习的单元编制：社科类文章阅读。本单元是以探究社科类文章的阅读要领为核心来编制的一个更具综合性的单元样章。第三章《选文的功能类型及其教材呈现》在介绍"例文功能的选文"时，曾出示过其中的一些片段，同样，为了显示单元的整体性，第三章中出示过的那些片段本章仍予复现。

当然，这里所展示的三个单元的编制样章，只是初步尝试，体现的是当时的认识和编制水平，尚有很大的改进余地。

《普通高中语文课程标准》（2017年版）要求"语文学习任务群"的实施"以学习项目为载体"[1]。虽然"学习项目"的含义颇有些隐晦，但其所指的层级单位显然是单元，有倡导者谓之"大单元"。"以任务为导向""以学习项目为载体"的单元，看似糅合了国外"基于问题的学习""基于项目的学习"和"概念为本的教学""追求理解的教学"等多种境脉的理念，然其究竟是怎么一回事，在学理上迫切需要有个通晓的说法。关于这方面的讨论，本书第七章《语文教材的教学化编制面临的新问题》中将有所涉及。

---

① 中华人民共和国教育部制定：《普通高中语文课程标准》（2017年版），人民教育出版社2018年版，第8页。

一　序列式的单元编制：批判性阅读的单元样章

（一）单元说明

批判性阅读基于批判性思维。批判性阅读的阅读材料有以下几个特点：

1. 所阅读材料的内容主题，在读者的专业或工作领域内。也就是说，读者具有较丰富的有关该内容主题的知识。换句话说，如果缺乏相应内容主题的知识，不了解该领域的争议问题何以争议及该学科或领域的评价标准，就不具备所谓批判性思维的前提条件。

2. 所阅读材料的内容主题，涉及国民的学习、生活、工作等一般性话题。也就是说，尽管可能不具备相关的专业知识，但读者具有与该话题相应的经历和经验。如果掌握批判性思维的系统的推理技能并能灵活运用思维的通用评价标准，那么，读者凭借自己的经历和经验，就可以对阅读材料所持的观点做出合理的判断和评价。

3. 所阅读材料的内容主题，涉及国民关注或理应关心的公共议题。这些议题涉及国民的切身利益或长远利益，因而人们有表达自己观点的意愿和责任，以及对别人的观点表达同意或不同意的权利和义务。

4. 批判性阅读主要适用于论说性文本，尤其是劝说性文本，后者的主要内容由一些观点、理论、解释、说明、假设、推断组成。

本单元4篇课文（《人本质上是自私的吗》《谈谈诗与文学的趣

味》《段落大意的误区》《事实与雄辩》）的话题内容都在高中生的
经验范围内，或涉及公共议题，或可与高中生的学习经验相联系。

批判性阅读的核心问题是"我应该相信他说的吗"，"有证据表
明，在批判性阅读中存在一些专门的技巧"。①美国"教育资助委员
会的大学生学习评估"（CLA）具体罗列了21条批判性思维的重要技
能。其中侧重于聆听和阅读方面的有：判断信息是否恰当，区分理性
的断言和情感的断言，区别事实和观点，识别论据不足的情况，洞察他
人论证的陷阱和漏洞，独立分析数据或信息，识别论证的逻辑错误，发
现数据和信息与其来源之间的关系，处理矛盾的、不充分的、模糊的
信息。②

批判性阅读的关键是分析。"分析指的是找出文本的关键部分，
并在完全理解其含义的基础上重建文本。"③如何重建文本？M.尼
尔·布朗、斯图尔特·M.基利将批判性聆听和阅读需要的一整套态
度和技能，提炼为一系列的"提问策略"：问题和结论是什么？理由
是什么？哪些词句的意义模糊不清？价值冲突和假设是什么？描述性
假设是什么？推理中存在谬误吗？这些证据的可信度有多大？是否存
在竞争性假说？统计数据是否具有欺骗性？重要的信息资料有没有疏
漏？什么结论可能是合理的？④

综上所述，批判性阅读的"读法"可以概括为：按推论论证的要
素找出文本的关键部分并重建文本，借助一系列的"提问策略"，对文

---

① 心理学百科全书编辑委员会：《心理学百科全书》（第一卷），浙江教育出版
社1995年版，第520页。

② ［美］布鲁克·诺埃尔·摩尔、理查德·帕克：《批判性思维》，朱素梅译，
机械工业出版社2015年版，第4页。

③ ［英］约翰·巴特沃斯、杰夫·思韦茨：《思维技能：批判性思维与问题解
决》，彭正梅等译，学林出版社2018年版，第10页。

④ ［美］M.尼尔·布朗、斯图尔特·M.基利：《学会提问——批判性思维指
南》，赵玉芳、向晋辉等译，中国轻工业出版社2006年版，第17页。

章内容进行客观公正的评估，理性地决定是否同意作者的观点。

"批判性思维"与"批判性反思"，本身就是同义反复；"批判性思维"就是"反思性思维"。"存在一种思维：它让我们形成意见、做出判断、做出决定、形成结论。同时，还存在另一种思维——批判性思维，它批判前一种思维，让前述思维接受理性评估。可以说，批判性思维是对思维展开的思维，我们进行批判性思维是为了考量我们自己（或者他人）的思维是否符合逻辑、是否符合好的标准。"[①]"批判性思维是合理的、反思性的思考，着重于决定相信什么和做什么。"[②]

批判性阅读的核心问题是"我应该相信他说的吗"。批判性阅读不是批判作者，而是理性地决定是否同意作者的观点。

"从批判性思维的角度说，一个主张（观点）是否成立或可信，不取决于这个主张本身如何，取决于支持这个主张的理由如何。"[③]批判性思维要求我们将注意力从过分关注作者的立场和主张上移开，将关注的焦点放在支持某种主张的理由和证据上。

理由+结论=论证。首先是理由，然后才是结论，这是论辩的首要规则。如果先确立观点，然后去找理由，那就是"颠倒的逻辑"或"倒逆的逻辑"。

理由包括信念、证据、比喻、类比及其他用来支持或证明观点的陈述，但信念、比喻和类比，只能作为辅助的理由。而理由归根结底依赖证据。因此，"我应该相信他说的"，就应该基于足以确立观点的优势证据，或者说，基于在质量上明显优于相反、相对观点的论据。下表是论据的类型及判断其可靠程度的一般准则：

[①]［美］布鲁克·诺埃尔·摩尔、理查德·帕克：《批判性思维》，朱素梅译，机械工业出版社2015年版，第2页。

[②]［美］Gerald M.Nosich：《学会批判性思维——跨学科批判性思维教学指南》，刘铭心译，中国轻工业出版社2005年版，第2页。

[③] 谷振诣、刘壮虎：《批判性思维教程》，北京大学出版社2006年版，第109页。

表5-1　论据的类型及可靠程度

论据的类型	可靠程度
直觉 （我以为，我知道）	不可靠。除非有其他证据证明直觉建立在广博的个人经验和知识上。
自己的经验 （据我所知，依我所见）	不可靠。
他人的证词	不可靠。需要对提供证词的人进行可信任度评估。
个人观察 （我看到）	较可靠。还必须通过其他观察者来验证。
事例 （案例）	不太可靠。要评估案例是否典型，是否有代表性。
权威的意见	需要谨慎评估。权威的意见可能是错的，且权威的意见往往相互矛盾。
常识 （大多数人的意见）	不太可靠。其中往往隐藏着偏见。
类比	只能作为辅助证据。以两个事物已知的相似性为基础，得出关于另一方应该如何的结论，这是建议性的，往往导致错误类比。
统计数据	较可靠。所需评估调查要有数量、广度和随机性。
科学研究	最可信的来源之一。需要评估研究的质量

基于理由和证据，正是在这个意义上，诺希克在论述批判性思维时特别强调"相信结果"："批判性思维需要我们相信我们推理的结果。"①

因而，批判性阅读也是读者对自己观点的挑战。也就是说，我们相信一个说法，不是因为它与自己的想法正好相吻合，而是其理由和证据使我们确信。反之，即使一个说法与自己的想法相异、相对乃至相反，如果其论据和论证无懈可击，我们也得承认其是有道理的。而理性的人应该跟着道理走，这就意味着我们要放弃自己原有的观点。

本单元采用序列式的单元编制，使4篇课文的学习内容逐渐累进，强化了批判性阅读技能学习的序列化及其整合。

（二）单元样章②

单元导语

本单元学习文章的批判性阅读。批判性阅读是批判性思维的运用。

批判性阅读涉及互为关联的两个方面：一是阅读对象，二是阅读主体。着眼于前者，批判性阅读的重点，是对文章内容进行客观公正的评估，不妨称为"评估性阅读"；着眼于后者，批判性阅读的重点，是对我们自己的观念和思想进行理性的反思，亦可称为"反思性阅读"。

树立批判性思维和批判性阅读的意愿，掌握相关的阅读技能，是本单元的学习任务。

---

① ［美］诺希克：《学会批判性思维——跨学科批判性思维教学指南》，刘铭心译，中国轻工业出版社2005年版，第6页。

② 王荣生、倪文尖主编：《国家课程标准高中实验课本（试编本）·语文·必修·第四册》，上海教育出版社2007年版，第1—37页。本单元由王荣生执笔编写。

第一课

人本质上是自私的吗

［美］本斯利

准备与预习

1. 说说你所了解的"批判性思维"和"批判性阅读"。

2. 人本质上是自私的吗？阅读课文之前，先尝试回答；阅读课文之后，试着再次回答这一问题。

课文

《人本质上是自私的吗》（课文略。选自美国本斯利著，李小平等译《心理学批判性思维》，中国轻工业出版社2005年版）

整合与建构

一、树立批判性思维的意识

1. 阅读下列故事，围绕所提示的问题交流读后感。

听完原告的陈述后，法官宣布："你是对的。"这时工作人员提醒法官必须在听到另一方的公开陈述之后才能对案件作出判断。听完辩护方的陈述后，法官又对被告宣布："你是对的。"工作人员再次解释说，公平的判断要求法官在宣布判决之前必须听完各方完整的陈述。法官响应道："你是对的。"

（1）现代社会每人每天都会接触到大量信息，我们该如何应对？

（2）信息的吸收要经过我们的选择，我们依据什么去选择？

2. 阅读课文之前，你对"人本质上是自私的吗"这一问题是如何回答的？通过下列活动进行反思。

（1）下表是对非理性观点的分类，请你在每一种非理性观点后至少填入一条你所持的观点。

非理性观点的分类	列举你所持的观点
因为我所在的群体相信它，所以它是正确的。	
因为我愿意相信它，所以它是正确的。	
因为我一贯相信它，所以它是正确的。	
因为它符合我的利益，所以它是正确的。	

（2）回想你在阅读课文之前回答问题的情景，你当时是根据什么得出答案的？

（3）了解周围同学在阅读课文之前所作的回答，并询问他们有何根据。

3.“人本质上是自私的吗”这一问题，可能有多个“正确”的答案。你怎么认识这种现象？通过下列活动进行反思。

（1）阅读课文之后，你对这一问题的再次回答，跟之前有无变化？为什么？

（2）了解周围同学在阅读课文之后所作的回答，并跟他们之前的回答作比较。

（3）列举几个与“人本质上是自私的吗”相类似的问题，参考下列提示进行小组讨论。

① 是不是所有的问题都只能有一个答案？

② 别人对问题有不同的看法，我们可否视而不见？

③ 两个相反的观点，是不是要么对要么错？

④ 俗话说：“公说公有理，婆说婆有理。”那么是不是就不必进行是非对错的判断了？

⑤ “可能有多个‘正确’的答案”，这里的“正确”一词是什么含义？

4. 阅读课文，完成下列学习任务。

（1）课文是一篇文献综述[①]，请结合课文，说说文献综述的主要特点。

（2）这篇课文是运用批判性思维进行批判性阅读的范例。结合课文，说说你对"批判性阅读"的认识。

二、 学习批判性阅读的基本技能

1. 辨析相关概念，按批判性阅读的方式来分析文章。

（1）参考解释，说明下列概念之间的关系。

　　论题：有待解决的问题。

　　观点：对问题的看法。

　　结论：通过论证得出的问题答案，建立在理由基础上的观点。

　　论证：一项论证由一个结论和支持该结论的理由组成。

　　理由：对我们为什么要相信某一特定结论的解释。

　　证据：支撑理由的事实材料。

② 分析课文，完成下列填空。

文章讨论的论题是：＿＿＿＿＿＿＿＿＿＿＿＿＿＿＿＿＿＿＿＿＿

文章综述的观点是：＿＿＿＿＿＿＿＿＿＿＿＿＿＿＿＿＿＿＿＿＿

文章得出的结论是：＿＿＿＿＿＿＿＿＿＿＿＿＿＿＿＿＿＿＿＿＿

文章得出结论的理由是：＿＿＿＿＿＿＿＿＿＿＿＿＿＿＿＿＿＿＿

2. 考察证据的质量，抓住批判性阅读的核心环节。

（1）试着判断下列证据类型的可信度。

　　直觉　自己的经验　他人的证词　个人观察　常识　事例

　　权威的意见　统计数据　科学实验

（2）分析课文，指出支持"人是自私的"这一观点的证据，并分别标出证据类型。

――――――――――

　　① 文献综述：指对某一时期内某一学科或专题的研究成果和文献进行系统归纳、分析后，综合整理而成的概述性资料。

（3）指出反对"人是自私的"这一观点的证据，并分别标出证据类型。

（4）比较两方的证据数量，参考链接材料，分别评估其证据的质量。

3. 再一次回答"人本质上是自私的吗"这一问题，陈述理由并提供5个以上证据，其中2个必须是课文之外的。

应用与拓展

1. 首先是理由，然后才是结论，这是批判性思维的首要规则。应该避免"颠倒的逻辑"或"倒逆的逻辑"，即不能先选择观点，然后再考虑理由。联系自己的议论文写作，谈谈你的认识。

2. 批判性思维有"弱批判性思维"和"强批判性思维"两种。如果将批判性思维用于维护自己的既有观念、抵制与自己意见相左的观点，这就是"弱批判性思维"。"强批判性思维"要求将批判性思维用于所有的观点中，包括自己的观点。试各举出一个生活中的例子。

3. 通过图书馆或网络，查阅一两篇文献综述。

4. 课外阅读。

◇［美］M.尼布·布朗、斯图尔特·M.基利：《学会提问——批判性思维指南》，赵玉芳、向晋辉等译，中国轻工业出版社2006年版。

◇［美］理查德·保罗、琳达埃·尔德：《批判性思维：沟通、写作、应变、解决问题的根本技巧》，乔苿、徐笑春译，新星出版社2006年版。

链接

《评估证据的质量》（内容略。选自美国本斯利著，李小平等译《心理学批判性思维》，中国轻工业出版社2005年版）

第二课

谈谈诗与文学的趣味

朱光潜

准备与预习

1. 背诵两首你喜欢的诗歌，并说说喜欢的理由。

2. 在读课文之前，先试着给"文学趣味"下个定义，然后按你的定义，对自己的"文学趣味"做出评价。（请在下列选项下打"√"）

很好　较好　一般　较差　很差

3. 阅读课文。阅读时如有疑惑或不同意见，请做记号或旁批。

4. 按朱光潜的标准，重新评价自己的"文学趣味"。（请在下列选项下打"√"）

很好　较好　一般　较差　很差

课文

《谈谈诗与文学的趣味》（课文略。选自《朱光潜美学文学论文选集》，湖南人民出版社1980年版）

整合与建构

一、学会搁置自己的意见

1. 对自己"文学趣味"前后两次的评价，你是满意、沮丧还是无动于衷？跟周围同学说说你的感受。

2. 散文家朱自清曾说："小说增加人的经验，提示种种生活的样式，又有趣味，最是文学入门的捷径。"你认为呢？

3. 对朱光潜的观点，你是完全同意、部分同意还是不同意？与周围同学交流预习时的记号和旁批，归拢大家的疑惑或意见，并做如下分类。

第一组，我们好像读不太懂{

第二组，文章似乎没有说清楚{

第三组，我们对"诗""好小说""文学趣味"等抱有不同的

看法{

第四组，没有把握分到上面任一组{

4. 现在，请你试着把自己的感受和意见暂时放在一边，平心静气地再阅读一遍课文。

二、准确把握文章的意思

1. 说说下列A、B两组中加点字部分的差别。选择其中一组作为这篇文章的论题，你认为哪一组更妥帖些？

A {
什么是文学的"趣味"？
读诗与文学趣味的高下是什么关系？
培养纯正的文学趣味有哪些途径？
}

B {
文学的"趣味"应当是什么？
应该从何处入手来培养文学趣味？
应该如何培养自己纯正的文学趣味？
}

2. 按作者的意思，解释下列词语。

诗　诗的特质　纯正的趣味　"见"

3. 给文章分段。以"作者说"或"作者认为"起头，概述每段的段意。

4. 对照你刚才的分类，看放在第一组中的问题是不是都解决了？

如果还有遗留问题，请向老师提出来。如果放在第二组和第四组中的问题有已经解决了的，就把它们改放到第一组中去。

三、理性评估作者的观点

1. 按论题、结论、理由的线索，整理课文内容。（提示："理由"部分，不必追求语句的完整，只要你自己能看懂就行）

论题：

结论：

理由：

2. 分析第3—4自然段，完成下表。

结论	理由	证据
要养成纯正的文学趣味，最好从读诗入手		
能欣赏诗，自然能欣赏小说、戏剧等		

（1）你觉得作者提出的理由可靠吗？证据充分吗？

（2）如果你认为可靠、充分，那么你就应该同意作者的观点。这对你意味着什么呢？

（3）如果你认为不可靠、欠充分，请说出你的理由，并举出证据。

3. 按上一题的方式，评估文章的其他部分，并根据其证据的可靠、充分与否，决定你是否同意作者的观点。

4. 查阅归入第三组的疑惑或意见，并做如下处理。

（1）如果你认可作者对"诗""好小说""文学的趣味"等的界说，也认为朱光潜的理由可靠、证据充分，请考虑放弃或修正你的意见，并写一篇读后感。

（2）否则，将你的意见拓展为一篇题为"与朱光潜商榷"的文章。

5. 再检查一遍你开始时的分类，看放在第二组和第四组中的问题，是不是都解决了？如果还有遗留问题，请向老师提出来。

应用与拓展

1. 回顾刚才的上课经历，说说自己在"学会搁置自己的意见""准确把握文章的意思""理性评估作者的观点"这三个阶段的阅读方式有什么不同。你认为"理性评估作者的观点"与"深刻反思自己的意见"，有什么关系？

2. 主动的阅读，是不断地向作者（文本）提出问题并对作者（文本）的回答进行谨慎评估的过程。你认为在接受作者的观点之前，至少要提出哪几个方面的问题？

第三课

段落大意的误区

孙绍振

准备与预习

1. 在语文课的学习中，你是不是经常为某个段落该划分到上一层还是下一层而烦恼？如果是，请举出3个例子。

2. 阅读小说和散文，你觉得分析段落大意有必要吗？阅读历史、地理、物理、生物等教科书时，你是否会做段落大意的分析？

3. 阅读课文，并完成下列任务。

（1）阅读时如果有疑惑或不同意见，做记号并旁批。

（2）按上课所学的，把你的疑惑或意见归为四类。

课文

《段落大意的误区》（课文略。选自孙绍振《直谏中学语文教学》，南方日报出版社2003年版）

整合与建构

一、 理清内容与结构

1.阅读文章第一部分，完成以下学习任务。

（1）对于这一部分的论题，你认为下面哪一种概括更贴切，请说明理由。

　　◇论述段落大意分析的问题

　　◇论述目前普遍流行的段落大意分析的问题

　　◇论述小段落的段落划分的问题

（2）请在原文中尽可能多地画出表达作者观点的语句。

（3）在你画出的语句中，试着挑选2个作为这一部分的小标题，并陈述你挑选的理由。

2. 阅读文章第二部分，完成以下学习任务。

（1）对于这一部分的论题，你认为下面哪一种概括更贴切，请说明理由。

　　◇论述段落大意分析的问题

　　◇论述目前普遍流行的段落大意分析的问题

　　◇论述朱自清散文段落划分的问题

（2）如果要为这部分列一个小标题，你认为选原文中的哪一个语句比较合适？为什么？

3. 阅读文章第三部分，说说作者所澄清的两个问题，并完成下列填空。

论题一：_____　结论：_____　理由：_____

论题二：_____　结论：_____　理由：_____

4. 文章说，对于一些比较长的文章，段落大意的分析"对于从整体上理解文章的精神，是有益的"。你认为这与第二部分和第三部分中作者所得出的结论有矛盾吗？为什么？

二、考察举例与类比

1. 考察举例。

（1）课文中有两处较长篇幅的举例。请删除举例部分中出现"段落"字眼的语句，然后再阅读一遍，看举例所能引出的直接结论是什么。

（2）就论证作者的观点而言，你认为文章所举的例子典型吗？充分吗？除了小说、散文，是不是还应该举些其他类型文章的例子？

（3）在你阅读过的文章中，能不能找出必须进行段落大意分析的例子？有时，段落划归到上一层或下一层对理解文章会产生重要的影响，你有没有遇到过这种情况？

2. 考察类比①。

（1）课文中有不少类比，请把它们一一找出来。

（2）只有两种事物具有实质性的相似之处，而没有实质性的相异之处，这样的类比才是强有力的。你认为下列类比符合"强有力"的标准吗？

　　　　◇段落大意分析——盲人摸象

　　　　◇划分段落——把人体分为头部、躯干、四肢三部分

　　　　◇段落的界限——黄昏与黑夜的界限

（3）你认为，上述类比中哪些起主要的证据作用？哪些更像是为了引发读者对"段落大意分析"的情绪反应？除了类比之外，作者还用了一些贬斥色彩浓烈的词语，你看出来了吗？

（4）联系这篇文章的出处《直谏中学语文教学》，推测作者使用上述类比和词语的原因。

三、避免黑白思维②

1. 课文中的小标题"一、二、三"系编者所加，你认为用"一、二、三"划分出原文的段落，有没有意义？

2. 根据你对课文的分析，替作者写一个200字左右的内容摘要。

3. 整理自己的阅读感受，讨论下列问题。

（1）你赞同作者的观点吗？你接受文章的论证吗？

（2）你认为，不赞同作者的观点与不接受文章的论证有区别吗？

---

① 类比：从两个或两类对象具有某些相似或相同属性的事实出发，推出其中一个对象可能具有另一个对象已经具有的其他属性。

② 黑白思维：指一种或者全对或者全错、非此即彼的思维方式，又称"二元思维"。

阅读一篇文章，可不可能出现赞同作者的观点却不接受其文章论证的情况？

（3）反思在这一课里分析文章的过程，你认为段落大意分析乃至段内的层次分析有价值吗？

（4）如果上述答案是肯定的，那么是不是就可以推论，所有文章段落大意的分析都具有同样的价值呢？是不是就可以据此断定课文所表达的观点就错了呢？

4. 总结你的思考，以"再论段落大意的误区"为题，写一篇800字左右的文章。

应用与拓展

1. 对批判性阅读的读者来说，课文中有些关键词语的含义是需要追问的。例如：

　　◇比较长的文章

　　"比较长"是多长？"文章"是什么体式的文章？

　　◇特别是一些小段落

　　关于小段落的"无谓的纠缠"占其中多大比例？

　　◇比较好的文章

　　什么是"比较好的文章"？

请在课文中画出，除了上述所列词语之外，你认为需要搞清楚含义的词语。

2. 描述性假设，是隐含在文章语句中的关于事实的假设。如果改变这些假设，我们也许会产生跟作者截然不同的观点。请根据示例，识别最后一句中的描述性假设。

　　◇这（"大家还叫她祥林嫂"）应该归入哪一个大段落并不重要。

　　描述性假设：语文教师往往纠缠于这一句的段落归属问题。

　　◇不论你是如何精确地划分段落，也很难揭示那隐藏在文字背后的矛盾。

描述性假设：语文教学中的段落大意划分，是为了揭示隐藏在文字背后的矛盾。

◇段落大意的划分，最大的误区，就是把文章的全部段落平行地加以考虑。

描述性假设：_____。

第四课

事实与雄辩

刘亚猛

准备与预习

1. 根据你的经验，分别给"事实"和"雄辩"下一个定义。

2. 浏览课文，找到下列人名在课文中出现的位置。

西赛罗　维特根斯坦　波普尔　罗素　辛普森　普卢塔克
赫尔玛格拉斯

课文

《事实与雄辩》（课文略。节选自刘亚猛《追求象征的力量——关于西方修辞思想的思考》，三联书店2004年版）

整合与建构

一、倾听可能与自己信念相冲突的观点

1. 当你听说"事实胜于雄辩"是一个"毫无意义的命题"时，你的第一反应是反感还是好奇？请说说你的感受。

2. 阅读课文，完成下列任务。

（1）找出或归纳每段的结论句。

（2）用疑问句揭示每段所回答的论题。

（3）填写下表。

自然段	结论	论题
第1段	"事实胜于雄辩"在西方无人问津	这种现象的原因是什么呢？
第2段		
第5段		
第6段		
第7段		

3. 试着用自己的话陈述课文中支持上述结论的理由。你可以避开部分术语（比如"事实宣认"等），或者将其换成较通俗的说法。

4. 假设你向初中生讲述这篇文章，请按论题、结论、理由的次序，讲述每一段（除第3、4段外）的内容。

二、注意区分资料和对资料的解释

1. 资料是可验证、可查阅的，包括事例、引用的言论等。阅读课文第3、4段关于维特根斯坦和波普尔的论辩、辛普森案件的审判，指出哪些部分是资料，哪些部分是作者对资料的解释。

2. 课文前5段，原是一个完整的章节，标题是《为什么西方不说"事实胜于雄辩"》。从这一标题看，作者的主要意图是提供资料，还是对资料做出解释？

3. 阅读文章第1段，画出对资料解释的部分；阅读第2段，画出描述资料的部分。

4. 文章在最后一段指出了"消极的一面"和"积极的一面"，请你站在"事实不容篡改"的立场上，改写这一段。（提示：改变两个方面的次序及措辞）

（1）你看出文章对资料解释的倾向性了吗？

（2）你的改写，是证实了"事实对雄辩的依赖"，还是反驳了这一观点？

5. 现在，你应该能看出，文章实际上有两个观点：一个是作者介绍的观点（即西方的观点）；一个是作者的观点，体现在对资料的解释上。请分别举例说明这两个观点。

6. 读完课文，你是只接受作者所介绍的观点（即接受西方的观点）呢，还是一并接受作者所介绍的观点及作者自己的观点（即赞同作者的倾向性）呢？请结合课文，谈谈你的看法。

应用与拓展

1. 联系课文和链接材料，思考下列问题。

（1）在议论文写作中，你往往用事例（"事实"）来证明观点，你是怎么确定它们真的是"事实"的呢？

（2）你是怎样理解"同一个事例可以用来证明不同的观点"这句话的呢？

2. 阅读文章并不是要把每一句每一字都"读懂"，但是从语文学习的角度，还是有必要把那些不能理解的字词和语句都搞明白的。请画出课文中你尚不明了的字词和语句，向周围同学或老师请教。

链接

《关于"事实"》（内容略。美国诺希克著，柳铭心译《学会批判性思维——跨学科批判性思维教学指南》，中国轻工业出版社2005年版）

二　经典阅读的单元编制：孔子与苏格拉底①

单元导语

在"阅读与鉴赏"方面，本单元的能力建构指向"阅读视野与比较阅读"。在"表达与交流"方面，本单元的能力建构指向"倾听与讨论"。

本单元课文所涉及的主题，如"仁""正义""孝道"等，与现实生活息息相关。但是在平时，我们可能很少对这些主题进行理性的思考，因而初次接触本单元的课文，可能会因隔阂、生疏而感到有些难度。这是可以理解的。

然而隔阂会渐渐消除，生疏将变成熟知。随着讨论的展开，通过比较阅读，我们将会开拓自己的阅读视野，学会如何倾听。在本单元学习结束时，同学们会发现，我们与东方的孔子与西方的苏格拉底这两位人类导师进行了一场触及心灵深处的对话——在文本与自我之间。这场对话，值得永远记取。

第一课

孔子论"仁"

子曰："巧言令色，鲜矣仁！"

---

① 本单元由王荣生、倪文尖、刘时工、徐默凡等执笔编写。

朱熹《四书集注》①

巧，好。令，善也。好其言，善其色，致饰于外，务②以悦人，则人欲肆③而本心之德亡④矣。圣人辞不迫切，专言鲜，则绝无可知，学者所当深戒也。程子⑤曰："知巧言令色之非仁，则知仁矣。"

钱穆《论语新解》⑥

务求巧言令色以悦人，非我心之真情善意，故曰"鲜矣仁"。鲜，少义，难得义。不曰"仁鲜矣"，而曰"鲜矣仁"，语涵慨叹。

［译］先生说："满口说着讨人喜欢的话，满脸装着讨人喜欢的面色，（那样的人）仁心就很少了。"

李泽厚《论语今读》⑦

这章从消极、否定的方面规定"仁"，即强调"仁"不是某种外在的华丽，指出外在的容色和语言都应该服从内在心灵的塑造。过分的外在雕琢和装饰不但无益，而且有害于这种塑造。"仁"的特征是"爱"。今日如果重建以"仁"为"体"的哲学基础，那就是我所谓以心理——情感为本体。

［译］孔子说："花言巧语，虚颜假色，这是很少有仁爱的。"

子曰："人而不仁，如礼何？人而不仁，如乐何？"

---

① 朱熹《四书集注》：朱熹，字元晦，学者称朱子，南宋哲学家、教育家。四书为《大学》《中庸》《论语》《孟子》的合称。朱熹编著的《四书集注》，自明朝到清末一直是正统教材，当时科举考试的题目都出自《四书集注》。

② 务：追求。

③ 肆：放纵。

④ 亡：丢失。

⑤ 程子：程颐，字正叔，世称伊川先生。北宋哲学家、教育家。

⑥ 钱穆：《论语新解》，生活·读书·新知三联书店2002年版。

⑦ 李泽厚：《论语今读》，安徽文艺出版社1998年版。

朱熹《四书集注》

游氏曰："人而不仁，则人心亡矣，其如礼乐何哉？言虽欲用之，而礼乐不为之用也。"程子曰："仁者天下之正理。失正理，则无序①而不和。"李氏曰："礼乐待人而后行，苟②非其人，则虽玉帛交错，钟鼓铿锵，亦将如之何哉？然记者序此于八佾《雍》③彻之后，疑其为僭④礼乐者发也。"

钱穆《论语新解》

仁乃人与人间之真情厚意。由此而求表达，于是有礼乐。若人心中无此一番真情厚意，则虽有礼乐，亦无可用。如之何，犹今云拿它怎办，言礼乐将不为之用也。孔子言礼必兼言乐，礼主敬，乐主和。礼不兼乐，偏近于拘束；乐不兼礼，偏近于流放。二者兼融，乃可表达人心到一恰好处。

礼乐必依凭于器与动作，此皆表达在外者。人心之仁，则蕴蓄在内。若无内心之仁，礼乐都将失其意义。但无礼乐以为之表达，则吾心之仁亦无落实畅遂之所。故仁与礼，一内一外，若相反而相成。

……

孔子言礼，重在礼之本，礼之本即仁。孔子之学承自周公。周公制礼，孔子明仁。礼必随时而变，仁则亘古今而一贯无可变。《论语》所陈，都属通义，可以历世传久而无变。学者读本篇，更当注意于此。

［译］先生说："人心若没有了仁，把礼来如何运用呀？人心若

---

① 序：次序。

② 苟：如果。

③ 八佾《雍》：《论语》第三篇《八佾》中第二则是《雍》，《雍》是周天子举行祭礼后撤去祭品、祭器时所唱的诗。当时的鲁国大夫孟孙、叔孙、季孙，身为诸侯，在家祭时却命乐工唱只有天子主祭时才唱的《雍》之诗，孔子对这些"僭礼乐者"予以斥责。

④ 僭：超越本分，冒用职权。

没有了仁，把乐来如何运用呀？"

李泽厚《论语今读》

这是一篇大文章。说的是外在形式的礼乐，都应以内在心理情感为真正的凭依，否则只是空壳和仪表而已。某些音乐虽有曲调，甚或悦耳，但可感到里面是空的。孔学一个基本特征，在于塑造人性心理，亦如前所说。如果更具体一些，这"人性心理"主要应是某种"情理结构"，即理性（理智、理解）与情感（情绪、情欲）的各种不同程度、不同关系、不同比例的交融结合，亦即建筑在自然性的动物生存的生理基础之上的"人化的情感"，亦即我在美学论著中所强调的"内在自然的人化"。……这种特定的"情理结构"乃文化积淀而成的深层心理，我以为乃了解儒家孔学以及中华文化的关键之一。

［译］孔子说："人如果没有仁爱，讲什么礼？人如果没有仁爱，讲什么乐？"

子曰："不仁者不可以久处约，不可以长处乐。仁者安仁，知者利仁。"

朱熹《四书集注》

约，穷困也。乐，音洛。不仁之人，失其本心，久约必滥，久乐必淫。知，去声①。利，犹贪也。盖深知笃好②而必欲得之也。惟仁者则安其仁而无适不然，知者则利于仁而不易③所守。盖虽深浅之不同，然皆非外物所能夺矣。

---

① 去声：古代汉语的声调有四种——平声、上声、去声和入声，去声字在现代汉语中多读第四声。

② 笃好：十分喜好。笃：甚，很。

③ 易：变换。

钱穆《论语新解》

人之所以为人，主要在心不在境。外境有约有乐，然使己心不能择仁而处，则约与乐皆不可安。久约则为非，长乐必骄溢矣。仁者，处己处群，人生一切可久可大之道之所本。仁乃一种心境，亦人心所同有，人心所同欲。桃杏之核亦称仁，桃杏皆从此核生长，一切人事可久可大者，皆从此心生长，故此心亦称仁。若失去此心，将如失去生命之根核。浅言之，亦如失去其可长居久安之家。故无论外境之约与乐，苟其心不仁，终不可以久安。安仁者，此心自安于仁，如腰之忘带，足之忘履，自然安适也。利仁者，心知仁之为利，思欲有之。

本章承上章，申述里仁为美之意。言若浅而意则深。学者当时时体玩，心知有此，而于实际人生中躬修实体之，乃可知其意味之深长。

［译］先生说："不仁的人，将不能久处在困约中，亦不能久处在逸乐中。只有仁人，自能安于仁道。智人，便知仁道于他有利，而想欲有之了。"

李泽厚《论语今读》

这也就是孟子所讲"富贵不能淫，贫贱不能移，威武不能屈"。孔子说得委婉诚挚，孟子说得刚健高亢，时代有异，风格不同。

［译］孔子说："不仁的人，不能长期坚持在困苦环境中，也不能长期居处在安乐环境中。仁爱的人享用仁，聪明的人追求仁。"

子曰："唯仁者能好人，能恶人。"

朱熹《四书集注》

唯之为言独也。好、恶，皆去声。盖无私心，然后好恶当于理，程子所谓"得其公正"是也。游氏曰："好善而恶恶，天下之同情，然人每失其正者，心有所系而不能自克也。唯仁者无私心，所以能好恶也。"

钱穆《论语新解》

此章，语更浅而意更深。好人恶人，人孰不能？但不仁之人，心多私欲，因多谋求顾虑，遂使心之所好，不能真好。心之所恶，亦不能真恶。人心陷此弱点，故使恶人亦得攘臂自在于人群中，而得人欣羡，为人趋奉。善人转受冷落疏远，隐藏埋没。人群种种苦痛罪恶，胥由此起。究其根源，则由人之先自包藏有不仁之心始。若人人能安仁利仁，使仁道明行于人群间，则善人尽得人好，而善道光昌，恶人尽得人恶，而恶行匿迹。人人能真有其好恶，而此人群亦成为一正义快乐之人群。主要关键，在人心之能有其好恶，则人心所好自然得势，人心所恶自不能留存。此理甚切近，人人皆可反躬自问：我之于人，果能有真好真恶否？我心所好恶之表现在外者，果能一如我心内在之所真好真恶否？此事一经反省，各可自悟，而人道之安乐光昌，必由此始。此章陈义极亲切，又极宏远；极平易，又极深邃。人人能了解此义，人人能好恶人，则人道自臻光明，风俗自臻纯美。此即仁者必有勇之说。

[**译**] 先生说："只有仁者，能真心地喜好人，也能真心地厌恶人。"

李泽厚《论语今读》

谁不能喜恶？这里依然是说，虽喜恶也并非一任情感的自然，中仍应有理知判断在内。《礼记·曲礼》所谓"爱而知其恶，憎而知其善"，更表现出这一点。这样，喜恶才不只是情绪性、更不是生物性的反应，而只有"仁人"（真正具有人性的人）能做到这一点。可见，"仁"不能等同于理（包括"天理"）而是其中有理又有情，即仍是某种情理结构的展现。此情包括恶（不喜欢、憎恶），亦足见仁者并非是非不分、义理不问的好好先生。但这种"是非之心"不只是理知判断，或服从于某种先验的律令态度，它是融理于情的人生态度。这与西方讲的"是非"、康德讲的实践理性，仍大不同。中国的"是非"不是中性的事实陈述，而总是或多或少含有价值判断和情感态度在内。钱穆《论语要略》："仁者……以真情示人，故能自有好恶。……从来解此章者，……都不识得'能'字。""知当知识，仁当情感，勇当意志。而知情意三者之间，实以情为主。情感者，心理活动之中枢也。真情畅遂，一片天机。"梁漱溟说："欲望是以个人主体为重，情感则以对方及双方关系为重。"（《中国文化要义》）均以重情感为中国文化特点所在。

［译］孔子说："只有仁爱的人才能喜欢人，憎恶人。"

自主·个性 阅读

一、在初中，我们曾学过《〈论语〉十二章》，还记得吗？请背一背，说一说。

二、尽量多地说出带"仁"字的成语，看哪些成语中的"仁"跟上述四则中含义相同或相似。

三、背诵课文所选的《论语》四则。

四、你对朱熹、钱穆和李泽厚有了解吗？他们对《论语》四则的注解，有哪些是你较难理解的？请找出那些词句，并与同学讨论。如讨论后仍无法理解，可查阅相应的工具书或其他资料。

过程·方法 建构

一、阅读原典

1.阅读原典，务必字字明了。参考朱熹等三家注解，用自己的话解释下面带点词语的深刻含义。

鲜矣仁　　　如礼何　　　　知者利仁　　　　能恶人

2."一部《论语》，其中所记载的大都是孔子回答学生们的话。学生们东提一个问题，西提一个问题，其问并无联系。孔子东答一个问题，西答一个问题，其答亦并无联系。就形式看，《论语》是没有系统的；就实质上看，还是有系统的。"把本课的《论语》四则联系起来，说说"仁"的含义。

二、理会注解

1. 注解，包括词语的注释和义理的阐发。阅读《四书集注》的四则注解，说说朱熹是用什么方式阐发义理的。

2. 在注解和译文中，钱穆把"仁"解释为"仁心"，李泽厚把"仁"解释为"仁爱"。这两种解释有区别吗？请回答下列问题。

（1）在《论语新解》的四则材料中，画出与"仁心"有关的词句，并说说钱穆对"仁"的理解。

（2）在《论语今读》的四则材料中，画出与"仁爱"有关的词句，并说说李泽厚对"仁"的解释。

（3）比较两者的相同点和不同点。

3. 读一般的文章，比如这里的三家注解，关键处一定要弄清，但有时也要"容忍模糊"。文章中的有些语句，在读者看来可能是不重要的（尽管作者可能认为很重要），那就不妨暂时放过，只了解个大体即可。研读李泽厚对《论语》四则的解释，说说其中哪些语句是关键处，哪些语句在你看来不太重要，因而不妨"模糊"处理。

三、切身感受

1. 古人云："凡看《语》《孟》，且须熟读玩味。须将圣人言语切己，不可只作一场话说。"你怎么理解这句话？

2. 朱熹注解"人而不仁"这一则时，引用了李氏的话，说记录者把它编排在"八佾《雍》之后"，因而推测这番话可能是孔子对鲁国大夫孟孙等人的斥责。而钱穆则纠正此说，指出："礼必随时而变，仁则亘古今而一贯无可变。《论语》所陈，都属通义，可以历世传久而无变。"你同意钱穆的说法吗？

3. 有人说，孔子谈的"仁"，是很古老的事了，你的想法呢？结合自己的心得，谈谈求"仁"的现实意义。

4. 反复诵读课文所选的《论语》四则，结合下面的论述，用语音语调把你体验到的意蕴表现出来。

　　同一部《论语》，不同时代的不同人读出了不同的内容。这是因为阅读存在着不同的接受视野。我们对文章和文学作品的阅读，同样也受自己的接受视野的制约。生活经历和经验、思想性格和素养、阅读习惯和能力等等，这些决定了我们怎样去对待作品，很大程度上也决定了我们对作品的理解。这是阅读主体性的体现。

另一方面，阅读又在不断地扩大或调整着我们的视野。满足于既有的视野，就会使学习停滞，因而也就失去了阅读最重要的价值。

第二课
答与问——两种言说方式
孔子：答疑解惑

【提示】下面四则选自《论语》，是孔子与学生在不同场合里的对话，主题均是"怎样是孝道"。白话试译，选自钱穆《论语新解》。

孟懿子问孝，子曰："无违。"樊迟御，子告之曰："孟孙问孝于我，我对曰，无违。"樊迟曰："何谓也？"子曰："生，事之以礼。死，葬之以礼，祭之以礼。"

孟武伯问孝，子曰："父母唯其疾之忧。"①

子游问孝，子曰："今之孝者，是谓能养。至于犬马，皆能有养。不敬，何以别乎？"

子夏问孝，子曰："色②难。有事，弟子服其劳；有酒食，先生馔③。曾④是以为孝乎？"

---

① 父母唯其疾之忧：倒装句式，意思是"父母唯忧其疾"。

② 色：脸色。

③ 馔：吃喝、享用。

④ 曾：竟也。

白话试译

孟懿子问："怎样是孝道？"先生说："不要违逆了。"一日，樊迟为先生御车，先生告诉他说："孟孙问我孝道，我答他不要违逆了。"樊迟说："这是什么意思呀？"先生说："父母生时，当以礼奉事。死了，以礼葬，以礼祭。"

孟武伯问："怎样是孝道？"先生说："让你的父母只忧虑你的疾病。"

子游问："怎样是孝道？"先生说："现在人只把能养父母便算是孝了。就是犬马，一样能有人养着。没有对父母一片敬心，又在何处作分别呀！"

子夏问："怎样是孝道？"先生说："难在子女的容色上。如遇有事，由年幼的操劳；有了酒食，先让年老的吃，这就是孝了吗？"

苏格拉底：问难去蔽

【提示】下面的对话片段选自柏拉图《理想国》①。在雅典商人克勒托丰家，苏格拉底和格劳孔、玻勒马霍斯及色拉叙马霍斯等人就什么是"正义"展开讨论。色拉叙马霍斯是当时著名的诡辩家。（"色"即"色拉叙马霍斯"，"苏"即"苏格拉底"，"玻"即"玻勒马霍斯"，"克勒"即"克勒托丰"）

色拉叙马霍斯：瞧！苏格拉底又来玩那一套了。他自己不肯回答，人家说了，他又来推翻人家的话。

苏格拉底：我的高明的朋友啊！一个人在这种情况之下，怎么能回答呢？第一，他不知道，而且自己也承认不知道。第二，就算他想说些什么吧，也让一个有权威的人拿话给堵住了嘴。现在当然请你来讲才更合适。因为你说你知道，并且有答案。那就请你不要舍不得，对格劳孔和我们这些人多多指教，我自己当然更是感激不尽。

---

① ［古希腊］柏拉图：《理想国》，郭斌和、张竹明译，商务印书馆1986年版。

［当我说到这里，格劳孔和其他的人也都请色拉叙马霍斯给大家讲讲。他本来就跃跃欲试，想露一手，自以为有一个高明的答案，但他又装模作样死活要我先讲，最后才让步。］

色：这就是苏格拉底精明的地方，他自己什么也不肯教别人，而到处跟人学，学了以后又连谢谢都不说一声。

苏：色拉叙马霍斯，你说我跟人学习，这倒实实在在是真的：不过，你说我连谢都不表示，这可不对。我是尽量表示感谢，只不过因为我一文不名，只好口头称赞称赞。我是多么乐于称赞一个我认为答复得好的人呀。你一回答我，你自己马上就会知道这一点的；因为我想，你一定会答复得好的。

色：那么，听着，我说正义不是别的，就是强者的利益。——你干嘛不拍手叫好？当然你是不愿意的啰！

苏：我先得明白你的意思，才能表态。可这会儿我还闹不明白。你说对强者有利就是正义。色拉叙马霍斯啊！你这到底说的是什么意思？总不是这个意思吧：因为浦吕达马斯是运动员，比我们大伙儿都强，顿顿吃牛肉对他的身体有好处，所以正义；而我们这些身体弱的人吃牛肉虽然也有好处，但是就不正义？

色：你真坏！苏格拉底，你成心把水搅混，使这个辩论受到最大的损害。

苏：决没有这意思。我的先生，我不过请你把你的意思交代清楚些罢了。

色：难道你不晓得统治各个国家的人有的是独裁者，有的是平民，有的是贵族吗？

苏：怎么不知道？

色：政府是每一城邦的统治者，是不是？

苏：是的。

色：难道不是谁强谁统治吗？每一种统治者都制定对自己有利的法律，平民政府制定民主法律，独裁政府制定独裁法律，依此类推。

他们制定了法律明告大家：凡是对政府有利的对百姓就是正义的；谁不遵守，他就有违法之罪，又有不正义之名。因此，我的意思是，在任何国家里，所谓正义就是当时政府的利益。政府当然有权，所以唯一合理的结论应该说：不管在什么地方，正义就是强者的利益。

苏：现在我明白你的意思了。这个意思对不对，我要来研究，色拉叙马霍斯，你自己刚才说，正义是利益，可是你又不准我这么说。固然，你在"利益"前面加上了"强者的"这么个条件。

色：这恐怕是一个无足轻重的条件。

苏：重要不重要现在还难说。但是明摆着我们应该考虑你说的对不对。须知，说正义是利益，我也赞成。不过，你给加上了"强者的"这个条件，我就不明白了，所以得好好想想。

色：尽管想吧！

苏：我想，你不是说了吗，服从统治者是正义的？

色：是的。

苏：各国统治者一贯正确呢，还是难免也犯点错误？

色：他们当然也免不了犯错误。

苏：那么，他们立法的时候，会不会有些法立对了，有些法立错了？

色：我想会的。

苏：所谓立对的法是对他们自己有利的，所谓立错了的法是对他们不利的，你说是不是？

色：是的。

苏：不管他们立的什么法，人民都得遵守，这是你所谓的正义，是不是？

色：当然是的。

苏：那么照你这个道理，不但遵守对强者有利的法是正义，连遵守对强者不利的法也是正义了。

色：你说的什么呀？

苏：我想我不过在重复你说过的话罢了。还是让我们更仔细地考虑一下吧。当统治者向老百姓发号施令的时候，有时候也会犯错误，结果反倒违背了自己的利益。但老百姓却必得听他们的号令，因为这样才算正义。这点我们不是一致的吗？

色：是的。

苏：请你再考虑一点：按你自己所承认的，正义有时是不利于统治者，即强者的，统治者无意之中也会规定出对自己有害的办法来的；你又说遵照统治者所规定的办法去做是正义。那么，最最智慧的色拉叙马霍斯啊，这不跟你原来给正义所下的定义恰恰相反了吗？这不明明是弱者受命去做对强者不利的事情吗？

玻：苏格拉底，你说得再清楚不过了。

克勒托丰插嘴说：那你不妨做个见证人。

玻：何必要证人？色拉叙马霍斯自己承认：统治者有时会规定出于己有损的办法；而叫老百姓遵守这些办法就是正义。

克勒：玻勒马霍斯啊！色拉叙马霍斯不过是说，遵守统治者的命令是正义。

玻：对，克勒托丰！但同时他还说，正义是强者的利益。承认这两条以后，他又承认：强者有时候会命令弱者——就是他们的人民——去做对于强者自己不利的事情。照这么看来，正义是强者的利益，也可能是强者的损害。

克勒：所谓强者的利益，是强者自认为对己有利的事，也是弱者非干不可的事。这才是色拉叙马霍斯对正义下的定义。

玻：他可没这么说。

苏：这没有关系。如果色拉叙马霍斯现在要这么说，我们就权当这是他本来的意思好了。色拉叙马霍斯，你所谓的正义是不是强者心目中所自认为的利益，不管你说没说过，我们能不能讲这是你的意思？

色：绝对不行，你怎么能认为我把一个犯错误的人在他犯错误的时候，称他为强者呢？

苏：我认为你就是这个意思。因为你承认统治者并不是一贯正确，有时也会犯错误，这就包含了这个意思。

（对话仍在继续，以下内容略）

自主·个性　阅读

一、参阅"白话试译"，说说你对课文所选的《论语》四则的理解，并背诵。

二、按对话的进程，将《苏格拉底：问难去蔽》分成几个段落，并说说各段大意。

三、孔子答孟懿子的"无违"，有"毋违（父亲）志"与"无违礼"两层意思。你认为这两者始终是统一的吗？有没有"违志"而"无违礼"，或者"违礼"而"毋违志"的情况？请结合实例，说说你的看法。

过程·方法　建构

一、孔子的因材施教

1. "怎样是孝道？"对不同的学生，孔子分别做了五种不同的解答。参考下面的注解，体会孔子回答各异的奥妙。

孟懿子：鲁国的大夫，姓仲孙（也称孟孙），名何忌，谥号懿。他父亲是孟僖子仲孙貜，贤而好礼。孟僖子将死，遗嘱要何忌向孔子学礼。孔子对孟懿子说"无违"，可以理解为"毋违（父亲）志"，隐含的意思是"无违礼"。

樊迟：孔子的学生，名须，字子迟。在孔子的诸弟子中，樊迟较为愚钝，对孔子的教诲，常常"未达"（不能理解）。樊迟问"何谓也"，孔子怕他狭隘地理解为"毋违（父亲）志"，因此对"无违"做出了明确的解释，指出孝是"无违礼"。

孟武伯：孟懿子之子，名彘，谥号武。从谥号推测，孟武伯可能一向勇猛，父母总怕他因此而惹是生非、遭难遇祸。所以孔子回答他说，行孝道就是"父母唯其疾之忧"。意思是说，父母只担忧子女不能自主的疾病，而对子女的其他一切都能放心。

子游：孔子弟子，姓言，名偃。后人据孔子的答语，推测子游可能对父母能养而稍失于敬。

子夏：孔子弟子，姓卜，名商，是孔门的高才生，擅长文学。后人据孔子的答语，推测子夏可能有时对父母少温润之色。

"色难"，意思是说，孝子侍奉父母，以能和颜悦色为难，正像古语所说："孝子之有深爱者，必有和气。有和气者，必有愉色。有愉色者，必有婉容。"

2. 对"怎样是孝道"的问题，孔子所作的五种解答有共同的核心吗？是什么？

3. 在《读论语孟子法》中，程子说："学者须将《论语》中诸弟子问处便作自己问，圣人答处便作今日耳闻，自然有得。虽孔孟复生，不过以此教人。"想一想，议一议：假如你现在询问孔子"怎样是孝道"，孔子会如何作答？

二、苏格拉底问答法

1.《苏格拉底：问难去蔽》典型地表现出了"苏格拉底问答法"。研读课文，完成下列填空。

"苏格拉底问答法"是按照这样的次序展开的：

（1）提出一个论题；

（2）假设自己＿＿＿＿＿＿＿＿＿＿＿＿，让对方亮出观点；

（3）根据对方的观点＿＿＿＿＿＿＿＿＿＿＿＿＿＿；

（4）使对方＿＿＿＿＿＿＿＿＿＿＿＿＿＿＿，使对方认识到

＿＿＿＿＿＿＿＿＿＿＿＿＿＿＿。

2. "苏格拉底问答法"，是使对话双方对论题相互质问，但最终却总是没有得出任何明确结论的辩论方法，所以又被叫作"疑难性对话"。既然在结束时总是得不出任何明确结论，那么这种"疑难性对话"、这种追根究底的问答有什么意义呢？请结合课文，谈谈你的看法。

三、言说方式比较

1. 孔子回答的问题是"怎样是孝道"，苏格拉底面对的问题是"什么是正义"。你认为"怎样是"与"什么是"这两者有区别吗？如有，请谈谈你的看法。

2.角色扮演游戏。

（1）以"孝道"为话题，假设苏格拉底与孟懿子等人进行对话，他们会说些什么？

（2）以"正义"为话题，假设孔子与色拉叙马霍斯等人进行对话，他们会说些什么？

（3）请扮演孔子或苏格拉底的同学谈谈：通过角色扮演游戏，你体会到孔子与苏格拉底的言说方式有哪些不同？

（4）请扮演孟懿子等人或色拉叙马霍斯等人的同学谈谈：通过角色扮演游戏，你有怎样的感触？

3. 运用比较阅读的方法，仔细研读课文，感受中华民族的"孝道"、倾听古希腊的"正义"，与东西方的两位先哲进行内心的对话。注意：比较阅读不仅仅是一种阅读方法，更主要的是，它能带给我们宽阔的视野，从而使我们能够用新的眼光来看待世界、认识自我。

四、东方和西方：大师风范

阅读下列选文，感受东西方两位先哲的高风亮节。阅读提示：《侍坐》是《论语》中最具风采的一则，孔子的音容笑貌仿佛历历在目。苏格拉底的《申辩》，栩栩如生地刻画了他的为人处世，这样的描述在他以前的对话中从来没有出现过。

《侍坐》及译文（内容略）

《申辩（节选）》（内容略）

三　探究学习的单元编制：社科类文章阅读[①]

单元导语

社科类文章，一般指社会科学领域具有学科专业性的文章，如哲学、经济学、法学、历史学、伦理学、社会学、文艺学、美学、语言学、教育学等学科的论文或论著。阅读社科类文章，是一个开放的、不断延伸与拓展的探究过程。

本单元着重学习三个层面的提问：对自己提问，要点在理解文章；对文章提问，要点是对文章进行质询；对所论述的主题提问，要点在把握文章主题。

学习本单元，建议按教材设计的步骤进行。为了达到学习的效果，你应该在与同学合作的过程中，和教材产生积极互动，并兼顾阅读与欣赏、表达与交流两个方面。

本单元所选的几篇文章，分别涉及文化、哲学、美学、社会学和历史学等不同的领域，但所论述的主题，都和"文化的生命"有直接的关系。启迪思想、叩问人生，这是我们学习这个社科类文章阅读单元的根本所在。

如果通过学习本单元，你能觉得阅读社科类文章、在社会科学领域做研究工作，是一件有意义、有趣味的事情，因而愿意去更广泛、更深入地了解和学习社科知识，那么就证明你已达成了本单元最重要的学习目的。

[①] 本单元由王荣生、陆海明、高洁等编撰。

第一课

现代文化的基本特点①

周有光

【提示】按在语文课上习常的方式阅读下面的文章，并运用圈点勾画批注阅读的方法。

现代文化是逐渐发展起来的新事物，有些国家还有不少人没有感觉到它的存在，以为它只不过是原来西方的文化而已。因此需要把它的基本特点略作说明。

现代文化是全世界人民"共创、共有、共享"的文化。它不属于某一个人、也不属于某一个国家，任何人、任何国家，都可以参加进去，作出创造、共同利用。例如，诺贝尔物理学奖金的获得者已经有十六七个国家的一百二十多位学者，虽然西方学者居多数，但是东方学者也做出了重要贡献，其中有华人、日本人、印度人等。世界各国大学的物理学课程中都在讲解这些学者的创造。在图书馆里查看一下各国的大学课程，可以看到极大部分是现代文化，只有很少一些课程属于当地的传统文化，强调民族主义②的国家也不例外。

现代文化是全球化的文化。交通阻隔、往来不便的时代，不可能有全球化的文化；交通发达、往来频繁的时代，地球缩小成为一个地球村，才可能有全球化的文化。全球化的现代文化没有国界，它是国际文化。例如，月球在不同的国家原来有不同的神话，你的月球神话跟我的月球神话不同，那是地区的传统文化。人类登月成功之后，拍下了月球的照片，拿回了月球的土块，月球的面貌从神话变成现实，

---

① 转引自《时文阅读·高一·上》，上海教育出版社2001年。

② 民族主义：将本民族的利益放在其他民族利益之上，体现在对民族的看法及处理民族问题的纲领和政策中。

大家有了对月球的共同认识，这是国际性的现代文化。

现代文化是现代知识的最新成果。知识是逐步积累、不断更新、永远前进的。中国古代相信"天垂象"，这样的迷信在西欧也曾经流行过。例如，1066年，欧洲发现彗星，欧洲人认为这是诺曼底人征服英国的预兆。天是什么东西，人类在几千年中无法看透。天体运行的规律到1687年牛顿发现万有引力才有初步的解释，后来发现的宇宙不守恒现象又补充了关于天体的知识。现代文化是当前的最新成就，当然还需要不断研究和更新。

现代文化以科学和源出于科学的技术为主体。人类的文化发展在原始文化之后可以分为三个时期：早期以宗教为主体，中期以哲学为主体，后期以科学为主体。科学是一元性的，全世界科学家一致认可才是科学，没有公说公有理、婆说婆有理的民族科学。苏联创造米丘林生物学和马尔语言学的失败经验已经证明了这一点。

现代文化既有物质，又有精神。物质和精神是相互依存、相互促进的，不是彼此矛盾、彼此分离的。现代文化已经把人类生活彻底改变，既改变了物质，也改变了精神。有人说物质和精神的区别是，物质有重量，精神无重量。如果这个说法能够成立，那么，硬件是物质，软件是精神，硬件和软件是形影不离的。

有了现代文化，不是就不要传统文化了。现代文化和传统文化是并行不悖①的。现代人是"双文化人"，既需要现代文化，又需要传统文化，甚至既需要科学，又需要宗教。现在世界上有四种传统文化：西欧传统文化、西亚传统文化、南亚传统文化和东亚传统文化。西欧文化传播到北美，合称西方文化，其他三种亚洲（西亚、中亚、东亚）的传统文化都是东方文化。以中国文化为主导的东亚传统文化是东方文化之一种。中国不能独占"东方"的名义。把现代文化说成西方文化，是不正确的；说成美国文化，更加不正确。把东西文化看作

---

① 并行不悖：两者可以并行，不相反。悖，相反。

势不两立，不是东风压倒西风，就是西风压倒东风，那是不了解文化演变的历史规律。现代文化是从不同的传统文化相互接触之后，经过彼此学习、提高、检验、公认而后形成的新文化。没有公认的部分照旧保留于地区的传统文化之中。在现代文化向全世界传播的潮流中，各个地区的传统文化都在自动适应，自我完善，自然代谢①。

【讨论一：对自己提问】

※阅读目的与读物种类

阅读有种种不同的目的。阅读目的不同，阅读的方式往往也有很大的区别。《不列颠百科全书》的编委会主席莫蒂默·阿德勒认为，人们阅读书籍，通常是以下列三种目的中的一种为其主要目的：为娱乐而阅读（个人的消遣），为获取信息而阅读（得到容易理解的信息），为启迪思想而阅读（获得难懂但我们非常渴望获取的知识）。阅读研究专家一致认为，阅读的方式还与读物的种类密切相关。比如阅读论述类的读物，就需要采用与阅读文艺类、实用类的读物不同的阅读方式。

1. 你同意上面的说法吗？对于阅读的目的，你是不是还有补充？与同学一起讨论一下。

2. 我们在语文课之外的阅读，比如读报纸、说明书、小说、卡通画、同学的作文、教材、广告词等等，通常抱着什么目的？阅读的不同目的，对我们的阅读方式（怎么阅读）有什么影响？

3. 在语文课上，我们学会了哪些阅读方式，这些阅读方式与读物的种类有联系吗？比如我们有些时候是从学习写作技巧的角度学习课文的，有些时候是从鉴赏的角度学习课文的，有些时候是为完成作业而学习课文的。还有其他目的吗？如果你想不出的话，不妨把初中或上学期的语文课本找出来，一篇一篇对照着，回想当时学课文时的情形，然后再琢磨一下自己学会的了哪些阅读方式，以及它们与读物

---

① 代谢：交替，更替

种类之间的关系。你也可以去请教语文老师，让老师讲一讲当时他（她）想让你学会的是怎样的阅读方式。

【讨论二：对文章提问】

※进行质询

1. 下面是一位读者阅读上文之后的一段札记，请阅读后回答下列问题，并与同桌的同学一起讨论一下。

> 作者注目于现代社会的全球化特征，从匡正人们将现代文化与西方文化混为一谈的谬误出发，阐述了现代文化的全球性、时代性等特征，并以此为基点，进一步就如何对待现代文化的问题进行深入思考：从文化共存的角度，提出现代文化与传统文化并行不悖的想法；从文化构成的角度，提出铸造"双文化人"的设想。

（1）如果这位读者在上文中做了一些批注点评，他会注意到哪些文句和词语？

（2）他注意到的文句和词语，你在刚才的阅读中是不是也做了批注点评？哪些地方这位读者做了而你没有注意到，哪些地方你做了而这位读者没有注意到？

（3）如果要你也写一段读后札记的话，你会写些什么？和这位读者一样吗？如果是差不多的话，那么你认为在阅读这篇文章时，应该抱着怎样的目的呢？

2. 下面是另一位读者在阅读上文时所做的批注点评，他的阅读方式跟上一位读者及你刚才的阅读方式有何区别？他的阅读目的是什么呢？

段落	原文	批注点评
第2段	现代文化是全世界人民"共创、共有、共享"的文化。它不属于某一个人、也不属于某一个国家，任何人、任何国家，都可以参加进去，作出创造、共同利用。例如，诺贝尔物理学奖金的获得者已经有十六七个国家的一百二十多位学者，虽然西方学者居多数，但是东方学者也做出了重要贡献，其中有华人、日本人、印度人等。世界各国大学的物理学课程中都在讲解这些学者的创造。在图书馆里查看一下各国的大学课程，可以看到极大部分是现代文化，只有很少一些课程属于当地的传统文化，强调民族主义的国家也不例外。	◎这里将"现代文化"作为集合概念来用，但下文又将其作为单独概念用，不严密。 ◎这一段为了说明"现代文化是……文化"，而举出了例子，但这些例子都属于"科学"的范畴。但科学只是文化的一部分，可见作者的论证并不严密。 ◎"可以参加"，不等于"能够"参加，更不等于现实地参加。 ◎"现代文化"和"传统文化"的界限在哪里？
第3段	现代文化是全球化的文化。交通阻隔、往来不便的时代，不可能有全球化的文化；交通发达、往来频繁的时代，地球缩小成为一个地球村，才可能有全球化的文化。全球化的现代文化没有国界，它是国际文化。例如，月球在不同的国家原来有不同的神话，你的月球神话跟我的月球神话不同，那是地区的传统文化。人类登月成功之后，拍下了月球的照片，拿回了月球的土块，月球的面貌从神话变成现实，大家有了对月球的共同认识，这是国际性的现代文化。	◎用传播的范围作为"现代文化"的特征是有条件的。 ◎作者在举例中，前边是说"神话"，后边在说"科学"，莫非在作者看来，只有"科学"才是"国际性的现代文化"？哪些是"科学"之外的呢？比如"民主"的价值观，算不算"现代文化"？
第5段	现代文化以科学和源出于科学的技术为主体。人类的文化发展在原始文化之后可以分为三个时期：早期以宗教为主体，中期以哲学为主体，后期以科学为主体。科学是一元性的，全世界科学家一致认可才是科学，没有公说公有理、婆说婆有理的民族科学。苏联创造米丘林生物学和马尔语言学的失败经验已经证明了这一点。	◎这三个时期不知有何凭据。 ◎"科学是一元性的"这个判断太武断，也不合事实。科学往往是在争议中发展的，是动态的过程。 ◎没有民族科学，并不等于没有现代民族文化。

续表

段落	原文	批注点评
第7段	有了现代文化，不是就不要传统文化了。现代文化和传统文化是并行不悖的。现代人是"双文化人"，既需要现代文化，又需要传统文化，甚至既需要科学，又需要宗教。现在世界上有四种传统文化：西欧传统文化、西亚传统文化、南亚传统文化和东亚传统文化。西欧文化传播到北美，合称西方文化，其他三种亚洲（西亚、中亚、东亚）的传统文化都是东方文化。以中国文化为主导的东亚传统文化是东方文化之一种。中国不能独占"东方"的名义。把现代文化说成西方文化，是不正确的；说成美国文化，更加不正确。把东西文化看作势不两立，不是东风压倒西风，就是西风压倒东风，那是不了解文化演变的历史规律。现代文化是从不同的传统文化相互接触之后，经过彼此学习、提高、检验、公认而后形成的新文化。没有公认的部分照旧保留于地区的传统文化之中。在现代文化向全世界传播的潮流中，各个地区的传统文化都在自动适应，自我完善，自然代谢。	◎"现代文化"与"传统文化"有并行不悖的一面，但更有冲突的一面。否则何以称"现代文化"？ ◎"四个传统文化"不知是谁的划分，南美、非洲似乎没有含进去。 ◎"现代文化"如果包括"西方文化"，这里的判断矛盾；如不包括，不合事实。

社科类文章阅读（一）

　　社科类文章是个不很严格的说法，一般指研究各种社会科学的文章，如哲学、经济学、法学、历史学、伦理学、社会学、文艺理论、美学、语言学、教育学等。社科类文章的阅读，在正常的情况下，大致要经历以下三个层面。

　　第一，对自己提问。也就是问自己有没有弄明白文章说了什么，或者文章想说什么。要点在理解文章，要求读者能用自己的话客观而准确地概括出文章的主要观点。上面第一位读者所做的，就是在这个层面上的阅读（你不一定要认可他的概括）。

第二，对文章提问。也就是问文章有没有说清楚自己的观点，或者论述能不能成立。要点是对文章进行质询，要求读者对其观点和论述做出自己独立而合乎逻辑的判断。上面第二位读者所做的，就是这个层面上的阅读（你不一定要赞同他的评注意见）。

第三，对所论述的主题提问。也就是问文章作者所谈论的究竟是怎么一回事情。在正常的情况下，阅读社科类文章时，我们并不将注意力放在作者或文章上，而是集中在所论述的某一事情或问题上。阅读社科类文章，是一个开放的、不断延伸与拓展的探究过程。读完一篇，并不意味着你就获得了一个独一无二的正确答案，你可能心存疑惑，你可能有别的意见，你还应该听一听其他文章所发出的不同的声音，因而你需要阅读同一主题或相关主题的更多的文章。

熟练的读者，往往在阅读活动中会同时经历三个层面，但作为这种阅读样式的初步接触者，我们还是建议你分步去实践。

3. "文化"指什么？"现代文化"是什么？"现代文化"与"传统文化"究竟是何种关系？谈论这样的主题对"我"有何意义？你头脑里是否正冒出这样一连串的问题。有哲学家说，任何学问，都从"问"开始。若你读完课文后也有以上问题，那么你已经迈上了学习社会科学领域知识之台阶。请结合下面的材料，思考上面的问题，并与同学交流。

"文化"一词，在用法上有广义狭义之分。狭义的是指精神文化，如伦理、民俗、哲学、科学及艺术等。广义的，除精神文化外，也包括物质文化和各种社会制度（如政治、法律、经济、教育等）或者是现代人类学、民族学等所惯用的。我个人比较赞成这种定义。

从上面对文化的定义的确定，我们可以进而给传统文化（或民族的传统文化）以大略的定义，那就是——

传统文化，是指我们民族千百年来历代祖先们为了生存和发展的需要，根据现实可能的条件，所创建、改造、享受、传承的物质的、制度的和精神的各种事物的总称。

——钟敬文《传统文化随想》

【讨论三：对所论述的主题提问】

1. 提问，意味着要有回答者。对自己的提问，由谁来回答？对文章的提问，由谁来回答？对论述主题的提问，由谁来回答？

2. 文章的论述能不能成立，与同不同意文章的观点是一回事吗？如果论述成立，但文章所表达的观点与你的想法有冲突，该怎么办？如果论述不能成立，而文章所表达的观点正是你主张的，该怎么办？

3. 阅读社科类的文章，一定要经历三个层面吗？有人说，我虽然不能用自己的话准确地概括文章的主要观点，但这并不妨碍我对文章提出批评。又有人说，我用不着再去阅读同一主题或相关主题的更多的文章，因为我对文章所论述的那个问题有自己的独立见解。你同意这些说法吗？

4. 社科类文章阅读的主要目的，通常情况下属于莫蒂默·阿德勒所说的三种目的中哪一种？请结合课文，说说你的理由。

5. 如果你对如何阅读社科类文章还有其他疑惑，试着提出来与同学、老师一起讨论。你也可以就上述问题向从事社会科学研究工作的师长讨教，或给你所知道的社会科学领域的专家写信询问。

第二课

人生的意义及人生中的境界[①]

冯友兰

【提示】按上一课所学的阅读方法阅读课文：对自己提问，要点在理解文章；对文章提问，要点是对文章进行质询；对所论述的

---

① 选自李中华编《冯友兰学术文化随笔》，中国青年出版社1996年版。

主题提问，也就是问该文究竟谈论了什么。建议分步实践，阅读时注意动笔。

何谓"意义"？意义发生于自觉及了解；任何事物，如果我们对它能够了解，便有意义，否则便无意义；了解越多，越有意义，了解得少，便没有多大的意义。何谓"自觉"？我们知道自己在做一种事情，便是自觉。人类与禽兽所不同的地方，就是人类能够了解，能够自觉，而禽兽则否。譬如喝水吧，我们晓得自己在喝，并且知道喝水是怎么一回事；可是兽类喝水的时候，它却不晓得它在喝水，而且不明白喝水是一回什么事，兽类的喝水，常常是出于一种冲动。

对于任何事物，每个人了解的程度不一定相同，然而兽类对于事物，却谈不到什么了解；例如我们在礼堂演讲，忽然跑进了一条狗，狗只看见一堆东西，坐在那里，它不了解这就是演讲，因为它不了解演讲，所以我们的演讲，对于它便毫无意义。又如逃警报的时候，街上的狗每每跟人们乱跑，它们对于逃警报，根本就不懂得是一回什么事，不过跟着人们跑跑而已。可是逃警报的人却各有各的了解，有的懂得为什么会有报警，有的懂得为什么敌人会打我们，有的却不能完全了解这些道理。

同样的，假如我们能够了解人生，人生便有意义，倘使我们不能了解人生，人生便无意义。各个人对于人生的了解多不相同，因此，人生的境界，便有分别。

境界的不同，是由于认识的互异；这，有如旅行游山一样，地质学家与诗人虽同往游山，可是地质学家的观感和诗人的观感，却大不相同。

人生的境界，大体上可分为四类：（一）自然境界——最低级的，了解的程度最少，这一类人，大半是"顺才"或"顺习"。（二）功利境界——较高级的，需要进一层的了解。（三）道德境界——更高级的，需要更高深的理解。（四）天地境界——最高的境界，需要最彻底的了解。在自然境界中的人，不论干什么事情，不是依照社会习惯，便是依照其本性去做；他们从来未曾了解做某种事情的意义，往好处说，这就是"天真烂漫"，往差处说便是"稀里糊涂"；他们既不懂得为什么要这样做，又不明白做某种事情有什么意义，所以他们可说没有自觉。有时他们纵然是整天笑嘻嘻，可是却不自觉快乐。这，有如天真的婴孩，他虽然笑逐颜开，可是却一点都不觉得自己快乐，两种情况，完全相同。这一类人，对于"生""死"皆不了解，而且亦没有"我"的观念。功利境界中的人，对于人生的了解，比较进了一步，他们有"我"的观念；不论做什么事，都是为着功利，为着自己的利益打算。这一批人，大抵贪生怕死。有时他们亦会为社会服务，为国家做点事，可是他们做事的动机，是想换取更高的代价，表面上，他们虽在服务，但其最后的目的还是为着小我。在道德境界中的人，不论所做何事，皆以服务社会为目的。这一类人既不贪生，又不怕死；他们晓得除"我"以外，上面还有一个社会，一个全体。他们了解个人是社会的一部分，个人与社会是部分与全体的关系。就普通常识来说，部分的存在似乎先于全体，可是从哲学来说，应该先有全体，然后始有个体。例如房子中的支"柱"，是有了房子以后，始有所谓"柱"，假使没有房子，则柱不成为柱，它只是一件大木料而已。同样，人类在有了人伦①的关系以后，始有所谓"人"，如没有人伦关系，则人便不成为人，只是一团血肉。不错，在没有社会组织以前，每个人确已先具有一团肉，可是我们之成为人，却因为是有了社会组织的缘故。道德境界中的人，很清楚的了解这一点。天地境界中的人，一切皆以服务宇宙为目的；他们对生死的见解，既无所谓生，复无所谓死；他们认为在社会之上，尚有一个更高的全体——宇宙。科学家的所谓宇宙，系指天体，太阳系及天河等，哲学家的所谓宇宙，系指一切，所以宇宙之外，不会有其他的东西，我人绝对不能离

① 人伦：人与人之间的关系，特指尊卑长幼之间的关系，如君臣、父子、夫妇、兄弟、朋友的关系。

开宇宙而存在。天地境界的人能够彻底了解这些道理，所以他们所做的事，便是为宇宙服务。

中国的所谓"圣贤"，应该有一个分别，"贤"是指道德境界的人，"圣"是指天地境界的人。至于一般的芸芸众生，不是属于自然境界，便是属于功利境界。要达到自然境界或功利境界非常容易，要想进入道德境界或天地境界却需要努力，只有努力，才能了解。究竟要怎样做，才算是为宇宙服务呢？为宇宙服务所做的事，绝对不是什么离奇特别的事，与为社会服务而做的事，并无二致。不过所做的事虽然一样，了解的程度不同，其境界就不同了。我曾经看见一个文字学的教授，在指责一个粗识文字的老百姓，说他写了一个别字。那一个别字，本来可以当古字的假借，所以当时我便代那写字的人辩护。结果，那位文字学教授这样回答我："这一个字如果是我写的，就是假借，出自一个粗识文字的人的手笔，便是别字。"这一段话很值得寻味，这就是说，做同样的事情，因为了解程度互异，可以有不同的境界。再举一例：同样是大学教授，因为了解不同，亦有几种不同的境界：属于自然境界的，他们留学回来以后，有人请他教课，他便莫名其妙地当起教授来，什么叫作教育，他毫不理会；有些教授则属于功利境界，他们之所以跑去当教授，是为着提高声望，以便将来做官，可以铨叙^①较高的职位；另外有些教授则属于道德境界，因为他们具有"得天下英才而教育之"的怀抱；有些教授则系天地境界，他们执教的目的，是为欲"得宇宙天才而教育之"。在客观上，这四种教授所做的事情是一样的，可是因为了解的程度不同，其境界自有差别。

《中庸》有两句话，说圣人"可以赞天地之化育""可以与天地参矣"。所谓"赞天地之化育"并不是帮助天地刮风或下雨，"化育"是什么？能够在天地间生长的都是化育，能够了解这一点，则我们的生

---

① 铨（quán）叙：旧时政府审查官员的资历，确定级别、职位。

活行动，都可以说是"赞天地之化育"；如果不明白这一点，那么我们的生活行动，只能说"为天地所化育"。所谓圣人，他能够了解天地的化育，所以始能顶天立地，与天地参。草木无知（不懂化育的原理），所以草木只能为天地所化育。

由此看来，做圣人可以说很容易，亦可以说很难。圣人固然可以干出特别的事来，但并不是干出特别的事，始能成为圣人。所谓"迷则为凡，悟则为圣"，就是指做圣人的容易，人人可为圣贤，其原因亦在于此。

总而言之，所谓人生的意义，全凭我们对于人生的了解。

【讨论一：对自己提问】

※找出重要的词语

1. 重要的词语，是作者表达观点、陈述见解的关键词语。下面列出的是这篇文章的重要词语。同桌的同学互相查一查，看在刚才的阅读中，你的同桌有没有对这些词语作出标记。

人生	本性
意义	小我
自觉	社会
境界	部分与全体的关系
自然境界	宇宙
功利境界	圣贤
道德境界	芸芸众生
天地境界	迷则为凡，悟则为圣

2. 读者在阅读中感到困惑的词语，也是重要的词语，尽管作者可能并不认为重要。将你在刚才的阅读中感到困惑的词语画出来，试着说说这些词语的含义。

※按作者赋予它们的含义去理解这些词语

一个词语通常有很多含义，重要的词语尤其如此。社科类文章的重要词语通常是常用词，这就要求读者在阅读时特别用心，要按作者赋予它们的含义去理解这些词语。假如作者使用一个词语的某一含义，而读者却以该词的另一种含义来理解它，那么彼此的对话就会出现障碍。

1. 几个同学一起讨论：上面所列的重要词语，作者赋予了它们什么含义？请特别注意它们与词典义的联系与区别。

2. 将自己在阅读中感到有困惑的词语提出来，与同学一起讨论，看应该怎么理解。

※参读、修正、补充

"人生境界说"可以说是冯友兰哲学思想中最为珍贵的部分，他曾说，平生立论最不可改变的就是境界说了。冯友兰的许多论著都论述到这一学说，参读他在其他论著中的表述，有助于我们更准确地把握那些重要词语的含义。此外，许多学者在研究中也对冯友兰的人生境界说进行了转述和阐释，参读这些材料，也能修正或丰富我们对那些重要词语的理解。

独立研读下面的材料，与刚才讨论得出的结论对照一下，看看我们对那些重要词语的理解是不是需要修正、补充。

参考材料

人生的意义是什么？在中国，从五四时代以来，人们就在问这一类问题。《新原人》开始就提出这个问题。但它没有直接回答这个问题。它首先反问，什么叫意义？什么是意义的意义？它说：一个东西的意义和一个东西的性质是不同的。一个东西的性质是它本来就有的，是客观的。它的意义是随着人们对于它的了解而有的，不完全是客观的，有主观的成分。人们对于某东西有所了解，但各人的了解不尽相同。例如喜欢风景的人和一个地质学家同时来到一个山上。山就是那座山，但各人的了解不同。……他们对于这座山有不同的了解，这座山对于他们就有不同的意义。……各人有各人的了解，一个东西对于各人有不同的意义，可以各行其是。

（选自冯友兰《三松堂自序》，人民出版社1998年版）

自然境界是指人对其行为只有生物自觉；功利境界指人知其行为是满足自己的私欲；道德境界指人知其行为是利他的，是有益于社会公益的；天地境界，亦即哲学境界，指人对其行为还自觉有超社会、为天地立心的意义。前两者是自然的产物，后两者是精神的创造。

（选自单纯、旷昕主编《解读冯友兰——学者研究卷》，海天出版社1998年版）

道德境界之后，是所谓天地境界。在这种境界中，人已超越了社会，而达到了与宇宙（天地）的合一，故它又被称为同天的境界。一旦达到了天地境界，人的精神便可以得到极大的升华，人与己，内与外，我与万物，不再是相互对峙的；同时，这又是觉解发展的最高境界，自觉的理性成为人的内在品格，遵循道德规范已无须勉强，而可以达到不勉而中。

（选自郑家栋、陈鹏选编《解析冯友兰》，社会科学文献出版社2002年版）

【讨论二：对文章提问】

※进行质询

我们已经能够用自己的话来概述《人生的意义及人生中的境界》，因此，有理由认为，我们理解了这篇文章。那么，这篇文章的观点和论述能不能成立呢？这取决于我们自己独立而合乎逻辑的判断。

1. 将自己在阅读中评注的问题和意见提出来，与同学一起交流。

2. 几个同学一起，将各自评注的问题和意见按下面的提示分成三组，没有把握归到三组中任一组的问题，就放在第四组。

第一组，根据自己的理解，没有读懂

第二组，文章的观点或论述，没有说清楚，或说得不全面

第三组，对文章论述的主题有不同的看法

第四组，没有把握分到上面任一组

社科类文章阅读（二）

对文章的提问，要点在评判观点和论述能不能成立。因此，务必要分清是自己在理解上有问题，还是文章在论述中有问题；务必要分清是文章本身的问题，还是自己对文章所论述的主题有不同的看法。

对于社科类文章所论述的主题，我们或多或少都有些自己的见解，阅读社科类文章，往往最后也需要我们对文章所论述的主题加以表态，表明同意、部分同意或者不同意。但那是在第三个层面要做的事，不要混合在这里。

莫蒂默·阿德勒在《怎样阅读一本书》中，建议用下列的四条作为判定一部论著（或一篇文章）的观点和陈述不能成立或者不能完全成立的专用标准：一是指出作者（论著）在哪方面缺乏知识；二是指出作者（论著）在哪方面的知识是错误的；三是指出作者（论著）在哪些地方不合逻辑；四是指出作者（论著）的分析或叙述在哪些方面不完整。如果你使用了前三个标准之一，那么论著的观点和论述就不能成立，你应该明确地表示不同意。如果你使用的是第四个标准，则意味着论著的观点和论述能够成立，虽然不够全面；在这种情况下，阿德勒建议读者对论著"暂不评价"。

3. 阅读参考资料，思考其观点和论述能不能成立。

参考材料

当一人一心认为家族是道德实践的出发点时，他如何能够仁爱无私？或者当爱亲与爱大众冲突时，他如何无私无我？事实上，由于义利关系并不像他所说的成为伦理学的焦点（而是更复杂的多的关系），试图将道德动机与信念来代替解决道德冲突的方法努力，其学说必然不能自圆。正是在这一点上，冯友兰又重新回到宋儒理学的虚幻的天人合一，即以信念掩盖方法。……问题是，这种超社会的意义之追求，既不是根据逻辑的原理，也不是根据道德的原理，而是个人之信念，它并不具有普遍意义。同时，如果不能实现社会的意义，而是以某种信念来掩盖道德信念的冲突和方法讲求的必要性，则最终仍然是信念的附和或共鸣而已。传统以来的儒家都欣赏随心所欲不逾矩，而所谓不逾矩，是指他自然地无做作地随顺道德，或者说无意于为道德而自然地符合道德的要求。但这种境界只是信念的寄托，它是在排除道德冲突之实际表现和道德情境判断的复杂性上而得出的圣人理想。实际上，圣人确实是一种德智一体无间的境界，这种境界只能在动机上是纯粹性的，而不可能使实际行为都符合道德。因为道德上之绝对至善是可求而不可至的。且天地境界何以高于道德境界，只能由个人喜欢与否来衡量。因为如果以道德为标准，则道德境界即是至善境界；如果以非道德性的觉解来衡量，则天地境界与道德境界是非类而比较。因此，所谓的境界高下之分，是难于得到标准的个人信念而已。

（选自陈少峰《中国伦理学史》（下册），北京大学出版社1997年版）

【讨论三：对所论述的主题提问】

一位学者说："人只是因为能由'所是'知'所以是'，进而知'所应当是'，才得以去树立理想。而正因为有理想，人才有文化的生命。""若一个民族的大多数成员失去了人生的理想，或只以动物的欲望满足为'理想'，那么他们就失去了真正的人生奋斗，即丧失了把自己提升到人的高度和尊严的奋斗，这个民族的文化生命就处在衰竭之中。"

冯友兰说："所谓人生，也有不同的意义。各人有各人的人生，不能笼统地问：人生有没有意义？有什么意义？因为人生是各种各样的，不同的人生，有不同的意义。各人的人生，是各人自己创造的。各人的历史，是各人自己写的。各人向各人自己负责。"

莫蒂默·阿德勒说："事实上哲学问题的最显著的标志就是每个人必须自己回答问题。接受其他人的观点不是解决问题，而是逃避问题。但你自己的回答必须要有充分的根据，有论点作为后盾。"

国外的一位学者说，读了社科类的"理论"的文章，"你没有成为理论家，但你也已不在你原来的位置上了"。

启迪思想、扩展见解，是阅读社科类文章的主要目的。通过研读《人生的意义及人生中的境界》，你对人生的意义很可能会产生一些新的认识。现在，你对人生的意义有何见解？请说说自己的感受，并完成下列任务。

1. 收集你所喜欢的人生箴言，并与同学交流。

2. 组织一次非正式的讨论会，各自畅谈人生的意义。注意互相之间不要辩驳。

3. 有时间的话，请以"人生"为主题，进行扩展阅读，材料可以是诗歌、小说或社科类的论著。或者，组织一次以"人生"为主题的活动，比如朗诵会、表演活动、手抄报展示等。

参考材料

冯友兰"以创造中国文化的主体即中国人的存在去诠释和论定中国文化活的生命"。这样，他关于中国人的看法，就与关于中国哲学的看法、关于中国哲学精神的看法大有关系。冯友兰认为："儒家、墨家教人负责；道家使人能外物。能负责则人能严肃；能外物则人能超脱。超脱而严肃，使人虽'满不在乎'，却并不是对于任何事都'满不在乎'。严肃而超脱，使人于尽道德责任时，对于有些事，可以

'满不在乎'。有儒家、墨家的严肃，又有道家的超脱，才真正是从中国的国风养出来的人，才真正是'中国人'。""中国的过去，靠这些真正的'中国人'。中国的将来，也靠这些真正的'中国人'。"

（选自单纯、旷昕主编《解读冯友兰——学者研究卷》，海天出版社1998年版）

哲学的本义不是"爱智慧"吗？那么，第一，请不要把智慧与知识混同起来，知识关乎事物，智慧却关乎人生。第二，请不要忘掉这个"爱"字，哲学不是智慧本身，而是对智慧的爱。一个好的哲学家并不向人提供人生问题的现成答案，这种答案是没有的，毋宁说他是一个伟大的提问者，他自己受着某些根本性问题的苦苦折磨，全身心投入其中，不倦地寻找答案，也启发我们去思考和探索他的问题。他也许没有找到答案，也许找到了，但并不重要，因为他的答案只属于他自己，而他的问题却属于我们大家，属于时代、民族乃至全人类。谁真正爱智慧，关心生命的意义超过关心生命本身，谁就不能无视或者回避他提出的问题，至于答案，只能靠每个人自己去寻求。知识可以传授，智慧无法转让，然而，对智慧的爱却是能够被相同的爱激发起来。我们读一位哲学家的书，也许会对书中聪明的议论会心一笑，但最能震撼我们心灵的却是作者对人生重大困境的洞察和直言不讳的揭示，以及他寻求解决途径的痛苦而又不折不挠的努力。哲学关乎人生的根本，岂能不动感情呢？哲学探讨人生的永恒问题，又怎么会没有永恒的魅力？一个人从哲学中仅仅看到若干范畴的教条，当然会觉得枯燥乏味，而且我们可以补充说，他是枉学了哲学。只有那些带着泪和笑感受和思考着人生的人，才能真正领略哲学的魅力。

（周国平《哲学的魅力》，选自黎先耀、袁鹰主编《百年人文随笔·中国卷》，吉林人民出版社2003年版）

拓展阅读

"慢慢走，欣赏啊！"

——人生的艺术化

朱光潜

【提示】"慢慢走，欣赏啊！"是创造人生意义的一种方式。作者将完美的生活与艺术作品进行比较，通过列举丰富的事例，揭示艺术化人生的真义："人生本来就是一种广义的艺术，每个人的生命史就是他自己的作品。"而人生的艺术化还需要通过情趣的培养和丰富才能抵达，因为丰富的情趣能让人的心灵超越日常，进入艺术化的人生，去品咂生命的滋味，塑造生命的美丽，摒弃因物欲膨胀而显得粗鄙化的生命状态，以一种高贵而优雅的姿态去生活。让我们"慢慢走，欣赏啊！"朗读课文，在朗读之前或之后，最好能听一听《第九交响曲》。

（课文略。选自《朱光潜全集·第2卷》，安徽教育出版社1987年版）

第三课

专题研读——揭开日常的面纱

参考材料

我敢于在讲台上把自己知道不成熟的想法，和盘托出在青年人的面前，那是因为我认为这是一个比较好的教育方法。我并不认为教师的任务是传授已有的知识，这些学生自己可以从书本上去学习，而主要是在引导学生敢于向未知的领域进军。作为教师的人就得带个头。至于攻关的结果是否获得了可靠的知识，那是另一个问题。实际上在新闻的领域中，这样要求也是不切实际的。

——费孝通《乡土中国·重刊序言》

略读课文

泡桐花开

费孝通

【提示】著名社会人类学者费孝通先生说："人类学和社会学不能离开对人们实际生活的观察。田野调查是从实求知的根本方法。"本文虽带有记事散文的性质，但更融入了"田野调查"的基本精神。让我们沿着作者从实求知、关注思考的足迹，走进生活中一片片真实的"田野"。

（课文略。选自《芳草茵茵——田野笔记选录》，山东书画出版社1999年版）

参考材料

田野调查：社会学、人类学的基本研究方法之一。社会学家、人类学家为了尽量反映社会结构和人类文化的实际面貌，必须走近研究对象，进行实地考察研究。田野调查工作的步骤通常是：首先，根据自己的知识背景和研究兴趣确定研究的主题；其次，尽可能详尽地阅读一切有用资料；再次，进入工作地点开始实际的资料收集工作；最后，分析、整理所得到的第一手资料，与自己先前提出的假设相证。

社区研究：费孝通认为，现代社会学的一个趋势就是社区研究。社区研究也称作社区分析。社区研究的初步工作是在一定时空坐落中去描写某一地方人民所赖以生活的社会结构。在这一层上，可以说社区研究和历史学的工作相同。社区研究虽则常以当前的社区作为研究对象，但这只是为了方便，如果历史材料充分的话，任何时代的社区都同样可作为分析对象。社区研究的第二步是比较研究，该环节注重的是从具体现象中提炼出认识现象的概念。在比较不同社区的社会结构时，常会发现每个社会结构都有其配合的原则，原则不同，表现出来的结构形式也不一样。在社区研究的这一方面，现代社会学又和人类学的一部分相通了。

略读课文

衣着

费孝通

【提示】本篇课文，是较为典型的田野调查，看似平实琐碎的描写，实际是作者细心观察、去粗取精后的真实"报告"。从中我们既可以了解特定时期特定区域的农民的衣着情况，又可以管窥当地的生活状况、风俗习惯及社会观念等。阅读时注意体会《衣着》与《泡桐花开》在语言表达上的差别。

（课文略。选自费孝通《江村经济——中国农民的生活》，商务印书馆2001年版）

拓展阅读

差序格局

费孝通

【提示】本篇课文，是社区分析第二步——比较研究的代表作。与注重实地描述的《衣着》有所不同，本文比较研究注重的是从具体现象中提炼出认识现象的概念。作者通过"私"的现象，看到了中国社会的结构形式，即与西方"团体结构"不同的"差序结构"。运用你在本单元学到的方法，阅读后写一篇读书笔记，详略均可。

（课文略。选自费孝通《乡土中国》，北京大学出版社1999年）

阅读书目

◇费孝通：《江村经济——中国农民的生活》，商务印书馆2001年版。

◇费孝通：《乡土中国·生育制度》，北京大学出版社1999年版。

◇费孝通：《芳草茵茵——田野笔记选录》，山东书画出版社1999年版。

第四课

综合活动——追寻历史的足迹

参考材料

夏商周三代在我国古代文明历史上具有特殊地位：华夏文明的各源流开始汇聚，中国最早的王朝诞生并定鼎中原，中国文明和华夏传统的若干基本特征渐趋成熟，中国古代文明由兴起到繁盛。由此往上，可追溯中国文明的起源，往下可明了中国文明的基本格局与走向。

然而，作为世界四大文明古国发祥地之一的中国，在古史的分期问题上一直留有缺憾，中华民族五千年文明，长期以来有两千多年未建立年代学标尺。我国上古的确切年代只能推到西周"共和元年"（公元前841年），在此以前的10位周王只有厉王、穆王有确切纪年，其他均残缺；夏商则只能讲大约起讫于公元前多少世纪。

这一状况严重妨碍了人们对中国古代文明的深入了解。在人类社会中，一个国家、一个民族的发展无不体现在历史的进程中；就历史学而言，年代学又成为重中之重，宛如人体的骨骼，没有它作支撑点，发生在不同时期、不同地域中的事件就无法进行排列、归纳、比较。自太史公作《史记》始，一代代中国学者为考据其史实、断定其年代而殚精竭虑，试图澄清历史与史前、文明与野蛮之间的迷雾，廓清华夏文明的起源。

略读课文

夏商周断代工程

（课文略。转引自《时文阅读·高一·上》，上海教育出版社2001年版）

活动建议

参考阅读的背景材料，根据当地的资源情况，师生共同商议活动的主题、内容和安排。可先安排小组和个人的活动，然后组织全班性的展示。有条件的话，也可在中间穿插全班性的活动，比如请校内外有关人员介绍年代学、考古学等历史研究的情况。

1. 小组活动内容举例：

◎收集中国古代神话故事（查阅相关的书籍、观看古代历史故事影视片等）。

◎收集周朝历史故事（查阅相关的书籍、观看周朝历史故事影视片等）。

◎了解中国古代的纪年方法，尤其是西周各个具体王年（查阅字典或词典的附录、司马迁的《史记》、语文教材关于古代历史的课文等）。

◎了解中国古代的历法（查阅相关的资料、走访天文与气象工作者等）。

◎了解甲骨文与青铜器（参观实物、翻阅画册、查询相关的杂志、上网浏览等）。

◎了解埃及的古代历史（阅读相关的书籍、上网浏览等）。

◎了解考古学家在做什么（翻阅历史学的有关杂志、上网查询、观看有关的电视节目等）。

◎了解如何确定古老历史的年代（参考相关的书籍杂志、询问历史学家、走访学校的历史和地理等学科的教师）。

◎了解夏商周断代工程的背景（上网查询）。

◎了解夏商周断代工程已获得的成果（上网查询、参考相关的书刊等）。

◎查阅学界对夏商周断代工程所定年代的不同意见（上网查询、走访历史学家和学校的历史老师等）。

◎了解美国汉学家倪得卫等人为什么要"把这份报告撕成碎片"（上网查询）。

◎查阅国外汉学家对倪得卫等人观点的辩驳（上网查询）。

2. 全班性的活动形式举例：

◎各小组报告研究的成果，如果有条件的话，小组报告最好配以电脑制作的演示文稿（幻灯片）演示。

◎举行以"华夏文明"为主题的故事会、演讲会、表演活动等。

◎举办以"夏商周断代工程"为主题的墙报专栏。

◎如果有条件的话，参观博物馆或当地的名胜古迹。

资源列举

◎中学的中国历史教材（包括2000年以前的和以后的）、大学的中国古代史教材（包括2000年以前的和以后的）、中学的世界历史教材、中国古代神话传说和历史故事。

◎历史研究的杂志，比如《中国史研究》《史学月刊》《考古学报》《考古》《文物》《考古与文物》《中原文物》《江汉考古》《华夏考古》《文史》等。

◎走访中学历史老师、大学的历史研究专家、博物馆工作人员、文物爱好者等。

◎借助关键词上网查询，比如输入"断代工程"等。

第六章

"活动教材"设计的要领

在文选型教材中，教材内容实际上可分为两个部分：一是以选文为中心的阅读教材，一是习作（写作）、口语交际、综合性学习等"活动教材"。活动教材，提供习作、口语交际、语文综合性学习等活动的建议、方案、要求和资源，供教师选用。

一 实质性地增加"活动教材"分量

按《全日制义务教育语文课程标准》（2011年版）指示，语文课程有"识字与写字""阅读""习作""口语交际""综合性学习"五个学习领域。其中，"识字与写字"主要在小学低段，且融合在阅读的学文识字、随文写字中。"阅读"向来是语文课程的主体。以选文为主体的文选型教材中，习作、口语交际、综合性学习等"活动教材"，虽单列编写，但依附于"阅读"领域，其分量严重不足且内容单薄，教学所占课时偏少且随意性较大。

我曾撰文指出，"我国中小学几乎没有写作教学"[1]，意思是说，我国中小学写作课缺乏聚焦特定学习元素的过程化的写作指导。所谓写作课，基本上就是"你写吧"的"写的活动"，而且是选材立意、结构语言乃至写字文面都要求面面俱到的一次次囫囵吞枣式的"写的活动"，我称之为"一榔头法"。这周来一榔头"你写吧"，要求面面俱到，隔一周又来一榔头"你写吧"，并企望达到面面俱到的要求。写作学习的发生，相当随机乃至缥缈。结果是，写作原本较好的同学，每一榔头或许都会砸出较好的习作（这是因为他本来就会了），而写不好、写不了所以需要学习的大部分同学，每一榔头却只能砸出他原来的模样，几乎什么也没学到、学不到。

"一榔头法"的实质，就是用语文活动顶替语文教学，用"写的活动"顶替"写作教学"。

倪文尖和我所主编的《国家课程标准高中实验课本（试编本）·语文》为改变这种状况，编写了具有较强操作性的"写作与综合性学习"单元，强化了活动过程的教学化。比如写作，尝试从言语方式角度来构建写作课程，编有"写实""虚构""抒情""阐释""论证"5个单元。

实质性地增加"活动教材"分量的努力，更鲜明地体现在成尚荣和我最近主编的澳门特别行政区小学教材《中国语文》上。

受澳门教育及青年发展局委托，广东教育出版社组织编写的澳门行政区小学教材《中国语文》，由成尚荣、王荣生主编，2019年秋季陆续使用。依据澳门《小学教育阶段中文基本学力要求》，该教材按一至三年级、四至六年级两个学段编写。

---

[1] 王荣生：《我国的语文课为什么几乎没有写作教学？》，载《语文教学通讯》2007年第35期。

一至二年级，课文每册5个单元，每单元4篇，选文多为儿童文学作品，包括儿歌、童话、故事等，在课文语境中识字并开展系统的写字练习，每册拟另设一个绘本阅读①单元。每册安排3次综合性学习活动，按关联教材（小综合）和关联生活（大综合）两个维度组织内容。

三年级与四年级衔接，由侧重识字教学过渡到阅读和写作能力的培养。从三年级起，每册增设写作教学系列，共6个单元，每单元2到3课时，设计真实情境的任务写作，语篇类型多样。

表6-1　澳门小学《中国语文》（送审稿）写作部分的文类框架②

学期＼单元	一	二	三	四	五	六
三上	描写类	自叙类	阐释类	故事类	诗歌类	研究报告
三下	描写类	自叙类	阐释类	故事类	劝说类	课本剧
四上	描写类	自叙类	阐释类	故事类	诗歌类	研究报告
四下	描写类	自叙类	阐释类	故事类	劝说类	课本剧
五上	描写类	自叙类	阐释类	故事类	新闻类	研究报告
五下	描写类	自叙类	阐释类	故事类	劝说类	书评
六上	描写类	自叙类	阐释类	故事类	诗歌类	研究报告
六下	描写类	自叙类	阐释类	故事类	演讲稿	书评

从四年级起，低段糅合在阅读教学、写作教学和综合性学习活动中的口语听说，单列了聚焦特定学习元素的专题单元。每册安排3个单元，每单元2课时，共系统设计有18个口语交际教学专题单元，如下表：

---

① 三年级起，"绘本单元"改设为"作家单元"。

② 澳门教育及青年发展局委托，广东教育出版社组织编写，主编成尚荣、王荣生。写作部分的框架设计者为王荣生、周子房等。表中的记叙类（描写类、自叙类、故事类），涵盖记叙和描写，包括非虚构和虚构两类。

表6-2　澳门小学《中国语文》（送审稿）口语听说
部分的内容框架[①]

学期与单元		话题	活动类型
四上	第一单元	照片里的故事	讲述
	第二单元	鹦鹉学舌	复述
	第三单元	我来露一手	演示、解说
四下	第一单元	最好的礼物	讨论、发言
	第二单元	周末去哪里？	讨论、发言
	第三单元	对不起，我错了！	道歉、回应
五上	第一单元	一人有一个梦想	演讲
	第二单元	我的偶像	演讲
	第三单元	给你点个赞	称赞、致谢
五下	第一单元	我的朋友圈	介绍、推荐
	第二单元	社团招募会	介绍、说服
	第三单元	"不"字怎么说出口	拒绝、邀请
六上	第一单元	童书排行榜	报告、陈述、讨论
	第二单元	再见，马虎先生！	建议、讲述
	第三单元	校园新闻发布会	提问、应答
六下	第一单元	餐桌上的礼仪	解释、说明
	第二单元	小小调解员	劝说、转述
	第三单元	人工智能：福音还是灾难？	辩论

① 澳门教育及青年发展局委托，广东教育出版社组织编写，主编成尚荣、王荣生。口语听说部分框架设计者为王荣生、于龙等。

五年级与六年级，在之前各册古诗文读读背背的基础上，每册专设一个古诗文单元。澳门特别行政区小学教材《中国语文》五至六年级的整体内容架构，见下表：

表6-3　澳门小学《中国语文》（送审稿）五至六年级教材内容安排

学期＼单元	一	二	三	四	五	六
五上	文学阅读	实用文阅读	文学阅读	实用文阅读	古诗文	作家专题
	写作	写作	写作	写作	写作	写作
	综合性学习	口语交际	综合性学习	口语交际	综合性学习	口语交际
五下	文学阅读	实用文阅读	文学阅读	实用文阅读	古诗文	作家专题
	写作	写作	写作	写作	写作	写作
	综合性学习	口语交际	综合性学习	口语交际	综合性学习	口语交际
六上	文学阅读	实用文阅读	文学阅读	实用文阅读	古诗文	作家专题
	写作	写作	写作	写作	写作	写作
	综合性学习	口语交际	综合性学习	口语交际	综合性学习	口语交际
六下	文学阅读	实用文阅读	文学阅读	实用文阅读	古诗文	作家专题
	写作	写作	写作	写作	写作	写作
	综合性学习	口语交际	综合性学习	口语交际	综合性学习	口语交际

五至六年级教材的教学时数，建议如下：

表6-4　澳门小学《中国语文》（送审稿）五至六年级教学内容的教学课时建议[①]

	阅读（周）	作家专题（周）	古诗文（周）	古诗诵读（周）	写作（周）	口语交际（周）	综合性学习（周）	合计（周）
上册	30	5	8	2	20	6	4	75
下册	30	5	8	2	20	6	4	75
学年	60	10	16	4	40	12	8	150
占比	47%		13%		40%			100%

　　写作、口语交际、综合性学习的教学课时占整个学年的40%。阅读教学（课文教学）与其他学习领域的课时量，比例达2：3。由此可见，"阅读教材"与"活动教材"的教学课时量接近一半对一半，该教材呈现出了均衡的语文课程内容的新格局。

---

　　① 按每册15个教学周，每周5课时计算，每学年两册共需30个教学周，共150个教学课时。

二 写作单元设计的要领

（一）现代视野下的写作与写作学习①

写作是在特定语境中，运用语言文字等手段②建构意义、构造语篇、进行书面表达和交流的活动。

1. 写作的语境要素

写作是在特定语境中构造语篇的活动。话题、作者、读者、目的、语言这五个要素，构成写作的语境。

图6-1 写作的语境要素③

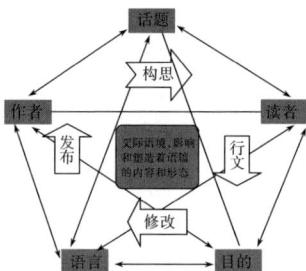

（1）话题：指写作的想法或内容，涉及人、事、景、物、情、理

---

① 本节由王荣生、荣维东、叶黎明、周子房合写。

② 当今的信息时代，除了语言文字之外，各种符号、线条、图表、音频、视频等也成为了写作表达的手段。

③ 原图下有这样一句话："你总是在不同的场合说着不同的话，这取决于听众和场景。同样，写作也是面向特定情境的：你总是就某个话题，针对特定目的和读者，选择符合那种场景的语言来写作。"

等诸方面。话题是写作语境中最显见的要素。对写作者而言，话题可分为自发生成和外在任务两种。自发生成，即写作者基于自身的生活经验，自主选择写作题材和内容；外在任务，即写作者根据特定的写作要求，完成指定的写作任务。

在写作学习中，应鼓励学生多写、勤写自发生成的话题。但为锻炼写作能力，教师往往要布置一些特定的话题，让学生按指定要求，完成写作任务。如："微波炉烹调的利弊""最喜爱的风景""参观上海世界博览会有感"等。

（2）作者：指进入写作状态的人。写作者的思想、修养、知识、阅历及其语言表达能力，即他的生活经验和语文经验、情绪状态和表达意愿等，决定着他的写作过程和结果。

学习写作时，写作者要有一种"角色意识"，可根据真实身份或设定模拟身份，比如以教师、科学家、法官、学生等的口吻进行表达。写作者的不同身份，直接影响着写作内容和行文风格。

（3）读者：指写作所预想的明确或潜在的阅读者。国外的研究发现：专家作者"以读者为中心"，他们比新手作者更加关心读者。专家作者通常用较长的时间思考：读者有什么样的背景知识，要与读者交流什么，怎样与读者进行交流，作品要呈现什么意义，等等。而新手作者则是"以自我为中心"，往往自顾自地写与话题有关的东西。

在写作学习中，写作者可通过预想不同的阅读者，比如老年人、父母、考官、报刊编辑等，培养自己写作的"读者意识"。预想的读者不同，写作内容和行文方式就需要有相应的变化。

（4）目的：指写作要达到的直接或间接的目的。写作是传播知识信息，唤起别人行动呢？还是给人情绪的感染，产生审美愉悦？抑或是为了生活、工作、学习的需要？每篇文章都有目的——有时还不止一个。

在写作学习中，写作者可通过限制写作目的，培养写作的"目的意识"或"效用意识"。如：争辩矛盾的议题，描述你发现的有趣的事情,告诉你的读者可能会感兴趣的信息,就某些你感受强烈的事情向读者表达,等等。

（5）语言:指根据表达需要所选择的文体和表达方式,包括措辞、口吻等。是写小说,还是写散文?是采用生活口语,还是采用典雅的书面语?是用较多的段落来表达,还是用几层意思、逻辑勾连的长段?是多用轻巧的短句,还是构造严密的长句?等等。

在写作学习中,教师应鼓励学生发展自己所擅长的语言表达方式,但为锻炼其写作能力,往往还要布置一些有特定语言要求的写作任务,以培养其写作的语言意识和语言表达能力。

2. 写作活动

写作活动,就是在特定语境中构造语篇,即探究和创造意义并赋予其言语形式的过程。在这一过程中,作者要揣摩语境要素,设想读者的需求和已有的知识经验,根据写作目的选择话题、语篇的类型及相应的体裁和语体,并做出内容详略等一系列安排。

写作者身份、读者对象、写作目的和话题等语境要素,决定着语篇的内容和形式。正如《写作者的选择》中所说:"学好写作的第一步是要明白写作面临着一系列互为联系的选择行为。不妨想想当你进行写作的时候到底做了些什么。有时你的写作意图是要取悦读者,有时则是想与人争辩或说服他人,有时你想要发现你想了些什么。你的读者也是多种多样的,他或许是你最亲密的朋友,或许是些不知名姓从未谋面的陌生人。这一切便形成了来自以下各方面的选择:你的经历、你作品中所代表的自我,以及用于传播书面信息并称之为语码的结构和语言。因此写作就是一种选择行为。"①

依据上述模型中的五个交际要素,写作时可以采用"提问策略"选择、生成写作内容并谋划写作样态。理论上说,考虑到的要素越

---

① ［美］迪恩·蒙莫里、福克兰·奥哈勒:《写作者的选择》,见刘锡庆主编《外国写作教学理论辑评》,内蒙古教育出版社1992年版,第6—7页。

多、越具体，写作内容、形式和风格就会越丰富、越明晰地呈现在你的心目中。比如：

表6-5　写作时需要考虑到的一些交际要素

交际要素	内容
作者——话题	对于我要写作的话题，我知道什么，思考了什么，感受到什么？
作者——读者	关于我的读者，我知道些什么，思考到什么，感受到什么，如何选择？
作者——目的	我写这篇文章的主要目的是什么？
话题——读者	读者看到这个话题会想些什么？
话题——目的	话题和目的，谁先谁后？谁决定谁？
读者——目的	读者会带着怎样的目的读我的文章？他们决定我的写作目的吗？
读者——语言	读者会在哪些方面留意我的语言？他们希望看到何种风格的语言？
读者——作者	读者考虑到或者感受到我了吗？我想让他们怎么感受到我？
读者——话题	关于我的这个话题，我的读者知道些什么？
目的——语言	在何种程度上，我的目的决定或者影响我所使用的语言和风格？
目的——作者	在这篇文章的情境中，我的目的是怎么影响我扮演的角色的？

　　写作过程就是分析并确定"话题（写什么）、角色（我是谁）、读者（写给谁）、目的（为什么写）"的过程。美国写作课程专家斯迪芬·D.克拉森（Stephen D.Krasken）说："作文时，最关键的是明确写什么，表达什么思想感情；当目标明确后，再明确读者对象，即文章是写给什么人看的。这样，写作者只需面对理想中的读者把想说的

意思说清楚就够了，文章自然能写好。"①

交际语境要素之间的"交互提问"，为写作提供了某种"思维支架"和"会话场域"，这个"提问和会话"的过程就是我们构思、撰写、修改文章的心智活动过程。交际语境要素驱动了"构思、行文、修改、发布"的写作过程，写作过程导致了"语篇作品"的诞生和赋形。

3. 写作过程

写作过程，指写作的心理过程。写作心理的早期研究，往往依据写作的外部行为与文稿完成进度，将写作过程分成几个阶段，建立写作的阶段模型，并开发相应的写作策略。目前较为一致的认识，是分成预写、起草、修改、校订、发布五个阶段。

然而写作过程，其实很难被明确地划分成不同阶段。"实际上写作很少呈现出教科书描述的那样依照搜集信息、列提纲，然后写作的自动的步骤。相反，写作中的思路总以一系列非线性的跳跃运动，总是从一个问题和步骤跳到另一个问题和步骤上。""大量优秀作者使用的是一种循环的、非线性的方法。草稿的撰写过程可能被多次构思和修改打断，伴随着大量的改写及往复。"②

基于此，弗劳尔和海斯（Flower&Hayes）受电脑信息处理的启发，借鉴当时信息加工学派的最新研究成果，提出了著名的"写作认知模型"。

---

① 转引自张良田：《美国作文教学一瞥》，载《语文学习》1996年第9期。

② Linda S.Flower and John R.Hayes，Problem-solving Strategies and the Writing Process，*College English*，Vol39，No.4，Dec. 1977.

图6-2　弗劳尔和海斯（Flower&Hayes）写作认知模型

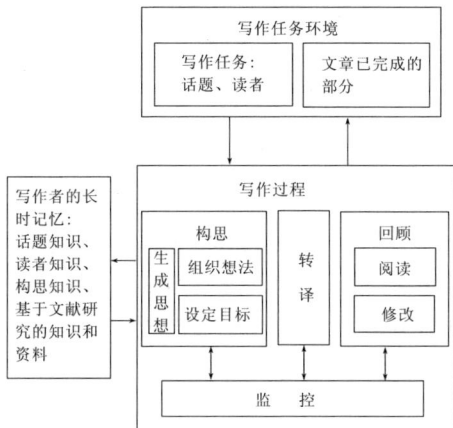

该模型认为：写作是一个复杂的思维和问题解决的过程。这个过程由"写作任务环境、写作者的长时记忆、写作过程"三大系统构成。写作过程又分"构思"（planning）、"转译"（translating）、"回顾"（revising reviewing）三个阶段。计划又由"生成想法、组织想法和设定目标"三个子过程组成。鉴于这个模型包含有写作的三个系统、写作过程的三个阶段，学界将其称为"三三写作认知模型"。这一模型产生了广泛而深刻的影响。美国英语教师协会（NCTE）执行委员会写作研究小组，在2004年发布的《写作教学的信念》中指出："作者写作，其实是在思考他们写之前没有仔细思考的东西。写的过程就是一个思考的过程。我们通常认为的写作是他们把头脑中已有的东西写下来，其实不是这么一回事。写作是一种思考的工具。写作并不是以前认为的从预先录制好的磁带转录的过程，而是一个探索和发现的过程。"①

————————

① NCTE，*Beliefs about the Teaching of Writing*，http：//www.ncte.org/positions/statements/writingbeliefs

4. 写作步骤

写作步骤，指写作的外显行为，相应于写作的心理过程。写作步骤一般也分为预写、起草、修改、修订、发布等五个步骤。

正如上文所讲，写作步骤不是一个线性操作流程。很多情况下，它是一个类似"弹球游戏"似的随机触发过程，伴随着作者的不断反思和循环。

目前，研究写作的学者们有一个基本共识："写作是一个复杂的智力、心理、社会和技术的过程，修改不仅是这个过程中的一个重要的步骤，而且更准确地说，它贯穿于写作的整个过程"，"可以说，写作就是重写或修改"。[①]

图6-3　写作过程及步骤

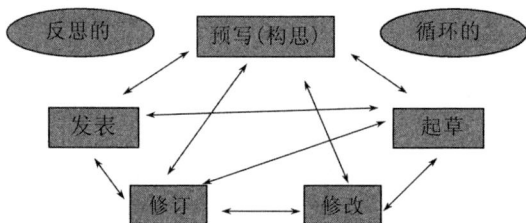

（二）真实语境中的"真实写作"

真实语境，或称"真实情境"，指在校内外现实生活中实际遇到或可能发生的情境。真实语境不同于"教学论情境"[②]。"教学论情境"特指在学校教学中为了学习某个知识或技能而创设的情境，如在写作教学中，教师做一个动作让学生描写，教师端一盆金鱼让学生观察并描写，学生吃一个苹果写苹果的味道等。"教学论情境"本质上对

[①] 祁寿华：《西方写作理论、教学与实践》，上海外语教育出版社2000年版，第172页。

[②] ［比］易克萨维耶·罗日叶：《整合教学法：教学中的能力和学业获得的整合》，汪凌译，华东师范大学出版社2010年版，第13页。

学生不具有真实、实际的意义。

真实语境中的"真实写作"，在写作课程与教学中，被设计为真实或拟真的写作任务。真实或拟真的写作任务，指将学生放置在对他们具有实际意义的具体的写作语境中，从而使学生自然而然地进入真实的写作状态，在完成写作任务的过程中，学习并掌握他们原本不具有的特定的写作学习元素。

设计、组织基于真实语境的写作课程和教学，始于创设真实或拟真的写作任务。请看江苏省宝应县实验小学语文特级教师周信东老师的一堂写作教学课[①]：

第一环节

周信东老师是学校的副校长，上课的班级是本校6年级学生。一上课，周老师明知故问："同学们是几年级的学生？"同学齐答："6年级。"老师说："6年级同学，在学校里（小学）就是大哥哥大姐姐。大哥哥大姐姐应该有怎样的表现呢？"学生回答道："要做学习的表率！"老师问："除了自己做好表率，我们还可以做什么？"学生回答说："要帮助小弟弟小妹妹！"

【评：这段看似无厘头的师生对话，目的是让学生自觉地意识到自己"大哥哥大姐姐"的身份，即"我是谁"。写作，总是某种身份的写作。明确写作时的身份，是设计真实或拟真写作任务的第一个要素。】

老师说："现在正好有一件事需要你们帮助。周老师看到一位三年级小朋友（优优）的日记，大家看看。"

---

① 该课例根据王荣生的现场听课记录整理；【评】根据王荣生的现场评课改写。

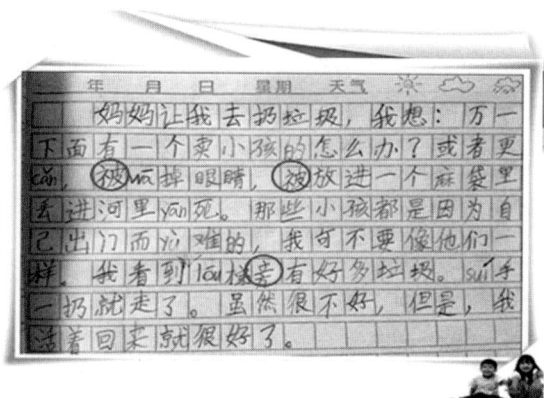

三年级小朋友的日记，有些字不会写用拼音代替，这篇日记有几个错字，但意思表达得很清楚。"怎么办？"老师问。同学们显然知道："帮助他！""怎么帮助？"这是写作课，同学们回答道："写信。"写一封劝说他的信帮助他。"还可以给谁写信？"老师启发。同学们纷纷说："给他家长写信。"说不定家长不知道自己孩子的这种状况，写一封信告知家长并提出修改建议。还有些学生说："给班主任老师写信，给老师支招。"

【评：从日记引出话题，明确"帮助他"的写作目的、"写给谁看"的读者对象，从而"自主"地决定写作的体式。而话题、目的、对象、体式，隐含着语言等表达的内在要求。】

第二环节

同学们写，老师巡回检视。

【评：这是第一轮的"写的活动"，也就是学生基于原有经验和写作能力的写作实践。周老师备课时，一定预估到学生的写作状态。根据学生平时作文的表现，知道他们在写这封信时，会出现哪些问题和不足。】

大概七八分钟，可能有部分同学没写完。老师请几位基本完稿的同学与大家交流。其中一位学生写的信如下：

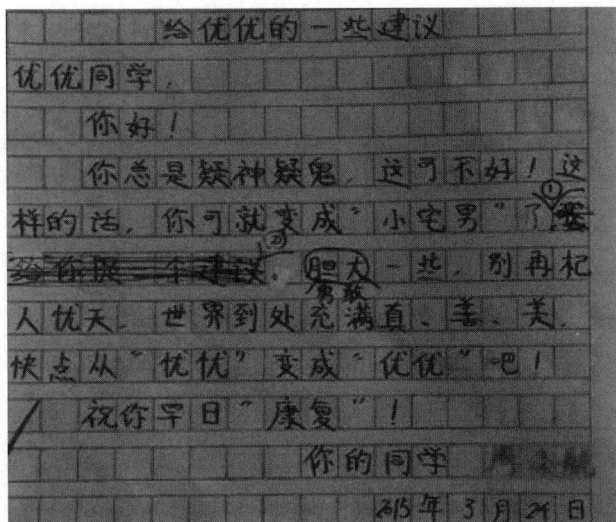

这封信的结构完整，从某种意义上讲，语言表达也不错。比如成语"疑神疑鬼""杞人忧天"及"小宅男""忧忧""康复"等修辞手法的运用。但很明显，这封信有一个大毛病，那就是站在外围讲大道理地指指点点。其他同学交流的习作大抵也如此，语言看似"丰富""生动"，但基本就是在外围讲大道理，大致是两层意思：一是批评"你不应该胆子太小"，二是号召"你胆子大一些吧"。老师问："假如我们就是'优优'，看了我们写给她的信，能对她有实际帮助吗？"学生似有所思：好像不会有大的帮助啊。

【评：使学生认识到自己习作中的问题，引起学生改进、提高写作水平的兴趣。】

第三环节

老师说："我这里正好有一封写给优优同学的信，大家看这封信跟你们写的信有什么不同。"

给优优的一封信

优优小妹妹：

看了你的日记，我不禁笑起来。优优呀优优，你真的变成忧忧了，难道天下有那么多坏人吗？千万不要自己吓自己了。

记得我像你这么大的时候，也很胆小。一次，也是妈妈叫我去倒垃圾，我一看门，就看到一个黑影子一晃，我吓坏了。正想跑，我站住了，因为我想起，我家门口不是有一棵树吗？这是不是树枝在晃动呢？我停下来一看，真的是树枝。我看到自己把自己吓成这个样子，嘻嘻笑了。我一点也不怕了，飞快地去垃圾箱倒了垃圾，高高兴兴回家了。你看，我不是到现在一点事也没有吗？

……

同学们一看：噢，明白了，原来大哥哥大姐姐劝说小妹妹的信，不能只站在外围对其问题指指点点，而是用大哥哥大姐姐"过来人"的经验，与小妹妹分享，通过经验的分享去感染她、鼓励她。

【评：蕴含着写作知识的写作学习支架，是写作知识的呈现方式和主要教学手段。这里用的是"范文支架"，与中小学"读写结合"惯常使用的侧重语言表达单项训练的"仿写"有本质的不同。】

"好，同学们修改一下自己的习作。"同学们根据自己对"范文"写作方式和方法的理解，修改自己的习作。这一步对大部分同学来说，其实是"重写"。

【评：课例研究表明，上写作课，学生的习作至少要有两轮：一轮是基于原有经验和能力的自主写作实践，呈现的是学生习作的原有水平；一轮是通过蕴含写作知识的写作学习支架，让学生对习作加以修改或重写。"精心安排"的写作学习，发生在学生尝试运用他们所感悟（建构）的新知识而修改或重写的过程中——这就是"在写作实践中学习写作的某个特定学习元素"这句话的真实意思。"写作就是重写或修改",这提示我们,语文教师辛辛苦苦"代替"学生"批改""修改"作文,不但实际作用极为有限,而且在很大程度上剥夺了学生学习写作的机会。】

同学交流修改后的习作。

【评:修改后的习作,如果单从语言表达的角度看,并不一定比修改之前"出色"。相反,由于新的学习元素的加入,由于修改聚焦于新的学习元素,跨越了多数同学尤其是原本被认为或自认为"写得好"的同学的舒适地带,修改后的习作在语言表达上往往逊色不少,这是写作学习过程中的自然反应。而且,要完成大哥哥大姐姐用"过来人"的经历劝导小妹妹的这封信,在这堂课学习基础上,学生还需要学习诸如把已经熟练的自我陈述式的叙述转为混合在"劝导"中的叙述等一些新的学习元素,这与中小学所习惯的"一榔头法"截然不同。写作教学是"微型化写作课程"单元的形态,它是由若干与完成写作任务密切相关的学习元素组成的,必须按完成写作任务的进程依次展开学习。】

(三)"微型化写作课程"形态

实施的写作课程,其基本单位是"微型化写作课程",类似于阅读教学原本意义上的"单元"。基于学生校内外生活体验或可获取的材料,设计真实或拟真的写作任务,并形成一个写作教学的"单元"。

"微型化写作课程",包含两层意思:

1. 写作课程的序列组织

写作课程是按一个个情境中的写作任务来组织架构的,是基于情境的一次写作任务,并形成一个"单元"的写作微型化课程。

写作"单元"与"单元"之间,当然应注意相对合理的配合关系或连续关系,但在本质上并无"序列""系列"逻辑必然性,或者说,目前的研究下我们并不知道其间的道理。比如,这两周写作课完成一份建议书,下两周呢,尝试写一首诗歌。写建议书和写一首诗歌如何关联,我们并不知道,似乎也无须过问。正如阅读教学,前一个单元是诗歌,后一个单元是议论性文章,这只是个相对合理的筹划安排,之间并无可靠的道理可讲,似乎也无须深究为何如此的道理。

　　一方面,写作课程要有一个相对合理的单元布局和组织序列;另一方面,这种布局和组织序列,只是一种筹划,不同的布局和安排有高下之分,但并非"必须如此"。所谓写作课程(教材、教学)的科学的"序列化"或"系列化",并不存在。比如流行的小学生主要写记叙文、初中生多写说明文、高中生主要写议论文,再比如小学低年级写句、中年级写段、高年级写篇,理论研究和实践都证明,这种所谓的科学"序列"或"系列",充其量只是狭隘视野下的虚妄幻觉而已。

2. 单元内部的课程内容及组织

　　写作是高度综合性的。一个单元、一次情境化写作任务,要根据写作语境要素,分析写作任务完成的条件和要求,分析学生以往的写作表现,估量学生完成写作任务的主要困难或问题,从而提炼、开发相应的写作学习元素,并按完成写作任务的进程组织这些学习元素,形成写作教学"单元",借助写作学习支架,开展过程化的写作教学活动。中小学写作课主要样态如下:

图6-4　微型化写作课程

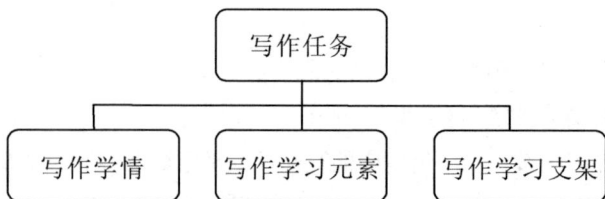

也就是说，写作教学不能是"一榔头法"，而要根据具体的写作任务和学情，聚焦相应的学习元素，依完成写作任务的进程分步进行过程化的指导，分步解决学生的写作困难或问题。解决一个或一方面的困难或问题，可能需要1节课，可能要花2节课，也可能只要10分钟、15分钟或20分钟即可。

比如，"为解决上下学时学校门口的交通堵塞问题写一份建议书"这一写作任务中，学生首先面临的问题是建议书的构成，接着是情况概述的角度和要点，然后是罗列并分析原因及主要因素，再次是有针对性地向相关人士或部门提出建议，并考量这些建议的可行性与可接受性。随后是行文，具来说是先概述，然后陈述原因并说明为何这是主要原因之一，接着是建议的表述语体、建议书的格式、语句的修缮、采用适当的方式发出建议书等。根据学生写作的上述学情，提炼、开发相应的写作学习元素，并按完成写作任务的进程组织这些学习元素，最后形成微型化写作课程的学习单元。

图6-5　微型化写作课程的学习要素

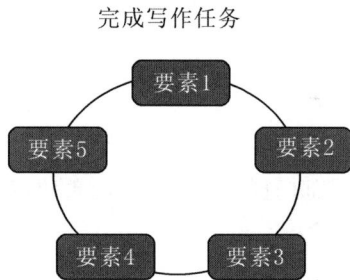

完成写作任务

（四）"微型化写作课程"设计的要领

"微型化写作课程"，其设计要领如下：

1.设计真实或拟真的写作任务

基于学生校内外生活体验或可获取的材料，设计真实或拟真的写作任务，关键是学习活动要指向真实的生活，对学生具有真实的、实际的意义。

（1）任务情境的构成要素，即写作的语境要素：话题、作者（写作时的身份）、读者、目的、语言（语篇类型和语言运用）。

（2）写作情境的类型，转化为功能性的语篇类型，如"为自己写作"（自我表达）与"为不同读者写作"（与人交流），传递经验类的写作任务，解释说明类的写作任务，劝导说服类的写作任务。

（3）任务设计的基本路径：利用真实情境，"设计"拟真情境。可以从一个真实的对学生有意义的话题入手，也可以借助语篇的功能设想写作语境，设计话题。

2. 分析完成写作任务的条件和要求

根据写作的语境要素，分析写作任务完成的条件和要求。可分为两步：

（1）罗列完成写作任务的条件和要求

要顺利完成既定的写作任务，学生需要有什么（条件），需要具备什么能力及达到怎样的程度。

比如，"为解决上下学时学校门口的交通堵塞问题写一份建议书"的写作任务中，学生需要：

① 将交通堵塞的状况及其带来的后果（条件）联系起来。

② 明白建议书是正式的文体，通常包括情况（问题）概述、原因分析、向有关人士或部门提出针对性的改善建议（知识）三个部分。

③ 会写状况的概述。

④ 会分析原因，明白原因有多个方面，涉及多个因素，其中既有客观不能改变的因素，也有经过努力可能改变的因素。

⑤ 明白建议向谁（学生、家长、学校、交通管理部门等）提出，建议要有针对性和可行性等。

⑥ 按建议书的语体特征表述。

（2）依据语篇类型特点抽取核心能力要素

分析完成写作任务的条件和要求，分析语篇类型的特点，抽取若干核心能力要素，是写作教学的主要学习元素。其余的则作为辅助性学习支架。比如，教师提供一个包含"情况概述""原因分析""建议"三栏的表格，让学生分小组讨论并填写。当学生完成建议书的主体内容之后，教师再提供建议对象、建议书主体内容、落款（署名和日期）的格式等。

3. 估量学生完成写作任务的主要困难或问题

分析学生以往的写作表现，估量学生完成写作任务的主要困难或问题。

（1）研究学生的既往习作

联系设定的写作任务，研究不同程度学生的既往习作，设想学生完成本次写作任务时的写作状态，估量学生的主要困难或问题（注意困难与问题的差别）。

研究表明，学生的主要问题往往是核心能力要素的缺失或不足，因此可以先思考以下问题：

学生具有这些核心能力要素吗？如具有，或部分学生具有，证据是什么？如不具有，或多数学生能力不足，有哪些表现？除了核心能力要素，学生或部分学生可能还需要哪些帮助？是从学生既往习作的哪里看出来的？

如能利用前述共同备课所编制的评价量表，这项工作做起来就会容易且可靠。

（2）按完成任务进程排列主要困难或问题

完成写作任务的进程，即写作的过程。

4. 组织包含若干学习元素的"微型化写作课程"单元

按完成写作任务的进程，组织包含若干学习元素的写作教学单元，分步解决学生的写作困难或问题。

与阅读一样，学生在写作时也有两个身份：作者，要完成写作任务；学生（学习者），在完成任务的过程中学习如何写作，即学习与写作任务相关的写作知识、技能、方法、策略和态度。

一次特定的写作教学，其学习元素（教学内容）来源于两个方面的重合：

（1）掌握写作任务的核心能力要素。

（2）解决写作任务的主要困难或问题。

写作任务通常有若干学习元素，因此需要按完成写作任务的进程组织学习元素，形成教学序列，分步教学。与单篇或以单次课为主的阅读教学不同，写作教学通常是单元性的，一个写作任务通常需要若干课时。

5. 利用或研发写作学习支架

对所组织的学习元素，分别设计（利用或开发）帮助学生解决困难和问题的写作学习支架（主支架）。对不作为本次写作任务学习元素而学生或部分学生又有困难的学习元素，应提供（利用或开发）相应的辅助支架。

写作学习支架是在学习过程中根据需要为学生提供的针对性帮助，内含特定写作知识。依据功能，可分为：

（1）程序支架：围绕既定写作学习任务展开各种活动的行动指南。

（2）概念支架：帮助学生识别关键概念。

（3）策略支架：为完成某一任务或解决某一问题，提供多样化的方法和途径。

（4）元认知支架：支持个体管理自己的思维和学习过程，引导学习者进行反思。

具体形式有：样例、提示、建议、向导、图表、解释等。比如，滑栏创作法就是一种写作学习支架。

表6-6　滑栏创作法

人物	地点	目的	障碍	克服障碍的手段	结局
医生	商店	医治病人	医生无任何医疗器具	医生高超的医术	医生治好病人
厨师					
	菜市场				
		博得欢心			
			停电		

滑栏创作法，是美国创造教育专家帕内斯提出的，用于故事创造练习。该方法运用过程如下：

首先，确定故事的要素。如人物、地点、目的、障碍、克服障碍的手段、结局等。

其次，列表，分别填上提示想象的内容。如在人物一栏分别填上"医生""厨师"等，在地点一栏分别填上"商店""菜市场"等。

最后，将一把尺子放在表格上，上下滑动，滑到哪一格就根据此栏的提示编写故事。如滑到"医生"一栏，就编写一个虚构的医生的故事；滑到"商店"一栏，就编写一个发生在商店的虚构故事。

从应用的角度来分，写作学习支架可分为主支架和辅助性支架两类。主支架是作用于写作学习元素的支架；辅助性支架是为使学生完成任务而提供帮助的支架，写作教学中针对学生"语言贫乏"现象而提供的供其选择使用的词语表，即一种辅助性支架。

三　微型化写作课程的编撰及单元样章

（一）"微型化写作课程"编制的教材样例

成尚荣、王荣生主编的澳门特别行政区小学教材《中国语文》写作部分的框架（草稿）①如下：

一至二年级，写作活动与识字教学、综合性学习结合，不单独编写。三至六年级，每册编写6个写作单元，每单元2—3课时。下表中的记叙类（描写类、自叙类、故事类），涵盖记叙和描写，包括非虚构和虚构两类。

表6-7　"微型化写作课程"编制的教材样例②

学期＼单元	一	二	三	四	五	六
三上	描写类 玩具大 搜索	自叙类 我们都是 "木头 人"	阐释类 游戏总 动员	故事类 我是谁 的	诗歌类 雨中奇 遇记	研究报告 小昆虫， 大世界
三下	描写类 猜猜他 是谁	自叙类 勇气看得 见	阐释类 我家是 个动物 园	故事类 小鹬成 长记	劝说类 王者争 霸	课本剧 童年的那 盏灯

---

① 澳门教育及青年发展局委托，广东教育出版社组织编写，主编成尚荣、王荣生。写作部分系列主编为周子房。写作部分的框架设计者有王荣生、周子房等。

② 每一单元格中，上栏标示具体的语篇类型，下栏是该"微型化写作课程"单元的话题。

续表

学期＼单元	一	二	三	四	五	六
四上	描写类 蛋挞? 蛋挞!	自叙类 蒙眼作画	阐释类 包子与 汉堡	故事类 狐狸与 乌鸦	诗歌类 爱的体 验	研究报告 走近澳门 建筑
四下	描写类 给漫画 家写信	自叙类 爱在我身 边	阐释类 厕所标 志	故事类 愿望	劝说类 最可靠 的推荐	课本剧 安徒生的 童话世界
五上	描写类 帮口袋 先生找 狗	自叙类 我的成功 经历	阐释类 有创意 的自我 介绍	故事类 我变成 了一只 猫	新闻类 我是 "大记 者"	研究报告 海洋污染
五下	描写类 澳门风 光	自叙类 名字的故 事	阐释类 我未来 的职业	故事类 《西游 记》里 选同桌	劝说类 我的节 日建议	书评 金钱的魔 力
六上	描写类 移步换 景写校 园	自叙类 分心的故 事	阐释类 "小眼 镜"是 怎样炼 成的?	故事类 我与偶 像换灵 魂	诗歌类 一起来 写毕业 歌	研究报告 身边的科 学
六下	描写类 封神榜	自叙类 照片的回 忆	阐释类 小橘灯 制作	故事类 三顾茅 庐	劝说类 (演讲 稿) 童年永 不散场	书评 怀李叔同 先生

（二）写作单元设计的教材样章

1.《西游记》里选同桌①

《西游记》里选同桌

情境与任务

丁零零，上课铃响了。第一节课的任课老师刚想上课，班主任敲门带来一位新同学，新同学竟然是《西游记》师徒四人中的＿＿＿＿＿＿！你能想象得出教室里此刻的情景吧，这时班主任说："××，你身边有一个空位子，让＿＿＿＿＿＿做你的新同桌吧。"接下来会发生什么故事呢？

同学们，请你选择《西游记》师徒四人中某一个人，写一个他穿越到现代，成为你同桌后发生的故事，500字左右。

学习要点

1. 根据人物性格特点选择并组织事件。

2. 展开事件时做到正面、侧面描写相结合。

写作进行时

第一步　搜集材料

一、说说你最喜欢《西游记》里师徒四人中的哪一个人物。《西游记》里唐僧师徒四人性格鲜明，深受同学们的喜爱。大家可以小组合作，归纳一下：《西游记》里唐僧师徒四人的性格特点各是怎样的？请一个同学记录，讨论结束后大家一起交流。

二、把握四个人物的性格特点。请你大胆地想象一下，如果一天早上，师徒四人中的某一个人穿越来到了我们的学校，成为同班同学，并且恰好成为你的同桌，那又会发生哪些有趣的事呢？快点把想到的事件写下来吧！

---

① 设计者：楚彩芳、周子房、王荣生等。

三、整理材料。

（一）请按照下面的表格，和同学们分享一下你写的好玩的事件吧。

主人公	
事件	
性格特点	
时间（具体，例如英语课上、运动会上）	
地点（具体，例如操场上、科学实验室里）	

（二）请你按照以下两条标准，给同学的讲述打分，满分为五颗星。（打几分就涂几颗星）

说得完整、清楚吗？（☆　☆　☆　☆　☆）

说得生动、有趣吗？（☆　☆　☆　☆　☆）

第二步　组织材料

要想把"《西游记》中一个人物穿越到现代成为你的同桌后会发生的故事"写清楚，我们要学会运用以下几条写作策略：

策略一：选择事件，理清写作顺序。

1. 根据人物的两个或两个以上的性格特点，选择事件写故事。不仅要写人物的缺点，也要写他的优点。

2. 突出人物主要性格特点的事件要详写，可以在下面的构思图中标注出来。

3. 按照时间发生的顺序，用阿拉伯数字在构思图中标注出来。

4. 故事的结局可以是开放性的。

请同学们选择并确定自己新同桌是哪一位，用简单的词语或句子填写下面的构思图。

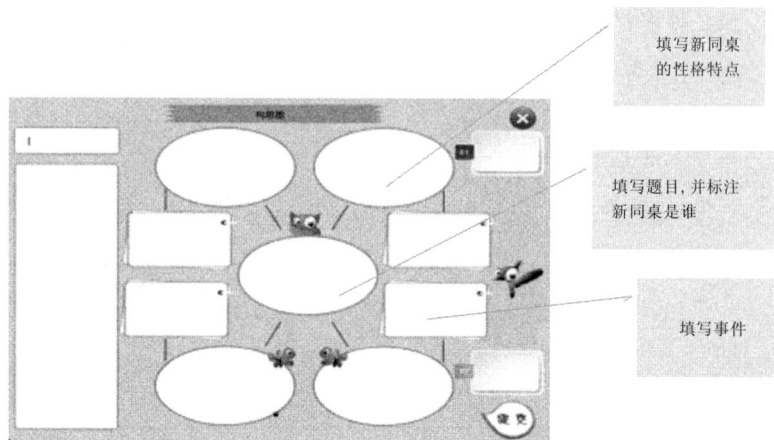

填写新同桌
的性格特点

填写题目，并标注
新同桌是谁

填写事件

策略二：事件的选材要考虑主人公与环境的互动。

故事里的主人公会和你这个现代的同桌有互动，会和老师及同学有互动，会与学校课程、校园文化、校园活动等有互动。

审视自己设计的事件，分析互动是否单一，因为有多方面的互动故事才好玩。运用这条策略评价并修改自己的构思图。

第三步　写出好故事

穿越到现代的唐僧或悟空或八戒或沙僧，性格并没有发生变化，我们起草时应选择恰当的写作方法，突出性格特点。

一、场面描写要做好正面、侧面描写的结合。

分析例文：

这时诸葛亮摇着他那招牌鹅毛扇走上台来。他掏出了一款手机，这款手机的外形就是苹果公司的logo（商标），如同被咬了一口的苹果。正当人群中发出一片啧啧之声时，诸葛亮高高地举起手机，然后猛一松手，手机居然没有掉到地上，而是静静地悬于半空，大家又发出一片惊叹声。

诸葛亮伸出手指在手机上点点画画，讲解道："过去的手机由于表面太光滑，常会出现不慎掉落的现象。同时，手机最大的缺陷是束缚了双手，而这款手机利用了磁悬浮原理，可以悬浮在人的面前，从而解放双手。我还在苹果缺口处加设了指纹密码器，手指握到密码器时，密码器自动核对指纹，无误后方可打开。这样，即使不慎遗失手机，资料也不会外泄，别人捡去只是一块废铁。"

诸葛亮话音刚落，现场掌声雷动。乔布斯的家人走上前来，紧紧地拥抱诸葛亮，说："诸葛先生，当年您的空城计和草船借箭充满了无限的创意和想象力，您果然是智慧的化身！"

（选自《诸葛亮求职记》）

二、请你尝试写一段，和同学交流一下，将故事里的情节写精彩，并思考还要注意什么。

评改与交流

一、请对照下面的评价标准，对自己的作文进行自我评价。

1. 选择了唐僧师徒四人中的一个人，根据其性格特点选择并组织事件写了一个精彩的故事。（40分）

2. 详写的事件与略写的事件中，恰当运用了正面、侧面描写相结合的方法。（30分）

3. 细节描写突出了人物的性格特点。（20分）

4. "八戒""袈裟""紧箍咒""阿弥陀佛"等词的写法是正确的。（10分）

二、请与同桌交换阅读作文，互相给对方各提出两条优点和建议，并说清楚理由。如果你认同同桌的建议，请根据建议修改自己的作文。

三、好文共赏。各小组推选一篇优秀作文分享给全班同学。

2. 分心的故事[①]

分心的故事

情境与任务

世界上有一种奇怪的虫子——分心虫，它最爱吃的是发生在课堂上的有趣的分心事。你上课时分心过吗？让你分心的事中，哪一件最有趣？请写下来，喂给分心虫吃，字数在500字左右。

学习要点

1. 按照"学习"与"分心"两种状态交替的方式来组织文章。

2. 用恰当语句过渡。

写作进行时

第一步　选择材料

一、想想看，课堂上哪些行为属于"分心"？一个人分心时，你会做什么？和别人一起分心时，又会做什么？快和同学们想一想，看谁想得又多又快！

二、分心虫只吃有趣的分心事。刚才你们已经想出了很多分心事，到底该选哪一件写呢？如果那次分心你突发奇想，或乐在其中，或郁闷生气，或惊吓连连……那么就选它来写吧！

三、整理材料。

（一）请对照表格中的提示，把你想要写的分心事说给同学听一听。

提示	想要写的分心事
当时正在上什么课？	
是哪位老师上的课，大概讲了什么？	
是什么引起了你的分心？	

---

① 设计者：刘晓蓓、李玉贵、周子房、王荣生等。

续表

提示	想要写的分心事
你分心了几次？每次分心时你分别干了什么？	
是什么打断了你的分心？	
分心引起了什么样的后果？	

（二）请你按照以下两条标准，给同学的讲述打分，满分为五颗星。（打几分就涂几颗星）

说得完整、清楚吗？（☆　☆　☆　☆　☆）

说得生动、有趣吗？（☆　☆　☆　☆　☆）

第二步　组织材料

要想把分心事写清楚，我们要学会运用以下几条写作策略：

策略一："学习"与"分心"两种状态交替写。

上课时，我们的注意力时而在学习上，时而在分心的世界里。写作时，为了让读者读得清楚、明白，我们也要把这两种状态交叉起来写。写一写学习，再写一写分心的状态，再写一写学习。

策略二：切换次数适宜。

下面是一位同学写的构思表，从中我们可以看出，学习状态和分心状态的切换，以三次左右为宜。如果次数过多，就会使文章显得琐碎和凌乱；如果过少，又会使文章缺乏趣味。

构思表

分心的原因	我已经学会了老师讲的知识	
状态 切换次数	学习	分心
第一次	同学们在听讲	进行开小差前的思想斗争
第二次	老师在讲课	偷看课外书，陷入情节之中
第三次	老师在画图	跟书中人物对话

三、运用前面学到的两条策略，构思一下你的文章，用简短的词语填写下面的构思表。

构思表

分心的原因		
切换次数 ＼ 状态	学习	分心
第一次		
第二次		
第三次		

第三步　写好过渡

过渡是指我们从学习状态进入分心状态，或者从分心状态返回学习状态的中间环节。写好过渡能够自然地连接上下文，帮助读者区分这两种状态，让文章更加清晰、流畅。

一、过渡的内容。

（一）人物的动作和心理活动。

例1：我的手像被一块磁石吸引着，不由自主地伸进了桌洞。刚碰到书，又触电般地缩了回来。"不行，不行，我要认真听讲才对！""哎呀，没关系，反正你已经学会了嘛！"

例2："嘿嘿！你偷偷看书呀！我要报告老师！"同桌小唐压低声音威胁我说。我心虚地把书往桌洞里一塞，挺了挺腰，将目光投向了讲台。

（二）人物的感受和意识状态。

例1：老师洪亮的声音越来越轻，越来越远，好像隔着一层厚厚的墙壁传到耳朵里，模模糊糊。我使劲盯着黑板，可是眼前的一切却变得模模糊糊，好像戴了副毛玻璃眼镜。

例2："哈哈哈……"听了我的回答，同学们哄堂大笑，我好想找个地缝钻进去，一辈子不出来。

　　除此以外，还可以用哪些内容过渡呢？能举个例子吗？请和同学讨论后，补充在下面的横线上。

　　（三）＿＿＿＿＿＿＿＿＿＿＿＿＿＿＿＿＿＿＿＿

　　例：＿＿＿＿＿＿＿＿＿＿＿＿＿＿＿＿＿＿＿＿＿

＿＿＿＿＿＿＿＿＿＿＿＿＿＿＿＿＿＿＿＿＿＿＿＿＿

　　二、请为你的作文加上合适的过渡内容。

　　评改与交流

　　一、请对照下面的标准，评价自己的作文。

　　1. 按照"学习"与"分心"两种状态交替的方式来组织文章。（40分）

　　2. 两种状态切换的次数为三次左右。（20分）

　　3. 用恰当语句过渡。（40分）

　　二、请与同桌交换阅读作文，互相给对方各提出两条优点和建议，并说清楚理由。如果你认同同桌的建议，请根据建议修改自己的作文。

　　三、好文共赏。各小组推选一篇优秀作文分享给全班同学。

四 口语交际单元设计的要领

口语交际作为语文课程一个的独立领域，大致可以区分为"日常生活中的口语交际活动""组织中的口语交际活动"和"书面语的有声表达"这三个大类。三个大类在教学内容上有"质地"的差异：日常生活中的口语交际活动，其教学内容主要是"反思性"的；组织中的口语交际活动，其教学内容主要是"形成性"的；书面语的有声表达，其教学内容主要是"技巧性"的。反思性的教学内容好比"亡羊补牢"，形成性的教学内容好比"雪中送炭"，技巧性的教学内容好比"锦上添花"。对写作和口语交际来说，教学内容往往是通过活动来体现的。活动设计的最基本要求，是要有明确的指向，集中地体现相对单一的教学内容，从而有效地达成课程与教学目标。

（一）反思性的教学内容及其活动设计

1. 反思性的教学内容

在母语的环境中，学生日夜浸润在口语交际当中。在日常的生活中、在以往的语文学习中，学生形成了口语交际的能力，足以应付基本的口语交际活动。然而，他们的口语交际难免有缺憾，并或多或少地阻碍了人与人之间的有效沟通。而造成沟通障碍的主要因素，往往不是因为他们不知道怎样交际，或不具备口语交际的技能，而是因为他们没有意识到自身存在的缺憾。日常的口语交际可以和"走路"相类比。一个乱穿马路的人，并不是不会走路，而是认识不到乱穿马路的错误和危害，甚至还以为走人行道没有必要、乱穿马路理所当然。

同样，一个在公共场所高声喧哗的人，并不是因为他不具备轻声说话的技能，而是因为他认识不到轻声说话的必要性和重要性，还以为放大音量是顺其自然的。人际沟通中的问题，可能绝大部分是这种情况。

学生在日常口语交际中的种种缺憾，是自然养成的，某种缺憾也往往不为某人所独有，而带有相当的普遍性。因而，对大多数人来说，这种缺憾也不太可能在日常生活中自然地得到弥补。换句话说，这是需要在语文课程里"教"的。请看一个国外的课例①：

教学目的

了解会话交际中不同的风格和实用技巧，以便应付会话中出现的交际冲突。

活动步骤

（1）将学生分成小组，让他们给"会话打断"（interruption in conversation）和"会话重叠"（overlap in conversation）作定义，并让他们决定两者是否有区别，若有区别，让他们说明区别在哪。如果学生需要帮助，教师应启发他们想象在真实的交际中，人们会如何面对"会话打断"和"会话重叠"。

（2）选择一个会话主题（如体罚、公共场所吸烟等）。任何主题都可以，但必须能激发学生的兴趣，并且能够使全班学生分为人数相当的两组。

（3）了解学生们的不同意见，将全班分成两组，将意见相同的学生分在同一组内，然后给5到10分钟时间让双方准备辩论（列出论点、证据和需要用的词汇）。

（4）从两组中各选一名学生，在教室前面面对面地坐下，让两位学生代表就所选主题展开讨论。但不允许双方在相同时间内

---

① 转引自陈申：《语言文化教学策略研究》，北京语言文化大学出版社2001年版，第180—181页。

讲话，不管他们如何激动，必须等对方说完之后才可以发言。同时请全班学生专心听讲，注意发言者的互动情况，几分钟以后教师中断对话。

（5）从两组中各另选一名学生，也面对面就座，让他们就主题展开讨论，且尽可能在同一时间内抢着发言，不等对方把话说完，想说立刻就说。同时请全班其他学生观其言行，注意双方互动的情况，几分钟以后教师叫停讨论。

（6）让全班学生围成一个圆圈坐下，共同讨论教师提出的问题：

① 两次对话有什么不同？

② 参加第一次会话的两个人各有什么体会？

③ 参加第二次活动的两个人各有什么体会？

④ 当你同朋友交谈时你是如何表现的，是像第一组那样还是更倾向于第二组？

⑤ 你如何与你的老师、你的上级和你的家庭成员对话？

⑥ 你认为你这样对话是由你本人的个性所决定的吗？或者因为别人的个性？

⑦ 其他人是否用和你一样的方式与别人交流？

很明显，这堂课既没有"教"会话打断（或不打断）的"技能"（这些技能学生已经具有），也没有"教"如何避免（或坚持）会话重叠的"技能"（这些技能学生也已经具有），当然也不是仅仅"教"会话打断和会话重叠这两个概念。这堂课的教学内容，是促使学生反思会话打断和会话重叠这两种行为，通过反思，唤醒学生"自觉地"谋求改善自己日常口语交际技巧的意识。

一般来说，越是日常的口语交际，越需要反思性的教学内容；越是高年级（已经学会了某种类型的口语交际），教学内容就越需要是反思性的。而反思性的教学内容，一般只需较少的课时，要是我们的教学内容选择对头而教师的那一次教学又能够使学生刻骨铭心的话。

即使学生故态复萌，一般也只需提醒即可。像我们有些教材那样"自我介绍""介绍朋友、宾客""介绍我的家""介绍我的家乡"等一路"介绍"下去，从教学内容的角度看，那是很不适当的。

2. 与反思性教学内容相适应的活动

反思性的教学内容所面对的，是学生已经沉浸其中的口语交际类型，主要是日常生活中的口语交际，我们曾用"走路"来类比。学生在日常口语交际中的种种缺憾，并不是因为缺乏实践，相反倒是由于实践过多，由于过多地实践了"乱穿马路"，乃至习以为常。为唤醒缺憾的意识，口语交际教学中的活动，原则上不应该是日常生活的简单搬移，而应该能与日常生活拉开一定距离，从而使习以为常的生活"陌生化"。

从工商管理者培训的经验看，反思性教学内容的主要活动方式是游戏。工商管理者培训也提供了大量的经典游戏可供我们借鉴，关于这方面的材料目前我们在书店里很容易找到①。

能够造成"陌生化"的第二种活动方式，是"讲故事"——讲曾经发生过的与学生生活经验能关联的真实故事，也包括学生讲述自己（即反思）自己生活中的相关经历。故事的主题应该是不成功的交际，或者现在回想起来有缺憾的经历，而不应该是"高人"的"交际艺术"。这里需要破除一个束缚，有些教师以为，口语交际教学必须是学生在课堂里的交际，比如问候就必须是学生进行问候的活动，比如赞美就必须是学生进行赞美的活动。这是不对的。我们已经说过多次，学生在问候时的缺憾并不是因为不会问候，而是因为他们没有意识到有些场合需要问候；学生在生活中缺少赞美别人的举动，不是因为他们不懂得赞美，而是缺少赞美别人的意识。母语课程的日常口语交际教学，绝不应该自以为是地去教学生在生活中原本已经学会的东

---

① 可参看陈向明：《在参与中学习与行动——参与式方法培训指南》（下册），教育科学出版社2003年版。

西。反思性的教学内容是唤醒问候的意识和赞美别人的意识，而这并不一定需要学生在课堂里练习问候和赞美。我们应该认识到，学生在课堂上开口讲话，并不等于一定是在进行口语交际教学；学生在课堂里不练习、不表演他们已经会说的话，也并不意味着不能进行口语交际教学。

第三种比较理想的活动方式，是观看真实生活中交际实情的教学录像（别人的或自己的都可以）。可惜目前我们缺少这样的资源，也缺乏合法地获取这种资源的手段。一个折中的方法是有意制造一个事端，让学生信以为真，然后观察（原貌记录）学生的交际活动，将其作为教学中的分析对象。也可以有意识地观察（原貌记录）学生课中、课间、课后的交际活动，选出可以作为教学分析对象的材料。这里又需要破除一个束缚，有些教师以为，学生的日常口语交际活动，就一定要发生在教室的外边、学校的外边，比如到商店去购物、在家里的客厅接待客人等。这也是不对的。什么是日常生活？日常生活就是我们沉浸在其中所度过的时间。谁都知道学生的大部分时间是在学校、课堂里度过的，怎么这反而不是日常生活了呢？日常生活对学生来说，主要是学校生活。"如何让更多的学生参与校报工作""如何使我们的告示板更富有吸引力"等，都是口语交际教学的真实话题。

反思性教学内容的要义，在于引起反思，对自己真实的口语交际行为进行反思。我们认为，目前在口语交际教学实践中反反复复出现在课堂中的做客、待客、指路、问路、看病、打电话、接电话等等，由于缺乏应有的反思性教学内容，很少能起到引起学生反思的效力，因而往往不值得采用。而且，大量看起来是把日常生活搬进课堂的口语交际，其实是被涂脂抹粉、乔装打扮了的，本质上缺乏生活的真实性。

李明洁把这类活动归类到"戏剧"而定名为"即席表演"，这是很有见地的。即席表演具有两面性：一方面表演者要投入，力求像真的一样；另一方面，无论是表演者还是观看者都清醒地知道，这不是真的，是在表演。戏剧表演的要义是把戏演好，而演好戏的前提是表演者要把自己变成戏剧中所扮演的一个角色，而将这个角色的言语行为与日常的"本真的我"相隔离。即席表演在口语交际教学中是有用武之地的，但它主要用在形成性教学内容的教学中。

即席表演的关键是把表演当表演，因而不能把课堂里表演性的"口语交际"当作日常生活中真实发生的事情。像我们现在这样，真（生活原貌）假（课堂中的表演）不辨，甚至以假代真，其结果是导致学生将课堂里所表演的口语交际与自己真实生活中的口语交际割裂开来——口语交际的课上是一套，口语交际课之前和之后又是另一套，这样的结果相信是谁也不希望看到的。

那么，到底什么才是与反思性教学内容相适应的活动呢？也许从我们上面举过例子的"会话打断"中可以看出一点苗头来：

首先是"必须能激发学生的兴趣"的话题。什么是"必须能激发学生的兴趣"的话题呢？那就是能把学生卷入其中的话题。

第二个要点，这是一场真实的辩论。在教室前面面对面地坐下的两个同学是在真实地讲自己真实的话。学生是在演示而不是做戏。

第三个要点，这里有表演的成分，即对生活原貌的变形。因为在日常生活的交际中，发言双方遵循发言规则——"不管他们如何激动，必须等对方说完之后才可以发言"——的事情是不太可能发生的。而之所以变形，是为了造成"陌生化"的效果，从而凸显出我们在日常生活的交际中所没有意识到的问题。

第四个要点，学生的演示是片段的。换句话说，活动是为了满足教学的需要，而不是为活动而活动。

（二）形成性的教学内容及其活动设计

1. 形成性的教学内容

如果说反思性的教学内容所面对的是像"走路"这样的日常行为，那么形成性的教学内容所面对的，就是"开汽车"那样的在目前还没有成为日常活动的行为。可以树立这样一个原则，凡是学生新接触的口语交际类型，或者在"质地"上与学生所熟悉的日常生活有较大差异的口语交际活动，都需要形成性的教学内容。一般来说，组织中的口语交际活动，比如讨论、辩论、采访、演讲等，这些学生在母语的自然浸润中学不到的或学得不像样的，是在语文课程中需要专门"教"的。

形成性的教学内容，是教技能，也就是"怎么听说"。"怎么听说"，其实就是在某一种类的口语交际活动中"听什么""说什么"和"做什么"。

这里再举一个商务电话的例子。日常的打电话，是不需要放在语文课程里教的，除非我们有反思性的教学内容；然而，对一个职业高中商务专业的学生来说，商务电话也许是一个值得学习的口语交际类型。要是我们以为日常的打电话与商务电话没什么区别，或者学生以为用日常打电话的那套足以应付商务电话，那无疑是要犯错误的。以下是商务电话的具体规则：

商务电话18条黄金规则[①]

◎电话铃响了3遍或4遍之前迅速拿起电话——打电话的人不喜欢等太久。

◎笑着接听电话，你的笑容会通过你的声音显示出来，这会让你显得更加友好。

◎打电话时，要确信这个时间对对方来说很方便。

◎在应答电话时，要做口头上的问候，告诉对方你的姓名、公司名称及所属部门。

◎要表现出对对方的理解，可以用温柔而友好的语调和他迅速建立起关系。

---

① ［英］林·沃克：《电话技巧》，王辉译，中国社会科学出版社2001年版，第46—47页。

◎可以通过询问来获得信息，也可以通过求证的方式来明确你已理解了的信息。

◎如果可能的话，尽量迅速准确地回答对方的问题；如果你无法帮上忙的话，那么就告诉他们你能够为他们做什么。

◎经常性地用一些提示语言向对方表示你正在听，例如"是的""我明白"或"对"之类的语言。

◎向对方重复一下他告诉你的姓名、电话号码、传真，以保证你记下的是正确的。

◎做个记录，记下所有必要的信息。俗话说得好："好记性不如烂笔头。"

◎向对方求证一下所有的重要信息，也就是你们正在讨论的问题。

◎记下他们的详细信息，向他们保证你一定会把他们的消息传达到合适的人那里并要求他们回电话。

◎全神贯注于打电话给你的人。没有人能够和两方同时谈话又能获得双方的全部信息。

◎将注意力集中放在当前的这个电话上，不要问一些无意义的话来打断对方。

◎牢记通话双方都应该知道他们在与谁谈话。

◎双方协商好要采取的方案。

◎结束电话时再确认一下你的记录。

◎以适当的方法结束通话。不管在什么环境下，都该在结束时证实一下讨论的所有问题，并感谢对方为此花费的时间和精力。

商务电话18条黄金规则提醒我们，形成性的教学内容往往是复杂的，可能由多项技能构成，因而需要花费较长的时间学习，需要对技能做适当的分解。比如美国加利福尼亚州的《公立学校英语课程标准》①中提出，"叙述性发言"从一年级一直延伸到八年级；"劝说性发言"则从六年级持续到八年级，并贯通到高中阶段。我国的语文教材和教学实践，似乎只想通过一次囫囵吞枣的活动就解决掉，诸如讨论、辩论、采访、演讲等复杂的口语交际类型，这显然不妥当。

2. 与形成性教学内容相适应的活动

形成性教学内容所面对的，是学生相对陌生的口语交际类型，主要是组织中的口语交际或正式场合的口语交际，我们曾用"开汽车"来类比。不会开汽车，是因为缺乏相应的知识和技能；不会进行正式的讨论，是因为日常生活中缺少这种讨论的环境，在此情况下，人们很难自然地形成所必需的知识和技能。

最能满足形成性教学内容的教学需要的活动，可能是上面提到的"即席表演"。李明洁的《新专题教程·高中语文5·口语交际新视点》中有一个很好的样板②：

现在我们来做一个"教务会议"的练习。

情景：你们学校的教务长要召开一次教务会议。原因是：副科老师提出意见，认为他们的课时越来越少，有时因为要给主课让时间而不能保证按照教学计划上课，他们的教学效益和升职评优都受到威胁。教务长因此举行该次会议。参加会议的有：若干音乐老师、若干美术老师、若干常识老师、若干主课老师、教务长、校长助理和教学委员会委员（包括任课教师代表、行政管理代表和学生代表）。

练习：具体分组准备。

（1）考虑一下副科老师面临的处境。这些处境决定了他们应该采取什么样的话语策略？

①《基础教育课程改革资料选编》，教育部基础教育司2000年版。

② 李明洁主编：《新专题教程·高中语文5·口语交际新视点》，华东师范大学出版社2004年版，第45—46页。

（2）考虑一下教务长和校长对这次会议有什么期望。

（3）将拥有共同利益者分成同一小组。如：美术、音乐老师组成一组或者副科老师组成一组，主课老师分成一组，教务长和校长助理组成一组，等等。分组讨论各组需要陈述的立场和理由。

举行"答辩会"

情景：教务办公室里一切准备就绪。教务长向大家表示欢迎，并简要地介绍了这次会议的目的和发言要求。接着要求第一组代表发言……

练习：**具体实施步骤。**

（1）把教室布置成会议室。

（2）各小组再彩排一次，为报告做最后准备。

（3）举行会议。发言过程一般不可以打断（除非时间太长）。一个代表发言结束后，可以接受教学委员会的提问。

进行"内部磋商"

情景：最后一组代表报告结束以后，教务长对大家表示感谢。他宣布暂时休会，他要与校长助理和教学委员会进行内部磋商。

练习：**各组开展讨论。**

（1）教师组：本组的报告内容如何？报告的手段和效果如何？哪几点还需要进一步阐述？根据刚才其他组的信息，本组应该做出怎样的回应？

（2）教务长一组：哪个组的报告更有说服力？哪个组的意见不具有说服力？为什么？

（3）各组为结束会议准备口头补充材料。

公布"最后决定"

情景：再次把教室布置成会议室，所有人再次入场。教务长宣布由教学委员会代表主持下面的会议。

（1）各组做补充陈述。

（2）教学委员会代表做总结陈述，包括对各组意见的概括和最后讨论决定的结果。

（3）在刚才的练习中，你们复习了讲解、报告和议论等口语交际活动，所有的同学都在活动中扮演了一定的角色。请按照以下几点对你们的经验和表现进行总结和评估。

①哪些同学的角色扮演较为成功或不太成功？为什么？

②你们在倾听别人发言时有什么感受？你跟随他的思路了吗？

③说话的姿态和动作、表情如何与人物吻合？

④哪一组的配合较为默契？为什么？

上面的案例是个大单元设计，根据我们现在的课时安排，在教学中可能需要组织成相对短小的"即席表演"活动。组织"即席表演"活动的要点有两个：

第一，话题是正式的，而且是虚拟的。这跟反思性教学内容所需要的活动正好相反。

第二，活动关注的重点不在于具体的结论，而在于口语交际的行为。这区别于"真实"的讨论。

上述两点是相互制约的。如果学校决定下星期去旅游，这星期的口语交际课就把"到哪里去旅游"作为讨论的话题，这不是一个好主意。因为真实的话题很容易使学生卷入其中，导致他们更关心结果，在争得结果的讨论中一般不会去注意也难以注意口语交际的行为问题。换句话说，即席表演要遵守"戏剧"的规则，而不宜与"生活"混同起来。

在口语交际实践中，不少教师"教"采访的办法，是让学生模拟采访，比如让学生去"采访"某位任课教师。这也不是一个好主意。模拟的采访最好"戏剧化"，也就是说，学生扮演采访者，而被采访的教师也需要进入"扮演"的角色，比如有意地答非所问，或拒绝回答问题、态度傲慢地教训采访的学生，再比如喋喋不休地自顾自讲述，等等。这样，学生才能够进入某种特定的情境，从采访的模拟中学到采访技能。

（三）技巧性的教学内容及其活动设计

1. 技巧性的教学内容

如果说形成性的教学内容所面对的是"开汽车"那样的事，那么技巧性的教学内容所面对的，就类似于"登台亮相"。"登台亮相"具有自然性的一方面，即几乎人人都会，并不像"开汽车"那样不专门学习就驾驶不了；另一方面，又与"走路"不同，因为很少有人始终意识到自己是怎样走路的，但几乎人人都能感觉到登台亮相的紧张、窘迫。许多人对自己登台亮相的举止感到不满意，感到需要学一些技巧。

为达到满意效果而学习一些技巧，这也就是口语交际技巧性的教学内容。一般来说，需要技巧的口语交际活动，往往是一些比较特殊的活动，或者有特殊的场合，或者有特殊的要求，且要达到满意的效果往往要付出特意去"做"的努力。典型的类型，是作为"书面语有声表达"的诵读和戏剧表演。

在有组织的口语交际活动中，有些类型也会有技巧性的一面，比如谈判、推销（实用性目的的劝说）等。"演讲"就其本意来说，是影响公众的一种行为，所以国外叫"公共演讲"。但另一方面，演讲有时也会带有表演的色彩，即为达到满意的程度、取得某些特殊的效果，有时候也需要"做作"一番。作为中小学语文课程一个独立领域的口语交际，演讲的教学内容的主体无疑应该放在形成性上，虽然有时也可能会附带一些技巧性的东西。

我国的语文教材和教学实践，把"演讲"归入"表演类"。但那被归入"表演类"的"演讲"，实际上是很可能只是我国所独有的那种以得奖为目的的"演讲比赛"性质的"演讲"，是那种为换取评委打高分的被称为"辩论赛"的"辩论"。

需要技巧的人际沟通，往往是些特殊的、隆重的场合，比如接待贵宾，比如与顶头上司就工作问题讨价还价，这种交际活动其实多数是在组织中发生的。有些则是私密的，比如赢得女朋友的欢心，比如树立男子汉的威风，而这显然是语文课程所无法包容的。

日常生活中的口语交际，讲究真心实意。有没有需要特意去"做"的情形呢？有，那就是一些"高人"的"口语交际艺术"，但"高人"的"艺术"可"赏"而不可"求"。我国过去的所谓"口语交际研究"、所谓"口语交际教学的研究"，一个主要的内容就是津津有味地罗列一些"高人"的"口语交际艺术"——阿凡提怎么样，马克·吐温怎么样，某某某在某种场合又怎么样，等等。我们认为，"教"日常生活中的口语交际，原则上要摈弃表演性的技巧。

2. 与技巧性教学内容相适应的活动

技巧性教学内容所面对的，是需要满意地达到艺术效果的口语交际，我们曾用"登台亮相"来比方，典型的类型，是诵读和戏剧表演。人际沟通和组织中的沟通，为了获取某种特定的效果，也需要技巧，但作为中小学语文课程一个独立领域的口语交际，一般不宜将传授这些技巧作为教学内容，尽管有时也会附带一些技巧性的成分。

与技巧性教学内容最相适应的活动，是"实战"。比如戏剧表演，那必须是一场真正的演出；比如诵读，让学生录音并参加评比（计入语文成绩），或进行朗诵比赛，效果会显著提高；再比如"介绍"，如果所追求的是满意的效果，那必须是一次真正的介绍，比如向参观学校的贵宾介绍班级的情况，向参加家长会的家长们介绍班级本学期的学习情况等。许多教师参加过"普通话考试"，一定明白掌握标准"普通话"的技巧需要参加什么样的活动；参加过"公开课"比赛的教师，也一定明白什么样的活动最能提高"上课"的技巧。

只有"实战"，才能激发技巧上精益求精的欲望，才能发现那些看起来细小而实际上影响效果的因素，才能感受到技巧所带来的成功喜悦，才会痛感疏忽技巧造成的不愉快结果。

口语交际教学中经常采用的"演讲比赛""辩论赛"，其实就是"实战"的实践。当然，我们不主张这样的活动，因为对大部分学生来说，他们需要的是演讲和辩论的基本技能，而不是技巧。作为语文课程一个独立领域的口语交际，应该是"雪中送炭"，而不是去求"锦上添花"。组织这类比赛的老师可以自问一下：谁在参加比赛？谁在比赛中获奖？不出所料的话，一定是有口才的学生在参加比赛，一定是口才好的学生得奖。那我们的口语交际教学是面向谁呢？应该面向谁呢？

对于谋求提高技巧的口语交际教学，有许多缺乏课程意识的教师往往一味采用"模仿"的办法，比如模仿节目主持人，比如模仿经典的诵读。曾经听过两堂小学语文课，四年级一节，五年级一节，四年级教师让学生"读出感情来"，五年级教师也是让学生"读出感情来"，而所谓的"读出感情来"，除了不断地被提出的"读出感情来"的诉求之外，便是模仿老师的"表演"。五年级提出与四年级同样的诉求，证明四年级教学是无效的，五年级教师还用四年级的一套，证明许多语文教师不知道"读出感情来"应该教什么。读出感情来，如果按我们语文教学通行的样子来理解的话，那是需要技巧设计的，比如情调的把握、语速的控制、音色的变化、轻重音的体现、语言的停顿和延续等等，不从这些技巧入手而只一味地诉求和模仿，学生可能永远也学不会"读出感情来"。

上面的例子告诉我们，在"实战"的活动中，教师是要指导的，语文教学是要"教"的。下面的事例对我们怎么把握"实战"中的指导是有启发的。

美国教育家阿德勒曾在听过丘吉尔的演讲后说："他的演说真令我佩服。那是一场结构优美的演说，词句雄健有力，所有的迟疑和停顿都在告诉我们这是一场即席演说，因为话中的停顿听起来就像是他正在思考下一句该用什么正确的字眼。不过后来我才知道，事实上这篇演讲稿早就写好了，他只是在演讲时运用了一些技巧，让人家听起来像是在即席演讲。"那么我们如何做才能产生这种效果呢？阿德勒说，我将告诉大家一个"秘诀"，于是他提了两点建议：第一，演讲前先把演讲稿写下来；第二，演讲稿的写作样式要处于简明纲要式和完整文章式之间。有些重要的话，比如开头、过渡、主要观点、结尾以及其他自己认为重要的话，要写成完整的段落，像写文章那样；有些内容，比如支撑性的材料，写成一个提纲并列出要点，详略依自己对内容的了解情况而定。这样，阿德勒说："虽然我的建议并不会使你变成丘吉尔（因为他是一个例外的天才），不过倒可以帮助你在演说时，达到丘吉尔演说般的效果。"①

---

① ［美］莫提摩·阿德勒：《如何说清楚，听明白》，林乔滨译，南海出版社2003年版，第79页。

第七章
语文教材的教学化编制面临的新问题

随着基础教育改革的不断深入、深化，语文教材的教学化编制面临着一系列新问题。为此，本章主要讨论三个问题：小学低段"学文识字"的教材编制，"大概念"深度"理解"的单元设计，"问题情境"中的探究学习及其"学习资源"。

一 小学低段"学文识字"的教材编制

小学低段课文，与小学中高段和中学课文的教学功能是不同的。概言之，小学中高段和中学课文的主功能是阅读教学，即超越字面理解的语句解码水平，达到语句、语篇的解释水平并体验情感、体味语言等。小学中高段和中学的课文教学当然也要兼顾识字写字教学，但其课文生字词学习活动的设计应该与课文阅读教学相对区隔。

识字和写字是小学低段语文课的主要任务。识字教学有多种途径，其中主要途径之一是在教材的课文语境中"学文识字"。小学低年级课文的主功能，是在课文语境中学习生字词。因此要结合课文的阅读理解，根据课文用字的音形义特点和学生识字经验，确定课文识字教学的目标及重难点。

从教学的实际情况看，小学低段课文"学文识字"尚有很大的改进余地。

（一）小学低段课文教学的主要问题

小学低段课文教学目前较普遍存在的问题有三个：一是脱离课文阅读理解，把课文中的字词拎出来识字与写字，这主要表现在课文教学的第一个环节；二是表现在课文学习的第二个环节，离开课文中的重点字词学习，进行朗读或课文理解和感受的活动；三是表现为课文学习的后续活动，要么离开课文、脱离本课所学习的重点字词进行偏重思想人文的活动，要么离开对课文的阅读理解布置一些以巩固为目的的识字写字练习作业。

下面是部编版小学语文一年级课文《一分钟》：

一分钟

丁零零，闹钟响了。元元打了个哈欠，翻了个身，心想：再睡一分钟吧，就一分钟，不会迟到的。

过了一分钟，元元起来了。他很快地洗了脸，吃了早点，就背着书包上学去了。到了十字路口，他看见前面是绿灯，刚想走过去，红灯亮了。他叹了口气，说："要是早一分钟就好了。"

他等了好一会儿，才走过十字路口。他向停在车站的公共汽车跑去，眼看就要到了，车子开了，他又叹了口气，说："要是早一分钟就好了。"

他等啊等，一直不见汽车的影子，元元决定走到学校去。

到了学校，已经上课了。元元红着脸，低着头，坐到了自己的座位上。李老师看了看手表，说："元元，今天你迟到了20分钟。"

元元非常后悔。

以下是网上一位教师的教学设计中的三项教学目标：

1. 认识9个生字，会写8个字。

2. 正确、流利、有感情地朗读课文。

3. 知道时间的宝贵，懂得严格要求自己，珍惜时间。

这位教师的教学设计有三个环节，对应上述三项教学目标。第一个环节是"识字写字"，也就是"认识9个生字，会写8个字"，重点在读准字音和写准字形。这一环节的教学点很多——至少是"9+8=17"个点。在教学中，尤其是公开课上，这一环节通常会有压缩，且识字教学与课文教学几乎割裂。而写字教学的"写对"与"写好"同步要求，很有可能给小学生的学习造成一些需要额外"补习"或"辅导"的后遗症。以下是此教学设计"识字写字"部分的内容：

1. 让学生在课文中画出带生字的词语，自主认读、识记。然后在读课文的过程中指导学生给生字正音，注意读准翘舌音"钟""迟"、后鼻音"零"、鼻音"闹"，以及"欠"在"哈欠"一词中读轻声。

2. 引导学生运用学过的方法自主识字，说说哪些字是已经认识的，从什么渠道或用什么方法认识的。如：

（1）熟字加偏旁识字：钟、零、闹、哈、迟、叹、悔。

（2）熟字换偏旁识字：快—决、海—悔等。

（3）猜谜语识字："大门里边是市场"（闹）等。

（4）运用汉字构字规律识字：哈、叹、钟、迟、悔。（比如，让学生说说"哈"为什么是口字旁）

3. 可用下面的方法巩固识字。

（1）同学之间相互考考对方是否认识生字。

（2）用"找找说说"中的偏旁和字组成新字，比一比，看谁组得多。

（3）游戏巩固。从"我会认"和"我会写"的生字中，选择几个，分组进行组词比赛，哪组组词多，哪组获胜。

4. 指导写字可分两步进行。

写字之前要仔细观察要写的八个字，把部件和笔画看清楚，保证把每个字写正确。如"包"字里边是"巳"，"钟"字金字旁的最后一笔不能穿过上横，"迟"字里面"尺"的末笔捺要变点。

其次要仔细观察字的部件和笔画在田字格中的位置，把字写得匀称、美观。比如，"包"字的竖弯钩要拖长；"叹"和"哈"都有口字旁，口字旁要写得小一些，且位置要偏上；"闹"字的"门"要写得稍大一点，给里边的"市"留出足够的空间。

第二个环节是"朗读感悟"，对应第二项教学目标。这一环节在教学中的具体展开，主要是对课文中这个词、这一句、这一处的理解与感受。在教学中，尤其是公开课上，这一环节通常会花费较多的时间。而对课文中这个词、这一句、这一处的理解与感受，与本课所要识认和会写的字几乎不发生关系。该教学设计中这一环节的具体内容如下：

1. 创设情境导入新课，初步感知"一分钟"究竟有多长。

2. 教师范读，让学生整体感知课文，想一想：听了老师读课文，你知道了什么？（学生自由谈）

3. 学生自由朗读，并讨论：元元两次叹气说"要是早一分钟就好了"的时候，他想到了什么？先让学生自己读书感悟，体会元元当时着急的心情；再小组讨论，谈谈自己的想法，揣摩元元的心理；然后派代表与全班交流；最后通过朗读表达元元当时的心情，注意读出叹息、自责的语气。

4. 在理解、感悟的基础上，讨论：你觉得这一分钟重要吗？为什么？当同学们看见元元"红着脸，低着头"走进教室时，一定会受到强烈的感染——就这一分钟，使他迟到了整整20分钟；就这一分钟，耽误了学习，使他感到愧疚和后悔。再通过小组讨论，让大家领悟到每一分、每一秒的重要性。

5. 让学生有感情地朗读课文，一边读一边体会元元的心情。

第三个环节是"实践活动"，主要对应第三项教学目标，是由课文延伸的思想教育，与对课文的理解和感受无甚关系。课上，老师出示了一个教学视频，展示工人、清洁工等在一分钟里可以（像卓别林那样）做好多事，引得这班小学生啧啧称赞。其具体教学设计如下：

1. 完成课后练习中"找找说说"的组字练习。用偏旁"门、口、钅、辶"和"市、合、欠、中、尺、井"等字可以组成"闹、哈、吹、钟、迟、进"等字。如果学生用"门"和"口"组成"问"，也应给予肯定。

2. 组织学生从活动中体会"一分钟"的价值。

（1）通过查找资料说明，人们（如工人、农民、解放军、清洁工）一分钟能做多少事。

（2）以"我一分钟能做什么"为主题，交流自己的切身感受，体会时间的宝贵。

以上这篇教学设计充分体现出小学低段课文教学的主要问题：识字教学与课文教学割裂，思想教育悬浮于对课文的理解和感受之上——如果我没有理解错的话，这篇故事讲的是"守时的重要性"而不是"每一分、每一秒的重要"。

（二）"学文识字"：以"学文"带"识字"，以"识字"促"学文"

在我看来，小学语文教学要在三个方面改换思路：一是回归我国传统语文教育，识字与写字要分流；而且，在信息技术背景下，写字教学还要与计算机输入法贯通。二是"学文识字"，以"学文"带"识字"，以"识字"促"学文"。也就是说，识字教学要从念准、写对，转向在课文语境中理解和感受字义、词义。三是以语文知识"大概念"来组织课文学习和识字教学。这里主要讨论后两个方面。

"学文识字"，也就是联系课文语境理解（学习）课文中的一些重要字词，以"学文"带"识字"，以"识字"促"学文"。

仍以《一分钟》这篇课文为例，学生该学习什么呢？这里把上面老师教案中的教学目标，改造为：

1.联系课文语境理解（学习）课文中的一些重要字词。

2.阅读（朗读）故事时，结合自己的经验在头脑中展现具体形象。

3.用讲述的语气及语调朗读故事。

4.按照虚构故事、小说的模式来阅读理解。

与原教案相比较，第一条同样是学习字词，但把字词的学习放在了上下文的语境中。

比如《一分钟》里有好几处"就"字，在不同上下文中词义是不同的：

　　◇元元打了个哈欠，翻了个身，心想：再睡一分钟吧，就一分钟，不会迟到的。

　　◇他很快地洗了脸，吃了早点，就背着书包上学去了。

　　◇他叹了口气，说："要是早一分钟就好了。"

这三句包含了原教案设计中要认和写的字，如"哈""钟""迟""快""叹"。最后一句"非常后悔"很重要，元元不是被老师批评后才后悔的，他一路都在后悔：两次"叹了口气"是后悔，"要是早一分钟就好了"的"要是……就"是后悔，所以最后才"非常后悔"。学生只有理解了元元一路都在后悔，才能感受到课文最后一句中"非常"一词所显现的后悔的程度。

第二条同样是对课文的理解和感受，但重点放在理解语句时的画面想象上，且与课文中一些关键字词的学习相联系。比如，"元元打了个哈欠，翻了个身，心想：再睡一分钟吧，就一分钟，不会迟到的"中"心想"后面，可以从多个角度想象元元反复说服自己的模样。再如，

"他等啊等，一直不见汽车的影子，元元决定走到学校去"一句，可以想象元元"一直不见汽车的影子"的模样、"决定走到学校去"的模样等等。

"联系课文语境理解（学习）课文中的一些重要字词"，"阅读（朗读）故事时，结合自己的经验在头脑中展现具体形象"，这两条其实是相互交织的。学生结合语境，通过画面想象来理解字形、字义，可以产生事半功倍之效。

第三条"用讲述的语气及语调朗读故事"属于综合性学习。这要求学生在语境中学文识字，在"学文识字"中理解、感受课文，并结合自己的理解感受，用"讲述"的语气及语调朗读故事，边朗读边在头脑中展现语句所表现的那些画面。

小学低段的教学中还有一个比较严重的问题：为了强调"读准字音"，小朋友们朗读课文总是一字一顿地高声读字，而不是将朗读作为一种阅读理解的方式。

茹茉莉老师在讲《小猴子下山》这堂课时，让学生齐声朗读，结果学生们一字一顿高声朗读："小/猴/子/下/山/了。"于是，茹老师让学生停下来，听老师朗读，并指出朗读关键点："小猴子"的"子"应是轻声，"下山了"的"了"应是轻声，且应以讲述故事的语气语调朗读。

《一分钟》这堂课上，学生也是一字一顿地齐声朗读："丁/零/零/闹/钟/响/了/元元/打/了/个/哈/欠/翻/了/个/身/心/想/……"与许多小学低段课文朗读的教学一样，这位老师只在第一个环节"读准字音"的时候，让学生注意"哈欠"的"欠"是轻声，但在学生连贯朗读时，却对其语音的轻重、断连和语气语调置之不理。

第三条与第四条"按照虚构故事、小说的模式来阅读理解"相联系。

《一分钟》显然是个虚构的故事。虚构故事或小说有两个阅读理解的线路：一是要素线路，即背景（时间、地点）、人物、事件；二是故事模式线路，即愿望、阻碍、结果。按这两个线路阅读理解课文，哪怕是一年级小朋友，也能连贯地理解和感受整篇课文。

更重要的是，虚构的故事或小说涉及作者的意图，也就是作者为什么要创作这篇故事。换句话说，就是作者希望小朋友从课文中获取什么样的教益。这样，就可按小学生们各自的理解和感受，交流他们的阅读感受并探讨这篇课文的意义所在。像上述教学设计那样，由外界（教参或教师）陡然提出的"一分钟的价值"——"体会时间的宝贵"，充其量只是对这篇故事意义的可能理解之一。

上述四条，在我们的语文课中不是没有。比如想象画面，记叙文教学几乎每篇课文都有这样的教学活动。但是，它们一般都是作为教学活动的片段。我对上述教案的改造是想说明，它们不仅是教学活动，而且是教学目标，是学习的主要内容。

（三）以语文知识"大概念"来组织课文学习和识字教学

在上述教学设计中，"认识9个生字，会写8个字"，了解这篇课文的具体内容，理解课文中的一些词语、语句等，是具体的语文知识，我们把它叫作"事实性知识"。

事实性知识的学习方式是"知道"，学习目标是"记住"。

从小学一年级开始一直到高中，语文学科的每一篇课文都免不了记背字词、了解课文内容等一些细节。这一点那一点、这一处那一处，一堂课下来，教师们在课堂上要教的东西很多，学生要记的东西也很多。语文教师常常会发现这样一个现象：学生在课堂上好像都知道了，但一段时间过去，又好像什么都不知道了。为什么会出现这种现象呢？因为学生在课堂上知道的大量的事实性知识，其实都是临场的强制记忆。

语文课堂教学的最大问题，就是只要求学生"记住"一些零散的事实性知识。语文课堂教学中，绝大部分教师可能更多地偏向事实性知识，但事实性知识几乎是无限的。今天教一篇课文，这一句那一句、这一处那一处；明天又是另一篇课文，又是这一句那一句、这一处那一处。这样的语文教学，实践证明是不行的。

那么如果要改造我们的课堂，应该怎么做呢？我们认为，应该把教学的重点放在另一种语文知识上，我们把它叫作"概括性知识"。语文科学的概括性知识，其本质还是知识，但具有概括性。

概括性知识的学习方式是"探究"，学习目标是"理解"。

我对上面那位老师的教案的改造，所依据的学习原理，大致是相互联系的三个方面：

1. 学生学习和应用具体的语文知识来理解课文。这里的语文知识也就是"学文识字"，比如"再睡一分钟吧，就一分钟，不会迟到的"中的"再""就""迟"等。这是事实性知识的教学，也就是我们语文教学一直在做的事情。学习这个字词、那个字词，理解这一句那一句，这些都是需要的。

2. 学生借助课文学习中的这些事实性知识，去"探究"概括性的语文知识。比如，通过对课文中出现的三处"就"字的语义的探究，一年级小朋友开始明白，原来同一个字在不同的语句中意思是不一样的。在想象、表演一些语句的场景画面时，一年级小朋友开始明白，原来记叙文阅读是要在自己的脑子里呈现一幅幅画面的。比如"元元决定走到学校去"中"决定"是什么样子的呢？小朋友就可以由此想象具体的画面。"探究"概括性的语文知识，是语文学习和课文教学的主要内容。

3. 用概括性知识去统摄、勾连具体的语文知识。这方面其实与上述第二条是一体两面的关系。我们知道，语文教学中的一篇篇课文涉及许多零散的知识，而零散知识是很难被牢固记忆的——如果我们想一想自己以前读过的课文现在还留下点什么印象，就知道对一篇篇课文中孤零零的这个词那个词、这一处那一处的细究，很少会长久地在头脑中留下印记。现在，可以用大概念（概括性知识就是大概念）把这些零散的知识勾连起来，每当说到"联系语境"，同学们或许就会想起《一分钟》里的一些字词，每当说到"想象画面"，学生或许就会将其和《一分钟》里的一些语句联系起来。而一篇篇课文里具体的字词、语句等经验的不断丰富，又会促进学生对概括性知识的理解。

概括性的知识，对学生而言是抽象的。比如"联系课文语境理解（学习）课文中的一些重要字词"，这句话本身其实是很空洞的，学生记住了这句话并不代表他们能够理解这句话的含义，只有学生在课文学习中不断地遇到这个词那个词、这一处那一处，逐步积累语文经验，才能真正明白"联系课文语境理解（学习）课文中的一些重要字词"的含义。用《一分钟》这篇课文引导学生探究上述四条概括性的语文知识，只是对这四条概括性语文知识"理解"的开始，以后再通过一篇篇课文的学习积累经验，就会逐渐有更多的、更丰富的认识。概括性的知识的学习，不是一教了之的，而是一个不断加深理解的持续的建构过程。语文学习是一个螺旋式上升的过程。所谓螺旋式上升，就是给概括性的知识不断增加新的经验，在新经验的增加中不断加深对知识本身的理解。

概括性知识具有强大的迁移力。比如上面四条，如果能形成这样的阅读习惯，那么学生以后读故事、小说等叙事作品，就能迁移运用自己理解的概括性知识：联系上下文语境理解重要字词，结合自己的经验在头脑中展现具体形象，按照虚构故事、小说的模式来阅读理解，用讲述的语气语调在朗读中表达自己对课文的理解和感受。

新课程改革、学习方式变革有三个主题词——"自主、合作、探究"，最终这三个关键词都落点在"探究"上。那么具体"探究"什么呢？谁来探究呢？怎么探究呢？语文课改近二十年来，似乎都没有说明白。现在，我们知道了：

1. 谁来探究呢？当然是学生在探究，是学生在老师的组织下自主、合作地探究。我去听课，最怕听到的就是"老师带领学生探究"，因为"老师带领"的"探究"往往演变为学生看着老师探究。

2. 探究什么呢？在语文学习中，学生探究的是概括性的语文知识。探究就意味着自己去"发现"，发现概括性的语文知识，且对概括性的语文知识不断有新的理解。概括性知识具有较强的迁移力，学生必须经探究来持续地理解、建构概括性的知识。

3. 那么怎么探究呢？探究的过程就是上面所归纳的三条：

（1）学生学习和应用具体的语文知识来理解课文。

（2）学生借助课文学习中的这些事实性知识，去"探究"概括性的语文知识。

（3）用概括性知识去统摄、勾连具体的语文知识。

当然，《一分钟》这篇课文的教学，可能还会涉及一些语文知识"大概念"，即概括性的汉语知识。如汉字的笔画和结构是有意义的，汉语的读音是传达词义和情味的等；比如，"哈欠"的"哈"是口字旁、"欠"与"口"的关系；"迟到"的"迟"为形声字、"迟"末笔捺变点等。在"大概念"统摄下，将具体的语文知识与概括性的汉语知识相勾连，学生就会逐渐"理解"汉字字形和读音的一些规律，这在很大程度上可使学生避免对这一笔那一笔、这个字那个字散乱的一笔笔、一个个的强制记忆。

我国语文教学的问题，表现为长时期、普遍性和（语文老师）集团性这三个特点，要解决语文教学的长时期、普遍性和（语文老师）集团性的问题，语文教材的编制尤其是统编的语文教材的编制，起着决定性的作用。

如果我在上面所论述的那两个认识是对头的、有道理的，那么，编制以"学文"带"识字"、以"识字"促"学文"的"学文识字"语文教材，编制以语文知识"大概念"来组织课文学习和识字教学的语文教材，就是我们当前急需要做的工作。

二 "大概念"深度"理解"的单元设计

"建构主义是一种试图使学生最大限度地理解知识的教学方式。"①埃里克森等所倡导的"概念为本的课程与教学"、威金斯和麦克泰格所倡导的"追求理解的教学设计",都是直接切入"理解"的教学设计理论,他们还开发出相应的教学设计模型。

（一）概述：由"基本问题"通向"大概念"深度"理解"

以"追求理解的教学设计"为例。

"追求理解的教学设计"是一套包容性很强的全方位解决方案,所涉及的原创理论丰富,其中广为接受的是其"逆向设计"、由"基本问题"通向"大概念"深度"理解"等理论。

逆向设计分为三个阶段:阶段一,明确预期学习结果;阶段二,确定恰当评估方法;阶段三,规划相关学习过程。上述三个阶段,分别对应于作为目标的任务、用于评估的任务,以及类似于作为课堂教学活动单位的学习过程中的任务。

根据威金斯和麦克泰格的最近修订,"明确预期学习结果"共有五个方面,也就是说,一个单元有不同层级的五个"学习任务"。按其设计模板排列次序,简介如下:

1. 长远的迁移目标。学生能应用所理解的"大概念"及相关知识技能解决真实情境的问题,落实在阶段二作为评估证据主项的表现性

---

① ［美］唐纳德·R.詹金斯等:《教师指南》（第四版）,祝平译,江苏教育出版社2007年版,第279页。

任务。表现性评估的目标锁定于"大概念"的"理解"和迁移。

2. 深入持久"理解"（名词）。其针对的是本单元的"大概念"。"大概念"理解，是单元的"核心任务"。[①]

"大概念"分为两类：一类是跨学科或超越单元主题的，因而需要"综合性理解"；一类关涉学科及单元主题，是"主题性理解"。

按照威金斯和麦克泰格所提设计标准的要求，"大概念"必需表述为完整的语句。关涉语文学科的，例如：不同的文本类别（如叙事的、悬疑的、传记的、说明的、劝说的）有不同的结构；有效的议论文会使用论据，并采用与其目标读者相对应的语言。笔者建议在正式的教研场合，可将"大概念"转述为"核心的概括性知识"，或将"核心的概括性知识"与"大概念"交替使用。

作为目标的任务，不是学习（动词）这些"核心的概括性知识"——这些"核心的概括性知识"不是"学习目标"，而是"学习内容"并落实在"学习活动"中。作为目标的任务，是对这些"大概念"的持续的深度"理解"（名词）。

何为"理解"？威金斯和麦克泰格从"能解释（说明）""能阐明（诠释、释义）""能应用""能洞察""能神入（有同理心、移情）""能自知（自我认识）"这六个侧面（维度），对"理解"做了全面的解说。[②]

概要地讲，"理解"大体是两种意思：一是能够将你的"理解"、知识、技能应用到新的情境，顺利实现迁移；二是能够推断并建立联系，获得深层次的"理解"。[③]

---

① ［美］格兰特·威金斯、杰伊·麦克泰格：《追求理解的教学设计》（第二版），闫寒冰等译，华东师范大学出版社2017年版，第73—77页。

② ［美］格兰特·威金斯、杰伊·麦克泰格：《追求理解的教学设计》（第二版），闫寒冰等译，华东师范大学出版社2017年版，第92—118页。

③ ［美］格兰特·威金斯、杰伊·麦克泰格：《理解为先模式：单元教学设计指南（一）》，盛群力等译，福建教育出版社2018年版，第23页。

"'理解'包含'实现迁移'和'理解意义';'理解意义'又包含'基本问题'和深入持久'理解'。""'理解'在学生表现中得以揭示。当学生们将核心概念、知识和技能应用于各种情境下的挑战性任务时，就显示了他们的'理解'。因此，对'理解'的评估必须建立在基于表现的真实任务上。"①

3.基本问题。有的也译为"中心问题""主要问题""关键问题""核心问题"等。"基本问题"与"大概念"互涉。"基本问题是任何达到理解意义和迁移目标的关键。"②一个时跨3到5周的单元，一般设置3到5个"基本问题"。

"基本问题"是逆向设计的枢纽。其作用体现在三个方面：

一是便于教师在教学设计时，把握作为本单元目标的"大概念"。"基本问题"是通向"大概念"的"理解"的航标，对"大概念"的"理解"就是对"基本问题"探究的结果。

二是引导教学。所设计的教学活动是在"基本问题"导向下对"大概念"的持续探究过程，威金斯和麦克泰格称之为"揭示式教学"。"学习活动的计划应该确保学生能透过探究活动和具体教学活动来发现大概念"③，教学过程就是"让该领域的大概念在学生的头脑中'变大'"④的过程。吉姆·奈特《高效教学：框架、策略与实践》建议的单元教学设计，把这里的"基本问题"命名为"指向问题"⑤，以

① ［美］格兰特·威金斯、杰伊·麦克泰格：《追求理解的教学设计》（第二版），闫寒冰等译，华东师范大学出版社2017年版，第171页。

② ［美］格兰特·威金斯、杰伊·麦克泰格：《理解为先模式：单元教学设计指南（一）》，盛群力等译，福建教育出版社2018年版，第28页。

③ ［美］格兰特·威金斯、杰伊·麦克泰格：《重理解的课程设计：专业发展实用手册》，赖丽珍译，台湾心理出版社2008年版，第71页。

④ ［美］格兰特·威金斯、杰伊·麦克泰格：《追求理解的教学设计》（第二版），闫寒冰等译，华东师范大学出版社2017年版，第83页。

⑤ ［美］吉姆·奈特：《高效教学：框架、策略与实践》，方彤等译，华东师范大学出版社2017年版，第26—39页。

更加突出指向"大概念"这一教学功能。

三是激发学习动机。正如海斯·雅各布森所说:"如果课程是围绕问题而设计的(而不是目标),那么学生会清晰地感到你正在和他们一起探讨问题。"①

4. 与"大概念"连接的内容知识目标,即相关联的一些事实性知识。"大概念是核心的、有组织的概念,能对个别的事实和技能赋予意义并加以连接。"②"大概念可以帮助学生将各个知识点联系起来。"③

比如《麦田里的守望者》(高中)④:

(1)大概念:① 小说家常常通过小说的手法,对人类的经验和内在生活提出洞见。② 作家利用各种风格技巧来吸引及说服读者。

(2)基本问题:① 什么是小说的真相之间的关系?哪些真相最能以小说的方式来描述?② 霍尔顿可以代表一般青少年吗?他反常吗?或者所有的青少年都反常吗?谁真诚,谁虚假?为什么有些人的行为很虚假?③ 作家如何吸引及维持读者兴趣?这部小说的作者如何吸引你的注意?④ 作家如何说服其读者?

(3)内容知识目标:① 该小说的故事梗概和人物角色。② 作者采用的各种风格技巧。③ 写作的步骤。④ 劝说文的写作技巧。

5. 学生探究"大概念"理解所必需的技能目标。如上例《麦田里的守望者》所列出的应形成的技能有:利用诠释式的阅读策略;透过

---

① [美]林恩·埃里克森、洛伊斯·兰宁:《以概念为本的课程与教学:培养核心素养的绝佳实践》,鲁效孔译,华东师范大学出版社2018年版,第104页。

② [美]格兰特·威金斯、杰伊·麦克泰格:《重理解的课程设计:专业发展实用手册》,赖丽珍译,台湾心理出版社2008年版,第77页。

③ [美]格兰特·威金斯、杰伊·麦克泰格:《追求理解的教学设计》(第二版),闫寒冰等译,华东师范大学出版社2017年版,第72页。

④ [美]格兰特·威金斯、杰伊·麦克泰格:《重理解的课程设计:专业发展实用手册》,赖丽珍译,台湾心理出版社2008年版,第65页。

仔细阅读文本，发展合理的假设；应用写作过程完成劝说文的草稿及修订；反思对文本的理解，然后思索自己的错误理解。

（二）"大概念"即"核心的概括性知识"

从学习内容的角度来说，"大概念"实际上是跨学科或学科"核心的概括性知识"。

"大概念"分为两类：一类是跨学科或超越单元主题的，因而需要"综合性理解"；一类关涉学科及单元主题，是"主题性理解"。

按照威金斯和麦克泰格所提设计标准的要求，"大概念"的"理解"必须用完整的语句表述①。下面是从埃里克森、威金斯和麦克泰格的著作中摘录的与语文学科相关的例子：

◎文本（文学作品）主题角度：（《麦克白》）忠诚包含了不可避免的窘境，因为忠诚总是会引发冲突。《我有一个梦想》其中的词汇和比喻使隐藏在民权运动背后的复杂观点和情感得以具体化。

◎从作者的角度：① 小说家常常通过小说对人类的经验提供洞见。② 作者不一定写出所想的内容，常通过间接的表达方式（如讽刺、反语）要求读者解读文本的含义，以发现其用意。③ 诗人往往用寥寥数语便能生动地表达有关人类经验的人生教训。

◎从语篇类型的角度来看：① 不同的文本类别（如叙事的、悬疑的、传记的、说明的、劝说的）有不同的结构。② 现代小说颠覆了许多传统故事的元素和规范，讲述了更真实、更引人入胜的故事。③ 一个好的故事总能通过遗漏重要事实或提出问题（紧张、神秘、困境和不确定），让读者想象接下来会发生什么。

◎从读者阅读行为的角度来说：① 文本的意义不在于文本

---

① ［美］格兰特·威金斯、杰伊·麦克泰格：《追求理解的教学设计》（第二版），闫寒冰等译，华东师范大学出版社2017年版，第144—145页。

本身，而是在字里行间，在于积极的读者与文本之间的相互影响。② 避免将读者的"个人反应"和对文本的"理解"相混淆。③ 理解文本的结构有助于深入理解其意义。

◎关于写作：① 写作的对象和目的（如告知、劝说、娱乐）会影响文学技巧的应用（如风格、语调、用字）。② 有效的议论文会使用论据，并采用与其目标读者相对应的语言。③ 以他人的视角进行写作可以帮助我们更好地认识世界、自己和他人。

◎关于言语沟通：① 为了更为清晰地被人理解，高效的主持者将根据目标和受众调整他们的信息和呈现风格。② 肢体语言可以使陈述变为提问，使肯定变为否定，并影响表述的语气强度。

◎关于语言知识：① 标点符号和文法规则就像高速公路的标示和交通标记，能引导读者读完全文而不至于混淆文意。② 我知道的词汇越多就越能更好地分享我的观点并理解别人的想法。

◎关于元认知反思：① 我们很容易持续地验证那些我们喜欢的、但未经仔细推敲的模式、理论、观点和看法。② 高效能的读者会利用特定策略帮助自己更好地理解文本（如使用情境脉络的暗示、针对作者提问、预测接下来的内容、重读、做摘要）。

当然，"大概念"和"核心的概括性知识"是有差异的。

一方面，"知识"这个词，与"知道"有太密切的联系，教师容易将其操作为"告知"或"讲解"。类似上面摘引的概括性知识，在我国语文学科的课文教学课例中，几乎每节课都能挑出几个来，但是，那都是老师的"告知"，而且是老师在零零散散教学活动中东一句西一句随机冒出来的，或者是夹杂在结课总结性发言中一串含含混混的话。"大概念"与"基本问题"相互联系，鲜明地指向"探究""理解"。"从学生那里得到这一概括"[①]，是"概念为本的课程与教学""追求

---

① [美]林恩·埃里克森、洛伊斯·兰宁：《以概念为本的课程与教学：培养核心素养的绝佳实践》，鲁效孔译，华东师范大学出版社2018年版，第93页。

理解的教学设计"等共同的教学原则。

但另一方面，如果不加以细究，如果不去查究它在原产地的"素颜"模样，"大概念"尤其是被译为"大观念""大理念""大思想"时这一术语的含义，极容易让人不知所云。尤其在语文教育界的"反知识"舆论语境里，强调"大概念"的实质，强调"大概念"与"核心的概括性知识"同义或近义，十分有必要。

因此，至少在正式的教研场合，尤其是在向一线教师宣讲"大概念"的时候，特别是在对语文教师提到"大概念"的时候，"大概念"和"核心的概括性知识"可交替使用。

（三）用"大概念"来勾连具体的语文知识的案例

由"基本问题"通向"大概念"深度"理解"的单元设计更适宜语文学科。虽然我们语文学科到底要怎么做还有待进一步研究，但是我们已经明晰了发展与改进的方向。

下面的《肥皂泡》，是部编版小学语文教材三年级下册的一篇课文。

肥皂泡

小的时候，游戏的种类很多，其中我最爱玩的是吹肥皂泡。

下雨的时节，不能到山上海边去玩，母亲总教我们在廊子上吹肥皂泡。她说阴雨时节天气潮湿，肥皂泡不容易破裂。

方法是把用剩的碎肥皂放在一只小木碗里，加上点儿水，和弄和弄，使它溶化，然后用一支竹笔套管，蘸上那黏稠的肥皂水，慢慢地吹起，吹成一个轻圆的网球大小的泡儿，再轻轻地一提，那轻圆的球儿便从管上落了下来，软悠悠地在空中飘游。若用扇子在下面轻轻地扇送，有时能飞得很高很高。

这肥皂泡，吹起来很美丽，五色的浮光，在那轻清透明的球面上乱转。若是扇得好，一个大球会分裂成两三个玲珑娇软的小球，四散分飞。有时吹得太大了，扇得太急了，这脆薄的球，会扯成长圆的形式，颤巍巍的，<u>光影零乱</u>。这时大家都悬着心，仰着头，屏住呼吸，——不久，<u>这光丽</u>的薄球就无声地散裂了，肥皂水落了下来，洒到眼睛里，大家都忽然低了头，揉出了眼泪。

那一个个<u>轻清脆丽</u>的小球，像一串<u>美丽的梦</u>，是我们自己小心地轻轻吹起的，吹了起来，又轻轻地飞起，是那么<u>圆满</u>，那么<u>自由</u>，那么<u>透明</u>，那么<u>美丽</u>。借着扇子的轻风，把她们一个个送上天去送过海去。到天上，轻轻地挨着明月，渡过天河跟着夕阳西去。或者轻悠悠地飘过大海，飞越山巅，又低低地落下，落到一个熟睡中的婴儿的头发上……目送着她们，我心里充满了<u>快乐</u>、<u>骄傲</u>与<u>希望</u>。

《肥皂泡》原文《胰皂泡》，作者冰心。原文在最后一段，交代了写文的缘由和主旨："今天从窗户里看见孩子们奔走游戏，忽然想起这一件事，夜静无事姑记之于此，以志吾过，且警后人。"作者对儿时吹肥皂泡的回忆，落点在易破的"画梦"；所谓"吾过"，其实是作者人生态度的表露——虽知"画梦"易破，但"我"依然愿意做一个不断有"画梦"的人。课文摘选的是《胰皂泡》原文的前部分，课文的最后一段有较大幅度改写。

课文中有一些对学生而言较难理解的字词，它们不是现在常用的字词，而是带有当时那个年代作者自己风格的词语。例如"轻清透明""玲珑娇软""光影零乱""光丽""轻清脆丽"等等。这些词语即上引课文中加了横线的词语。

教科书设计的学习活动，除了这一课的生字词外，有三道题：

1. 朗读课文。用自己的话说说吹肥皂泡的过程。

2. 课文中有一些句子不容易懂，如，"五色的浮光，在轻清透明的球面上乱转"。在课文中找一找，说说这些句子的意思。

3. 读句子，体会丰富的想象，再想一想：这些轻清脆丽的小球，还有哪些美丽的去处呢？（句子略）

以下是某名师工作室的一堂公开课，任课者是一位很有教学才能的青年教师。该课的组织基本按教材的要求，落实了识字与写字，用课文中的动词说明吹肥皂泡的过程，重点放在第四段的想象画面和有感情的朗读上。

课前老师给学生每人准备了吹肥皂泡的器具，以激发学生的学习兴趣。

第一环节是几个字词的学习——字形字音。

第二环节是老师解答学生预习中提出的问题。

第三个环节是让学生两两分组，一人读课文，另外一人随着朗读的语句进行表演。在学生表演的过程中，教师不时进行解释、补充，让学生们能够更好地理解与想象课文中的语句。想象画面是读懂句子的好方法，但在这里，凭学生已有的生活经验，那些词语不是那么容易想象的。就像许多语文课一样，这节课里的想象画面也只是作为教学活动，而不是教学目标和主要学习内容。

第四个环节是老师和学生配乐朗读课文第四、五段。

该课具体情形如下：

课前活动：

老师问学生："同学们喜欢玩什么？"准备充分的学生纷纷答："吹肥皂泡！"

（老师为每位同学准备了吹肥皂泡的器具，学生做吹肥皂泡的活动。）

第一环节　学习生字词

出示生字词。谁来读？

1. 读对了吗？一起读一读。

2. 讲"廊子""颤巍巍"。

3. 写"廊"字，板书后让学生写字。

（以上10分钟）

第二环节　回答学生预习中的提问

出示课件，回顾预习中的提问。

为什么"其中我最爱玩的是吹肥皂泡"？为什么"阴雨时节天气潮湿，肥皂泡不容易破裂"？

……

师："为什么她最喜欢吹肥皂泡呢？

生1：因为吹肥皂泡带来了快乐和希望。

师：那我们到课文中去找答案吧。

生自读课文

师："读好了吗？为什么喜欢？"

生2读课文第三段。师评"扇"。

师：除了这一个原因，还有吗？

生3读课文第四段。师复述。

师：还有其他原因吗？

生4读下一段。

（下一个问题："阴雨天……"同时，播放科学教师解释的录像"肥皂泡为什么破裂"。）

师：明白了吗？

生齐答：明白。

师：遇到不懂的句子，就要请教别人。

（以上10分钟）

第三环节　读课文第三段

1.要求：一人读课文，一人做动作。

（1）同桌的两人为一组。

（2）选两组展示。

（3）一起玩吧。师范读，生做动作。

2.出示动词，用自己的话说说吹肥皂泡的过程。

师：你自己吹肥皂泡是怎么样的？

生：用课文语句讲。

师：哇，说这么长，好！还用了"首先、然后"！

第四环节　读课文第四、五段

1. 选出"好声音"。

师：选出"好声音"。两个任务：① 诵读，想画面。② 互诵，朗读给别人听。

2. "诵一诵，赞一赞"活动。

师：想象看到的画面。

生读句子或复述语句。

师：想象画面是个读懂句子的好方法。

3. 分组读给同桌听。

师：你喜欢那个句子？

生读。

师：真好听！

生做颤巍巍的动作。

师：原来读不懂的句子，可以通过猜一猜、想象画面的方式去理解。

4. 生齐读第四段。

5. 配乐，将第四段课文改为诗句形式。

生读第四段。

师：现在心情如何？

生：很舒畅。

师：还有吗？

生：生动……还很现实。

师：还有吗？

生：很紧张。

师回到"其中我最爱玩的是吹肥皂泡"。

（以上20分钟）

这篇课文对三年级小朋友来说，有点难度。在教学研究中，我把学生的疑难处分解为两个方面：一是"困难"，指学生自己意识到有阅读困难或理解障碍的地方。比如这节课预习时，学生提出了两个令他们"困惑"的语句。二是"问题"，指学生自以为读懂但实际上却没有读懂或不可能读懂的地方。对于学生阅读中遇到的"问题"，老师需要依据专业知识去分析和判断。

这篇课文的难度主要集中在第四段，也就是这节课要重点教学的那一段。"想象画面和有感情的朗读"，实际上学生目前是做不到的。因为这段中几乎所有的关键词语（画线的词语），单凭学生已有的阅读经验和这节课这样的教学，学生是不能够理解的，因而他们无法想象画面，也不可能读出作者用这些文字所传递的"作者的"情感。与所有语文课一样，在这节课中学生似乎"绘声绘色"地朗读了；但这种"绘声绘色"，实际上是对老师朗读的腔调的模仿——读的声音加重一点，把自己的感情（注意，这是读者的感情，往往还是生造的感情）灌注进课文语句里，表现为加重语气、提升语调的"朗读腔"，有时还会加上点夸张的动作。

这篇课文的其他课例中，也有专家认为第四段里的一些词语十分"精彩"，所以应要求学生"积累好词好句"。实际上这也是难以做到的，因为学生不理解这些词语，因而也不可能明白它们为什么好，究竟好在哪里。

那么，怎么能让学生理解这些词语呢？或者说，怎么教能使学生更好地理解这些词语，进而自然而然地想象这些词语所营造的画面呢？

这节课有个很好的创意，那就是上课之前的"吹肥皂泡"活动。可惜此活动只被当作课前的预热，教师在课文教学中并没有利用学生可能有的现场经验。我们来试着改造一下，假如这节课这么上，是不是会更有效些：

先让学生先做吹肥皂泡的活动，请他们描述所吹出的肥皂泡，边观察边记下自己描述肥皂泡的词语——相信学生所用的描述词语几乎不可能是课文中的这些词语；如有相似的，那对教学就更有利了。让学生交流各自所用的描述词语，以及观察肥皂泡时的所感所思。引导学生注意：词语是用来描述自己所看到的景象的。

然后让学生带着这些既有经验朗读冰心的这篇《肥皂泡》，看看冰心看到的是怎样的景象。借助刚才吹肥皂泡的印象，最好让学生再次吹肥皂泡，直观地体验课文中这些词语所描述的景象，联系自己的经验理解（想象）课文中描写吹肥皂泡的语句。

再让学生读课文第四段，并挑出课文中描写肥皂泡的词语，将之前记下的自己描述肥皂泡的词语与冰心描写肥皂泡的词语进行对比，讨论作者所用的词语，比如"浮光""玲珑娇软""轻清脆丽"等词语的妙处，使学生明白：作家用这些词语是为了准确地呈现他的感官印象。进而让学生理解"美丽""美丽的梦"等词语，同时引导学生讨论这些词语，并让三年级学生或多或少也能明白：散文中的景象并不是客体的再现；散文中的描写语句，渗透着作者的主观情感。这时，学生会发现，《肥皂泡》里面的一些词是自己的眼睛"看不到"的，因为这是作家的眼睛看到的，只有作家带着自己的情感才能看到。如果能到达这一步，那对下文中"那么圆满，那么自由，那么透明，那么美丽"的理解，学生或许就不会仅仅停留在字面意思上了。

如果课文中"美丽的梦"还原为原文的"画梦"，或许还能使学生有这样的感觉：散文中回忆往事的目的（意图）是述说作者从中感悟到的人生经验。当然这一堂课不一定要延伸这么远。

在上面的改造中，我插进了四条概括性的语文知识：

1. 作家的语言（词语、句式等）准确地呈现了他们的感官印象。

2. 散文中的描写语句渗透着作者的主观情感。

3. 联系自己的经验理解（想象）课文中的描写语句。

4. 散文中回忆往事的目的（意图）是述说作者从中感悟到的人生经验。

上述第四条这节课不一定有所涉及，该课教学的过程主要是围绕上述前三条概括性的语文知识进行探究。其探究的过程可概括为三句话：

1.学生学习和应用具体的语文知识来理解课文，也就是学文识字。

2. 学生借助课文学习中的这些事实性知识，去"探究"概括性的语文知识。

3.用概括性知识去统摄、勾连具体的语文知识。

倘若该课教学能使学生或多或少地明白，作家所用的词语是要准确地呈现他们的感官印象；能使得学生有意识地联系自己的直观经验，理解（想象、体验）课文中的描写语句，那么即使这种理解再初步，这也是一堂很好的课了。如果学生通过这节课的学习，开始明白作家的语言能准确地呈现他们的感官印象，那么当学生以后再读到散文作品或小说中的描写语句时，就能有意识地去捕捉那些独特的词语，读懂作者的心灵感受。

语文学习，最主要的学习内容是概括性的语文知识，而不是一篇篇课文中的具体细节。语文教师在自己是学生的时候，肯定也背诵过很多课文，而这么多年过去了，当时会背的课文还记得多少呢？相信还记得的是不会很多的。所以，现在我们应该认识到，在语文教学中，在阅读过程中，学生真正要学的东西是阅读的态度、阅读的方法和阅读的策略，即概括性的语文知识。我们应该从以往的教学生学习"这一篇那一篇，这一字那一句"转向引导学生去探究概括性的语文知识。

（四）以"大概念"来组织单元需要研究的问题

埃里克森和兰宁提倡的"概念为本的课程与教学"，威金斯和麦克泰格提倡的"追求理解的教学设计"，都主张以"核心的概括性知识"来组织学科或跨学科的单元教学。

如何以"大概念"来组织单元，如何编制由"大概念"组织单元的语文教材，尚有一系列需要研究的问题，需要有一系列的前期研究和教学试验。就我目前的认识，主要有四个问题：

1. 语文学科的内容维度和过程维度问题

语文学科有内容知识和过程技能两个维度。

"语文"作为中小学的一个科目，尽管没有严格对应的"学科"，但却有与之密切关联的学科，如语言学、文学以及传媒（传播）等学科，涉及作为文化载体的汉字、体现民族思维的汉语、中华民族源远流长的思想文化及文学典籍、中国现当代文学名著、汉译世界文学名著等学习内容。以往我们所说的"字、词、句、篇，语、修、逻、文"，指的就是语文学科内容维度的学习内容。

过程技能维度，即阅读、写作和口语交际的知识和能力。语文课程标准对语文课程性质的认定——"语文课程是一门学习语言文字运用的综合性、实践性课程"——表明，语文学科应该侧重于过程技能维度。

在语文学科课程中，实质性地加大写作、口语交际等过程技能维度学习领域的分量和比重，是一个极为重要且迫切的语文课程问题。

阅读要复杂些，偏向内容知识还是过程技能维度，要看侧重点在哪里。如果侧重于作品及对作品的理解感受，则偏向内容知识维度；"文学"科目，在国外通常是作为内容知识维度来对待。如果侧重于阅读的方法、策略、技能，则偏向过程技能维度；国外的"语言艺术"科目，主要是按过程维度技能来处理的。

从课文的教学功能分类，可以辨析得更清楚些。语文教材中的课文可分为"定篇""例文""样本"和"用件"几类。作为文学文化经典的"定篇"，偏向内容知识维度；只关注写了什么的"用件"，比如在文学课中学生查阅的作家作品背景资料、阅读讲述语文知识的文章等，也属于内容知识维度，但与"定篇"的性质不同；主要是教如何阅读的"例文"和"样本"，偏向过程技能维度。

威金斯和麦克泰格的著作虽有不少地方零散地以阅读和写作举

例，但其所举例的阅读单元，均是我们目前叫作"整本书阅读"的长篇文学作品——一本书即一个单元，比如《麦克白》《罗密欧与朱丽叶》《李尔王》《格列佛游记》《安妮日记》《麦田里的守望者》等，其文学作品的教学（倾向于"道德寓意"）也有可议之处。过程技能方面的"大概念"如何组织单元教学，从威金斯和麦克泰格反复申辩的架势看，似乎也是其理论和设计模板的软肋。①

2. 课文的人文主题与"核心的概括性知识"关系问题

目前语文学科的一些单元设计，如表述为"主题阅读""群文阅读"的一些设计，主要是依据课文内容的人文主题来组织的。

埃里克森建立了一个"知识的结构"模型②，解释他倡导的"概念为本的课程与教学"。

在该模型中，知识被分为两个层面共五个层级，由下往上排列：

第一层面是事实性知识，可分为两个层级：在模型的最

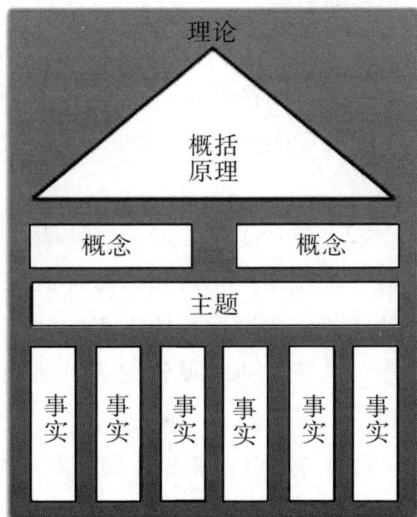

图7-1　知识的结构

下方是一些特定的"事实"，即特定内容主题下的知识片段。上方是"主题"，即笼罩知识片段的内容主题，如"亚洲文化"。

第二层面是"概括性知识"，他表述为"概括性理解"，大致相当于"布卢姆教育目标分类学"中的"概念性知识"。这方面的知识由下

①［美］格兰特·威金斯、杰伊·麦克泰格：《追求理解的教学设计》（第二版），闫寒冰等译，华东师范大学出版社2017年版，第127—128页、第150—151页。

②［美］林恩·埃里克森、洛伊斯·兰宁：《以概念为本的课程与教学：培养核心素养的绝佳实践》，鲁效孔译，华东师范大学出版社2018年版，第26—27页。

往上分为三个层级：一是"概念"，即具有普遍性的类别知识，可用一个词或短语来表述如"文化"。二是"概括"和"原理"。概括是表述两个或两个以上概念之间关系的句子；原理，如定律、公理等。埃里克森指出，在课程设计上，概括和原理不必区分，因而在模型中放在同一个三角形里，可以统称为"概括"。三是理论。它是最高层级的知识，但在基础教育课程教学中不太涉及，所以放在最高端的阴影里。

这一模型对展示事实性知识与概念、概念与概括之间的关系，具有很强的解释力。

（1）解释了概念的来历。概念和主题、事实相联系，某一概念是大量事实的抽象概括。所以，在教学中需依赖具体的事实（事实性知识）去发现或获得某一概念，也就是深度理解概念，掌握某一术语的内涵。

（2）解释了概念的使用功能。经理解的某一概念，会构成一种"概念性视角"（认知的思维框架），而凭借"概念性视角"就可去处理相应主题的具体事实。对于事实性层面和概念性层面的相互作用，埃里克森将其称之为"协同思考"[①]，这也就是认知的探究过程。

（3）解释了"概括"的含义。在两个层面相互作用的认知探究过程中，建立了某一概念与其他概念的联系，"概念又连接在一起形成跨越时空的概念性理解"[②]。"概念性理解"也就是"由事实性实例支撑的真理"[③]，用句子形式表达就是"概括"（名词），可称之为"概括

---

① ［美］林恩·埃里克森、洛伊斯·兰宁：《以概念为本的课程与教学：培养核心素养的绝佳实践》，鲁效孔译，华东师范大学出版社2018年版，第29页。

② ［美］林恩·埃里克森、洛伊斯·兰宁：《以概念为本的课程与教学：培养核心素养的绝佳实践》，鲁效孔译，华东师范大学出版社2018年版，第28页。

③ ［美］林恩·埃里克森、洛伊斯·兰宁：《以概念为本的课程与教学：培养核心素养的绝佳实践》，鲁效孔译，华东师范大学出版社2018年版，第27页。

性知识"。

（4）解释了"概括性知识"的迁移能力。"正是思考的事实性层面和概念性层面的相互作用导致了深层次的理解以及概念与观点（即概括）的迁移能力。"[1]"概括"或"概括性的知识"，"它们是跨时间、跨文化、跨情境可迁移的理解"[2]。

（5）解释了"大概念"的实质。"大概念"被埃里克森称为"基本理解"或"核心概念"，是学校课程或某门课程、某个单元的"最重要的'概念性理解'（即概括）"。"大概念"有两种：一种是基于跨学科"宏观概念"而形成的"概括"；一种是基于与学科和特定主题相联系的"微观概念"而形成的"概括"。埃里克森建议："在一个课程单元中，应当有一到两个更为广博和抽象的宏观概念，而为了保证理解深度，大多数单元概括要使用微观概念。单元中概括的总数根据单元长度的不同和年级的不同可以有所不同，但一般情况下，平均每个单元要有5到8个。"[3]

（6）解释了学科或跨学科的"主题学习单元"与"'大概念'组织的学习单元"的差别。主题学习单元在事实性知识的层次；"大概念"组织的学习单元，则主要在概括性知识的层次。

语文学科中一些依据课文内容的人文主题来组织的单元设计，实际上是"主题学习单元"而不是"'大概念'组织的学习单元"。而"主题学习单元"，实际上是把教材中的选文作为探究人文主题的"资源"，也就是把选文当作"用件"来使用。这种处置究竟合不合适，还需要审议。

---

①［美］林恩·埃里克森、洛伊斯·兰宁：《以概念为本的课程与教学：培养核心素养的绝佳实践》，鲁效孔译，华东师范大学出版社2018年版，第22—23页。

②［美］林恩·埃里克森、洛伊斯·兰宁：《以概念为本的课程与教学：培养核心素养的绝佳实践》，鲁效孔译，华东师范大学出版社2018年版，第27页。

③［美］林恩·埃里克森、洛伊斯·兰宁：《以概念为本的课程与教学：培养核心素养的绝佳实践》，鲁效孔译，华东师范大学出版社2018年版，第34页。

3.区别不同学段的问题

如何在单元教学格局下处理单篇课文教学？小学低段与中高段、小学与初中、初中与高中，是否该有区别？如何区别？这些问题，都需要谨慎研究。

4.学科与跨学科的问题

语言是联结学校各门课程最重要的元素。培养学生聆听、说话、阅读、写作、视看、演示等"交流能力"，不仅仅是语文学科的事，而且是基础教育所有课程需共同承担的任务，因而必须落实在中小学各门课程中。正如拉德尔所指出的："在任何学科领域里都能深入思考，学生必须学习该学科的语言并能用该语言来进行流畅的阅读和写作；因此，正是该学科的专门人士（教师）负有教会学生这些技能的责任，而不应推卸给语言教师。"[①]

事实上，语文学科无法承担各学科的阅读和写作能力培养的任务。语文学科的过程技能维度，主要是某些语篇类型的阅读和写作，例如散文、诗歌、小说及一些涉及公共话题的文章阅读和写作。以往，我们天真地以为，学生能够自然地将在语文学科中培养的阅读、写作能力迁移到其他学科的学习中。而约翰·哈蒂用大量的实证研究告诫我们："这里需要再次强调不同内容之间的迁移没有那么简单"，"如果'学习如何学习'项目没有嵌在学科情境中，那么它很可能没什么价值"。[②]

比如，在"问题情境"的探究学习中，以获取资讯为目的的阅读非常重要。学生必须知道相关的资源"去哪里找"，主要的资源中"有什么"，在一个特定的材料中"找什么"。探测性阅读与信息源知识、检视性阅读、搜索性阅读，在学科阅读中的重要性得以前所未有的凸

---

①［美］卡伦·坦珂斯莉：《教会学生阅读：策略篇》，王琼常等译，教育科学出版社2008年版，第6页。

②［新西兰］约翰·哈蒂：《可见的学习——最大程度地促进学习》（教师版），金莺莲等译，教育科学出版社2015年版，第117页。

显。而以获取资讯为目的的阅读能力培养，恐怕只能在各自学科中进行，语文教师则心有余而力不足。

正因为如此，基于问题的学习、基于项目的学习、由"基本问题"通向"大概念"深度"理解"的单元设计等等，都十分强调学科阅读和学科写作。

国际文凭组织的《小学项目的实施：国际初等教育课程框架》要求"小学项目学校的全体教师都被视为语言教师"[①]，并指示"在整个课程中将语言当作一个超学科元素"[②]。

巴克教育研究所的《项目学习教师指南——21世纪的中学教学法》明确指示："项目作品学生的读写能力是学校教育的一个核心重点，在项目中至少要求一项旨在锻炼学生读写能力的项目目标。我们建议每个项目有一个重要的、可以体现读写能力的项目制品，我们可以根据它来评价学生的写作、口头表达或者阅读能力。"[③]

霍尔在《学习的通用设计：课堂应用》一书中高度强调把写作作为一种学习策略的重要性："正如大家所知，写作教学可以且应该在跨学科教学中进行，这样学生可以有更多的、在有目的的情境中参与和练习的机会。"[④]

从国外的经验看，语文课程似乎应该是双轨的：一轨是作为中小学独立科目的"语文"，即语文学科课程，美国的中小学将其分为"语言艺术"和"文学"两个科目；一轨是作为超学科重要元素

[①] 国际文凭组织：《小学项目的实施：国际初等教育课程框架》（中文修订版），国际文凭组织2010年版，第68页。

[②] 国际文凭组织：《小学项目的实施：国际初等教育课程框架》（中文修订版），国际文凭组织2010年版，第74页。

[③] ［美］巴克教育研究所：《项目学习教师指南——21世纪的中学教学法》（第2版），任伟译，教育科学出版社2008年版，第20页。

[④] ［美］霍尔等：《学习的通用设计：课堂应用》，裴新宁、陈舒译，华东师范大学出版社2019年版，第54页。

而体现在中小学所有科目中的"语文",或称跨学科阅读和跨学科写作。

　　显然,在双轨的格局下,语文课程有一系列重大问题需要研究,包括突破疆界的跨学科阅读和跨学科写作研究,以及疆界重布之后对语文学科课程的重新打量。

三　"问题情境"中的探究学习

"自主、合作、探究"是基础教育课程改革倡导的教学理念和学习方式，其核心是"探究"。探究学习是和"问题情境"紧密联系的。"问题情境"中的探究学习，国外已有多年的实践，略述如下：

（一）"真实情境"与"问题情境"

建构主义学习环境设计，主张将学习者置于"真实情境"之中。其理论基础主要是两个：一是源于心理学的"情境认知"，一是源于社会人类学的"情境学习"。两者都把学习看作情境性活动，强调学习的社会性因素。

情境认知理论认为，"知识是情境化的"，且"情境性在所有认知活动中都是根本的"。[①]其引导的教学，"目标从概念的传授，转变为使学习者进入可能需要使用这些概念和技能的真实任务"，"学习活动必须抛锚在真实应用的情境中"。[②]

情境学习理论，认为学习是"合法的边缘性的参与"的过程，强调"实践共同体"的合作。[③]在其所引导的教学中，具有一个"真实"社会或职业身份的学生，像新手那样，参与到"实践共同体"解决真

---

① ［美］戴维·H.乔纳森主编：《学习环境的理论基础》，郑太年等译，华东师范大学出版社2002年版，第27页。

② ［美］戴维·H.乔纳森主编：《学习环境的理论基础》，郑太年等译，华东师范大学出版社2002年版，第29页。

③ ［美］琼·莱夫等：《情境学习：合法的边缘性参与》，王文静译，华东师范大学出版社2004年版，第1页。

实问题的过程中。

从上面简要介绍中可以看出，"真实情境"是与以往"脱离真实世界"的"学校情境"或"正式的学校情境"相对立的一个词语。[①]"真实"这个词意味着"与现实世界（real world）相关"[②]。倡导"真实情境"——"真实学习任务""真实评价"等，不仅关乎如何学习，而且关乎为什么学习这一教育的根本问题。

罗日叶指出："我们所谓的'情境'概念是'问题情境'的意思。"[③]从学习的观点看，"真实情境"实际上讲的是"真实的问题情境"，也就是成人在社会生活和职业工作中所面临的实际问题、现实问题。

"真实的问题情境"，需从"情境"和学习者这两个方面辩证地看：

一是问题情境本身的"真实"，包括解决生活、职业、社区等"自然情境"的"原生态问题"，以及在学校背景中为了教学论意图而设计、开发的尽可能接近真实世界样态的问题情境或实操任务。

二是学生对问题情境所感知的"意义"，罗日叶称之为"意味深长的情境"："学生应该和这个情境维系着一种积极的情感关系。通过这种积极的关系，情境让他调动起来、活跃起来，产生学习的动机。"[④]

学习者置身于"真实的问题情境"，在分析和解决问题的过程

---

① ［美］戴维·H.乔纳森主编：《学习环境的理论基础》，郑太年等译，华东师范大学出版社2002年版，第63页。

② ［美］加里·D.鲍里奇：《有效教学方法》（第四版），易东平译，江苏教育出版社2002年版，第93页。

③ ［比］易克萨维耶·罗日叶：《整合教学法：教学中的能力和学业获得的整合》（第二版），汪凌译，华东师范大学出版社2010年版，第106页。

④ ［比］易克萨维耶·罗日叶：《整合教学法：教学中的能力和学业获得的整合》（第二版），汪凌译，华东师范大学出版社2010年版，第136—138页。

中、在完成能出实际成果的任务过程中，学生有机会接触和掌握某学科或跨学科的主要概念和原理。"基于问题的学习""基于项目的学习""基于设计的学习"等，都是践行这种学习理念的教学模式或教学方法。

（二）解决现实问题：基于问题的学习

"基于问题的学习"是学习范式的转变。"传统教学认为，学生必须在应用所学知识之前掌握所有内容，才能解决问题。基于问题的学习颠倒了该顺序，假设学生在解决一个有意义的问题的同时掌握了学习内容。"[①]

"问题"在英文中有problem（难题）、question（提问）、difficult（困难）、trouble（麻烦）、doubt（困惑）、issue（有争议的议题）等表达方式，而中文翻译通用"问题"一词，所以"解决问题"的含义有时容易被混淆。"Problem-based Learning"简称"PBL"，原意是"基于问题的学习"；英文中的"基于"（based），有"根基""出发点""以……为依据"的含义。目前有人将"基于问题的学习"翻译为"问题学习""问题化学习"等，可见汉语词汇的语义联想或有较大偏差。

由于"问题"的含义各异，统括在"基于问题的学习"旗帜下的，有各种各样的教学模式或教学方法。尽管各种教学模式或教学方法在具体做法上有诸多差异，但它们都有一个共同点，"就是都将焦点集中在'真实学习任务'之上，其宗旨是把理解现实生活中的真实任务作为学习和教学的驱动力"[②]。

---

① ［美］戴维·H.乔纳森：《学会解决问题：支持问题解决的学习环境设计手册》，刘名卓等译，华东师范大学出版社2015年版，第139页。

② ［荷兰］杰罗姆·范梅里恩伯尔、保罗·基尔希纳：《综合学习设计：四元素十步骤系统方法》，盛群力等译，福建教育出版社2012年版，第4页。

1. 解决真实情境的实际难题

问题，指难题（problem）。解决真实情境的实际难题，主要是决策性问题，侧重于问题分析和解决方案，大致可分为以下两大类：

（1）学生体验到的真实情境的难题，且由学生作为真实用户实际地解决这一难题。

这主要出现在职业培训中，以及由学生主导的实地调查研究（真实学习）①、探索学习（调查学习）②中等。美国曾流行的"社区服务学习"③，也主要是这些类型，所要解决的是学校所在社区的一些现实问题，诸如动物栖息地、无家可归者、成年人的素养、周边环境污染、选民对选举的冷漠等。

（2）真实情境的难题，其解决由学生来模拟。

这又可分为两类：一类主要是在高等教育，如源于医学院的基于问题的学习，主要应用于商学院、法学院的案例教学法等。一类是在中小学开展的，如美国"伊利诺伊州数学科学协会基于问题的学习中心"倡导的"基于问题的学习"。较典型的做法是，通常先由老师（设计者）依据真实情境的难题，设计一个"启动文档"。"启动文档"起到描述背景的作用，说明要解决的问题、定义学生的角色和任务，也设定对学生完成任务的期望（业绩要求）。④教师的任务主要是设计周密的课程计划，在实施中则主要担任"认知教练"的角色。例如：解决前任校长家的"花病死"问题、蚊子问题，处理校园的草坪修复问

---

① ［美］吉姆·奈特：《高效教学：框架、策略与实践》，方彤等译，华东师范大学出版社2017年版，第163—175页。

② ［美］唐纳德·R.克里克山克等：《教师指南》（第四版），祝平译，江苏教育出版社2007年版，第270—279页。

③ ［美］恰瑞罗特：《情境中的课程——课程与教学设计》，杨明全译，中国轻工业出版社2007年版，第98—100页。

④ ［美］巴克教育研究所：《项目学习教师指南——21世纪的中学教学法》（第2版），任伟译，教育科学出版社2008年版，第102—103页。

题、学校食堂里的粮食浪费问题、当地小鹿繁殖过剩问题、生活水资源问题、附近工厂的环境污染问题、社区未成年人吸烟问题等等。

2. 聚焦社会和个人的议题

问题，指有争议的议题（issue）。

比恩在《课程统整》中主张，应围绕个人和社会的议题设计"超学科课程"[1]。所采用的议题，如：我将来能活多久？当我年纪渐长时，我将来会变成什么长相？别人对我的想法与我对我自己的想法是否一致？我将来从事什么职业？为什么人们会彼此怨恨对方？种族主义会消失吗？为什么现在有这么多穷人？雨林在未来会被拯救吗？未来是否会有世界和平？谁控制美国的大多数货币？等等。[2]这与其说是"解决问题"，不如说是通过课程增长学生对个人和社会议题的见识，从而增长个人处世和参与社会的能力。所以倡导者将其自视为"通识教育"。

朗格内斯在《教育可以是这样的：整合教育学习模式》中则以"品德"来整合课程，主题有人道主义情怀、"远视"（以多元的观点看问题）、意识、领袖才能、团队精神、利他主义等。[3]每个单元均有品格教育目标、社区服务教育、学业教育（学科目标）、解决冲突目标和艺术教育目标。每个单元分别设计15到28个活动。

3. 解释困惑的自然现象

问题，指困惑、疑问（doubt）。有人将其称为"探究学习"[4]"基

---

[1] ［美］詹姆斯·A.比恩：《课程统整》，单文经等译，华东师范大学出版社2003年版，第12页。

[2] ［美］詹姆斯·A.比恩：《课程统整》，单文经等译，华东师范大学出版社2003年版，第60—67页。

[3] ［美］特蕾莎·朗格内斯：《教育可以是这样的：整合教育学习模式》，卢建筠等译，北京大学出版社2004年版，目录。

[4] ［美］艾丽森·A.卡尔-切尔曼：《教师教学设计：改进课堂教学实践》，方向等译，福建教育出版社2018年版，第95—102页。

于发现的探究式学习"①或重在"自己去探索"的"探索学习"②。

"探究学习主要是针对科学教育（而不是语言和数学）而提出来的，但其基本前提实际上是适用于任何学习内容。"③一般来说，"探究学习""探索学习"针对的是"为什么"的问题，通过查询学习资源、实验探究等过程，对原本所困惑的自然现象作出科学的解释。中小学的案例如：为什么热量不来自于衣服？为什么池塘里的生命是这个样子的？毛毛虫为什么全身都毛茸茸的？它是怎么变成蝴蝶的？等等。

其关键点在于：这些"为什么"的疑问，是学生受身边情境的刺激自然而然地提出来的，而不是由教材或老师"塞给"学生的。

（三）对"驱动型问题"作出回应：基于项目的学习

"驱动型问题"中的"问题"是"question"，意思是"提问、质询"。

对"驱动型问题"作出回应，是"基于项目的学习"的主要特征。在基于项目的学习中，设计者（老师）必须精心创设一个与真实世界"挂钩"的、能引导"学生接触并掌握某学科的主要概念和原理"④的"驱动性问题"。一个质询的提问是否为"驱动性"的，不仅取决于这一提问本身，而且取决于学生对这个质询的探寻意愿能否使学生"卷入"其中。典型的"驱动性问题"，如：水是如何进入千家万户的？机械如何帮我们制造大东西？一本书怎样才能成为经典？等等。

---

① ［美］托尔普、赛奇：《基于问题的学习——让学习变得轻松而有趣》，刘孝群、李小平译，中国轻工业出版社2004年版，第44页。

② ［美］唐纳德·R.詹金斯等：《教师指南》（第四版），祝平译，江苏教育出版社2007年版，第270页。

③ ［美］艾丽森·A.卡尔-切尔曼：《教师教学设计：改进课堂教学实践》，方向等译，福建教育出版社2018年版，第95页。

④ ［美］琳达·达林-哈蒙德等：《高效学习：我们所知道的理解性教学》，冯锐等译，华东师范大学出版社2010年版，第23页。

学生经合作调查探究，以多种有形的"制品"（artifacts）对这一"驱动性问题"作出回应，用"制品"展示他们所掌握的某学科主要概念和原理并加以反思。例如研究报告、叙述文、书信、海报、简报、项目建议书、诗歌、提纲、介绍手册、小册子、调研问卷或调研报告、人物传记、论文、书评、编者按、电影脚本、演讲、辩论、口头报告、新闻播报、戏剧和角色扮演、作品展览等。

"基于项目的学习"，原文是"Project-based Learning"，也简称"PBL"；目前有翻译为"项目学习""项目化学习"的。"基于项目的学习"不能被简单地理解为"做项目"，更不能将其片面地解读为"展示制品"。"做项目"和"展示制品"，是对"驱动性问题"的回应和回应方式。"制品"和"展示"是否是对"驱动性问题"的探究性回应，这是判断是否是"基于项目的学习"的试金石。[1]

"基于设计的学习"主要应用于技术工程教育，或可将其看作"基于项目的学习"的一个特类。

（四）语文学科不宜贸然行事

上面概要地介绍了"问题情境"中的探究学习——"基于问题的学习""基于项目的学习"。对于这些教学模式或教学方法，我国新一轮的基础教育改革正在积极引进、借鉴并开展本土化实践探索。

然而，语文学科是单学科实施"基于问题的学习""基于项目的学习"，还是作为整合的一方积极参与跨学科乃至超学科的学习项目？这有待进一步的论证。

"基于问题的学习"，案例通常是校本化的，多数是跨学科乃至超学科的，主要涉及社会、政治、法律、生物、地理（环境）、历史等学科，其中自觉或不自觉地整合着语文学科（国外通常是语言艺术、文学两门课程），如功能性（应用性）写作、撰写报告时的拼写

---

① ［美］约瑟夫·S.克拉斯克等：《基于项目的学习》，见R.基斯·索耶主编《剑桥学习科学手册》，徐晓东等译，教育科学出版社2010年版，第373页。

法、把文学作品作为学生从中获取信息的易读资料等。

　　"基于项目的学习"，往往也是跨学科的。在所目及的30多本相关译著中，仅见一个疑似阅读教学的案例——"寻找母亲花园"探究单元[①]，该单元的驱动性问题是"为什么这么多妇女（在历史上、文学上、现实生活中）如此沉默？"；仅见两个写作教学的案例——一个是采访社区的老人并为其编写一本传记[②]，一个是为年幼儿童编撰一本科普作品集[③]，这两个案例均是长时写作，显然都具有跨学科性质，前者涉及社会、历史、经济等，后者基于科学学科。

　　语文学科向来是我国基础教育课程与教学教改的急先锋。目前，一些语文教师尝试实践语文学科的"问题学习""项目学习"等。据所目及的相关译著，国外并无"语文学科的基于问题的学习""语文学科的基于项目的学习"此类说法，更缺乏可资借鉴的实施案例。有些初看似乎是语文学科的"驱动性问题"，其实都是跨学科的。例如："一本书怎样才能成为经典？""什么是好的文学作品？"学生对这些问题的探究性回应，要涉及政治、历史、社会、文化等多方面知识。

　　"基于问题的学习""基于项目的学习""基于设计的学习"，严格地说，并无教材编制一说，就这些教学模式或教学方法而言，教科书只是多种媒介来源的"学习资源"中的一种"资源"而已。如何建设适用于"问题情境"中探究学习的"学习资源"，对基础教育的所有学科而言，都是面临的新问题。

---

　　①［美］约翰·D.麦克尼尔：《课程：教师的创新》（第3版），徐斌艳等译，教育科学出版社2008年版，第248—250页。

　　②［美］伯曼：《多元智能与项目学习——活动设计指导》，夏惠贤等译，中国轻工业出版社2004年版，第49—63页。

　　③［美］伯曼：《多元智能与项目学习——活动设计指导》，夏惠贤等译，中国轻工业出版社2004年版，第151—166页。